U0891531

时尚买手

零售买手操典

[美] 理查德 · 克劳菲特 (Richard Clodfelter)　著

蒋敏丽　译

東華大學出版社 · 上海

图书在版编目 (CIP) 数据

时尚买手 : 零售买手操典 / (美) 理查德・克劳菲特著 ; 蒋敏丽译 .
—上海 : 东华大学出版社 , 2023.1
ISBN 987-7-5669-2150-5

I. ①时… II. ①理… ②蒋… III. ①服饰—采购管理 IV. ① F768.3

中国版本图书馆 CIP 数据核字（2022）第 230519 号

Retail Buying: From Basic to Fashion, 6 th Edition
by Richard Clodfelter
Copyright ©2019 by Bloomsbury Publishing Inc.
Chinese (Simplified Characters) Edition
Copyright ©2023 by Donghua University Press Co.,Ltd
published by arrangement with Bloomsbury Publishing Inc.

All rights reserved. No part of this publication may be reproduced in any form or by any means - graphic, electronic or mechanical, including photocopying, recording, taping or information storage and retrieval systems - without the prior permission in writing of the publishers.
本书简体中文字版由英国 Bloomsbury Publishing Inc. 授予东华大学出版社有限公司独家出版，任何人或者单位不得以任何形式转载、复制或抄袭本书的任何部分，违者必究！
合同登记号：09-2018-1275

责任编辑：徐 建 红
书籍设计：东华时尚

出　　版：东华大学出版社（地址：上海市延安西路1882号　邮编：200051）
本社网址：dhupress.dhu.edu.cn
天猫旗舰店：http://dhdx.tmall.com
销售中心：021-62193056 62373056 62379558
印　　刷：上海盛通时代印刷有限公司
开　　本：889mm×1194mm 1/16
印　　张：13
字　　数：450千字
版　　次：2023年1月第1版
印　　次：2023年1月第1次
书　　号：ISBN 978-7-5669-2150-5
定　　价：87.00元

目　录

第一部分

了解零售买货环境

第一章

今天的买货环境

引言

零售（retailing）是指所有将货物和服务销售给最终消费者的商业活动。零售并不一定要有店铺。目录销售、自动贩卖机、电子商务和商场里的电子售货亭都属于零售的范畴。然而，无论零售在何处发生，总要有人实施买货这个职能。**买货**（buying）是指挑选和采购产品以满足消费者欲望和需求的商业活动，其中包括在以下这些领域中制订错综复杂的决策：

- 预测消费者的欲望和需求。
- 规划商品分类以满足消费者的欲望和需求。
- 挑选可以提供所需商品的供应商。
- 与供应商谈判合同事宜。
- 给商品定价。
- 进行销售和存货记录。
- 商品追加定货。

在接下去的几周时间里，你们将学习更多关于买货的内容，培养完成这些基本买货任务所需的技能。本章讲述的是在线零售、移动科技、社交媒体和全渠道零售等因素对零售买货工作的冲击，以及对零售与买货的未来会产生影响的趋势。明天的零售业或许与今天大相径庭，因为零售业处在变化之中，买货职能也在变化之中。如果想要成为一名优秀的买手，你需要了解消费者目前在哪里购物、将来可能会去哪里购物以及如何购物。

电子商务在线零售

在线零售是对传统购物产生重大冲击的关键因素之一。今天，电子商务与**在线零售**（online retailing）在全球范围内不断发展、繁荣，顾客购物方式从商店向线上转移。最近进行的一项消费者调查发现，近半数美国人更青睐于在线购物，而对年轻人群来说这个百分比更高一些，这一事实对许多零售商来说充满吸引力。相较于商店购物，56% 的“失落的一代”与 67% 的“千禧一代”更喜欢在线购物。

以前，许多传统的**实体店**（bricks-and-mortar）零售商争先恐后地在繁华街道或购物中心开设门店，如今又不甘人后，纷纷开发**虚拟店**（clicks-and-mortar）。换句话说，零售商在传统门店的基础上发展了在线业务。对于这些公司来说，在线零售在市场上创造出另一个**接触点**（touchpoint），顾客可以在这里与零售商互动，并且购物。对许多顾客来说，即使他们平时是在网上购物，实体店仍然不可或缺，例如，

注：文中字体加粗并用括号加注英文的词为关键术语。

有 25% 的顾客是在零售商店铺中在线购物的。

在线零售的优点

互联网确实是全球化媒介，购物者这一刻还在查看附近地区的本地零售商，下一秒就可以点击进入千里之外的另一家零售商。大多数顾客之所以喜欢网购，是因为这种方式方便快捷（图 1.1）。在线购物意味着无需大排长龙，这对带着孩子的购物者来说真是福音；而年轻的上班族，尤其是“千禧一代”，对于需要占用大好时光去商店购物更是毫无兴趣。相比之下，互联网就方便多了，他们可以随时随地进入网店，购物体验十分轻松愉快。而且消费者还可以在许多不同网站之间随意切换，寻找最低价，而不必身体力行，往返奔波于多家商店之间。在线购物的选择范围也更大，可供顾客挑选的商品规格齐全，颜色丰富。

图 1.1
顾客喜欢网购最主要的原因是方便快捷

对零售商而言，电子商务网站比实体店更有优势。经营电子商务网站的零售商通常并不需要造价不菲的门店，只需要经济实惠的仓库为网店存储、保管和配送商品，尤其是对只经营网店的**单一业务**（pure play）型零售商来说更是如此。在线零售的另一个优点是节省开支，不像实体店，往往因为大量广告促销而产生高昂的费用。与消费者在线交流的成本远远低于印刷、广播等传统媒介；数字购物目录的制作费用比印刷、邮寄纸质目录册更为低廉。在线促销也比实体店促销更灵活机动，零售商可以随时调整优惠幅度。实际上，为了适应瞬息万变的市场状况，零售商每天，甚至每小时都可以调整电子目录册上的产品种类、价格和促销方式。不过，要吸引新顾客，一些传统的广告方式仍然必不可少，如图 1.2 所示。

在线购物者的期待

为了始终能跟上在线消费者们不断变化的需求，零售商通常会改变基本的商品企划策略，以引人入胜的在线体验取而代之。一些零售商致力于通过实时聊天、社交媒体整合，甚至以虚拟现实视频等体验式服务推动销售增长。但是，许多零售商没能优化顾客体验的内容，无法满足购物者购物时所需了解的基本细节。有研究报告显示，78% 的受访者表示在购物时在线产品的产品信息质量非常重要，其中四分之一的人曾因产品信息不完善而放弃在线购物。

网购者同样期待加载时间像闪电般快捷的服务。如果等待网页加载的时间超过 5 秒钟，会有三分之一的网购者点击离开。这部分等待网页加载时离开的用户被称为**跳出率**（bounce rate）。然而，如果用户是真心实意要完成交易所以才上网，那么他们愿意等待的时间会更长。对零售商而言，网购者的流失意味着收入减少，而且很可能损失惨重。例如，三分之二的零售商认为每位在线访客至少价值 20 美元，一些商家对此估价更高。因此，由于网页加载缓慢而导致零售商损失数以千计的销售机会，可能真的是个问题。

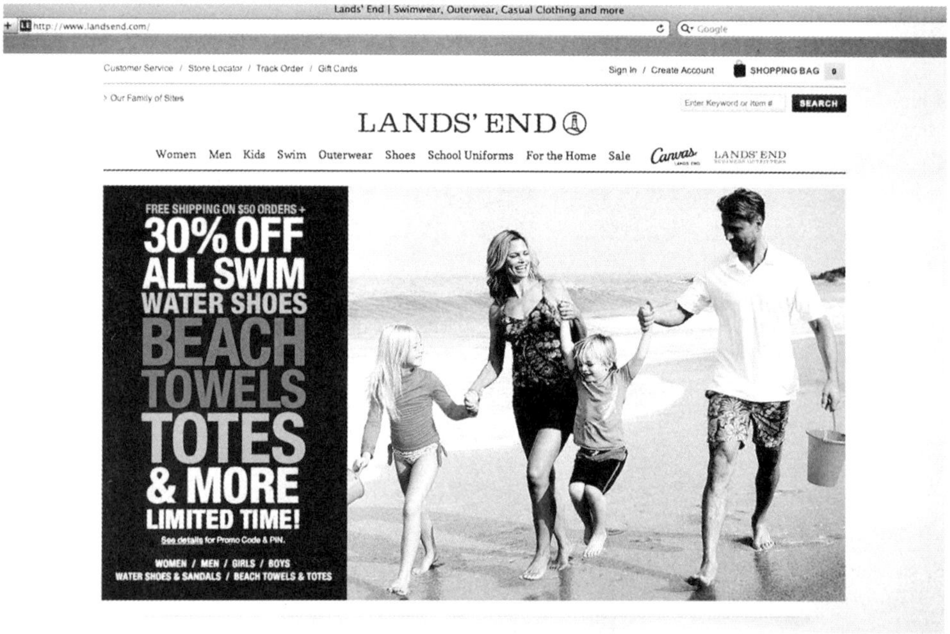

图 1.2
许多在线零售商依然需要通过传统的广告方式吸引顾客

在线购物过程稍微方便一点，就能大大改善网上销售状况。在线等待与在商店里排队一样，会因时间太久而令顾客心生不快。零售商应优化网页，使其适应智能手机和平板电脑，简化流程，使结账尽可能便捷。如提供“添加”功能，顾客只需点击一下就能轻松购物；减少点击次数（采用付款信息存档等方式），让购物者付款时更方便。这样做能够大幅度提高销售业绩，最重要的是，必定能让在线零售商在竞争中脱颖而出。

在线零售的未来

随着美国人在线购物的持续升温，零售商的本地实体店遭受冷遇。然而，尽管网购十分方便，一些消费者还是喜欢在实体店购物，店内商品销售依然势不可挡。不过，实体店的销售额在总销售额中的占比在过去十数年间一直在下降，而更重要的是，店内购物与在线零售之间的界限已模糊不清。

未来，选择网上购物的消费者会更多，但其中仍有很多人会走进店铺与销售人员互动，详细了解产品信息，试穿、试用、试戴产品，体验产品质量。也许顾客并未在店里购买产品，但如果没有店内互动体验，很可能许多销售根本不会发生。现在，**展厅现象**（showrooming）逐渐兴起，购物者先去当地实体店逛逛，再上网比较价格，最后在网上购物。与此同时，**反向展厅现象**（reverse showrooming）也很普遍，有大量顾客在进店前先上网查询产品信息，然后在实体店购物。这样既可以避免网上购物长时间等待发货，又可以免除运费。企业必须意识到，这两种购物过程是零售行业现今局面的组成部分，必须妥善整合店内购物和网购体验，才能更好地为顾客服务。

就连大型零售商也对在线零售的持续增长深信不疑：沃尔玛对在线市场 Jet.com 的收购表明这家连锁企业相信其在线业务前景光明，值得关注。山姆会员商店（Sam' s Club）同样全心全意发展在线零售业务，其网站访问量现在达每月 1 600 万次，可供销售的商品有 5.1 万种。此外，为了进一步刺激在线业务的增长，山姆还推出了每日特惠活动。

大型网络零售商也没有躺在过去的功劳簿上停滞不前。事实上，亚马逊（Amazon.com）在众多不同领域行事十分出人意料，难怪其他零售商望尘莫及。亚马逊的创举似乎永无止境，Prime 会员制就是其中之一，即购物者成为会员即可享受免费送货服务，其影响力立竿见影。在第一个五年时间里，亚马逊 Prime 订户数量从 10% 增长至 30%，而且有三分之二的 Prime 用户表示，不管要在网上买什么东西，他们都会先在亚马逊上查探一番。此外，亚马逊已经在全球多个大都会范围内向 Prime 会员提供一小时送达服务。

随着网购持续飙升，许多传统零售商举步维艰，然而雪上加霜的是他们还面临其他问题，比如商场客流量下滑，消费者行色匆匆时间紧迫，购物者对价格愈发敏感等。网络已经迅速改变了零售环境，为了保持竞争力，零售商需要另辟蹊径，大量尝试新想法。

移动科技与社交媒体

多年来，零售被划分为在线零售和实体店零售两类，泾渭分明。然而，智能手机和平板电脑等科技产品将数字世界与实体店融合起来，创造出一个新的零售环境。对零售商而言，顾客沉迷于智能手机的确是千载难逢的机遇，他们可以藉此机会与消费者进行前所未有的互动（图 1.3）。对许多消费者来说，智能手机已经成为自身的延伸，从查询产品、获取产品评论到购物，他们每天都离不开手机。而且，通过智能手机访问网络方便快捷，许多消费者每天上网不下一百次。此外，数百万消费者经常访问**社交媒体**（social media）平台，这也为零售商提供了另一种对消费者施加影响的途径。

社交媒体属于沟通工具，可以在拥有共同兴趣爱好的人之间形成关系，建立社区；对许多人来说，购物就是他们的共同兴趣。按照最近的估算，在美国的消费总额中，社交媒体用户的影响力超过 1 万亿美元。

图 1.3
顾客沉迷于智能手机对零售商而言是千载难逢的机遇

社交媒体的影响

过去几年中，消费者已经从直邮和广告等推送信息的被动接受方转变成为积极主动、消息灵通的购物者。对大多数零售商而言，这就意味着仅靠传统市场营销手段收效甚微，与过去不可同日而语。社交媒体给予消费者的权力之大、影响力之强前所未有。零售商可以在社交平台上参与互动，聆听消费者心声，抓紧时机增长业务。事实上，已经有超过九成的零售商开始投资进行社交媒体营销。这些零售商正在提高在线业务的商品企划预算，其中显然有一部分专用于社交媒体活动以吸引消费者，促进双向互动。

社交媒体促销活动不可随心所欲，必须经过精心策划。在将社交媒体作为促销组合要素实施时，零售商应该选择几个与企业的目标市场密切相关的关键社交媒体平台，然后再利用这些平台与用户进行与之相关、引人入胜、有意义的对话。

社交媒体不会取代零售商的整体营销策略，但它应该成为促销组合的又一要素，让商店得以与消费者沟通，进而影响其购买决策。零售商应该利用社交媒体扩大现有市场营销方案的影响范围，例如，如果一家零售商要在电视上播放广告，那么应该在各大社交媒体平台同步发布这条广告，并且附上广告视频链接。应用社交媒体和其他促销组合要素时需要掌握平衡、把握分寸，这项任务难度颇高。

社交媒体策略

许多零售商利用各种社交媒体渠道进行广告宣传、回复客服问题，并且通过“立即购买”按钮推动销售。一些零售买手还将社交媒体平台上收集到的数据与其他数据结合起来，用于深入分析消费者的感知及其潜在购买行为。事实上，许多零售商都会利用手机和社交媒体举办促销活动。

例如，美容产品零售商丝芙兰（Sephora）为了提高营业额，在店铺中实施了移动营销活动方案。管理层认为，移动科技是顾客店内购物与数字购物体验之间的终极桥梁。公司针对顾客推出一款手机应用程序，它不仅可以用于购物，还可以播放视频，且兼具扫描功能，甚至可以利用 GPS 帮助顾客找到最近的一家丝芙兰店。购物者可以使用这款应用程序扫描条形码，读取产品信息，收看视频，学习如何使用产品，还可以在店内浏览丝芙兰网站，了解种类繁多的产品。这款应用程序也能让顾客在第一时间看见新上市的产品，了解零售商正在通过口碑传播的内容。此外，购物者还可以在店内扫描某件产品，查阅产品的评分和评价，看看其他顾客对此有何评论。顾客在使用这款手机程序时，还能收到仅对本人有效的优惠和特价，登录帐户还可以检索之前的购物信息，甚至创建购物清单。

另一家有效实施社交媒体策略的零售商是诺德斯特龙百货公司（Nordstrom），其网络销售额在公司销售总额占比达到21%，这一数值对于传统零售商来说已经非常高了。诺德斯特龙在物流中心和存货管理软件方面投资数亿美元，将实体店与在线业务整合起来。公司在公众号上发布新闻，在视频网站上展示时装，在购物网站上打开购物大门，在社交媒体上与消费者展开讨论，诺德斯特龙的顾客们可以为内容制作献计献策。不仅如此，诺德斯特龙在执行过程中始终谨言慎行，小心翼翼，尽量避免人们将这些社交媒体策略看成不加掩饰的商业行为。

企业实施社交媒体营销策略的目标是为了与消费者展开互动，不仅要求互动方式生动有趣，而且还必须与零售商密切相关，同时又能创造一种独特的体验。

凯特·丝蓓（Kate Spade）、沃比·派克（Warby Parker）等品牌则尝试实施“看图购物”营销策略，在本公司发布的图片上添加了“点击查看”按钮，向消费者传达产品价格、其他颜色等附加信息，这样消费者会更容易当场做出购买决定。

你是否通过社交媒体平台与零售商产生过互动？采用这种做法的公司越来越多，因为零售业的未来似乎会更趋社会化。社交媒体是一条强有力的纽带，能够在零售商和消费者之间建立持久而意义深远的伙伴关系，精明强干的零售商正在实施独特的社交媒体策略，努力吸引他们觊觎已久的购物者（图 1.4）。

图 1.4 社交媒体具有可以在零售商和消费者之间建立伙伴关系的潜力

研究表明，许多消费者在做出购买决定时对社交媒体的依赖性非常强，致使社交媒体成为购物时的不可缺少之物。不过，随着这些社交关系逐渐建立，零售商必须认识到，没有放之四海皆准的策略。通过哪些社交媒体与购物者建立连接取决于零售商的目标市场。

移动营销与社交媒体策略的重要性

零售商必须确立一种移动营销优先的思维模式，因为绝大多数消费者的第一印象是通过移动科技产生的。研究表明，商店购物者中有近半数人受到数字互动的影响。

零售商，尤其是零售买手，可以通过移动营销与社交媒体策略获得有关顾客及其潜在购物偏好的信息。不过，为了充分发挥这些策略的强大效力，零售商必须聆听顾客意见，分析收集到的信息，并且采取适当的行动，满足顾客需求。通过**社群聆听**（social listening）在社交媒体上追踪与品牌相关的对话，零售商能更清楚地了解消费者正在热议的是哪些话题，而零售买手则能从社交媒体数据中获取具体细节，有助于制订购买决策。移动营销与社交媒体策略正在形成零售行业的趋势，而且很有可能在未来几年中仍然势头不减，特别是在有越来越多的公司向全渠道零售方式转型的情况下。

全渠道零售

今天的购物者通过实体店、手机、笔记本电脑和社交媒体平台等渠道与零售商连接，是拥有多点接触购物体验的消费者。由于顾客交互使用各种零售渠道，零售商必须采取措施，统一口径，为顾客创建所有渠道相互一致的消息。让我们来仔细研究一下零售商为了无缝连接不同接触点而实施的各种策略。

全渠道营销策略

随着越来越多的零售商向全渠道方式转型，许多企业开始着手整合一部分实体店与电商业务。移动科技以完全不同的方式为零售商与消费者的互动增添了全新的接触点，零售商需要一种全新的**全渠道**（omnichannel）方式来完全整合各种不同渠道。全渠道概念（图 1.5）关注的是无论处在购物过程中的哪个阶段，从了解产品信息到最终购物，再到反馈产品性能方面的意见，消费者都可以通过笔记本电脑、智能手机、社交媒体平台或实体店等适合自己的接触点与零售商互动。

全渠道策略必不可少

消费者购物大多并非出于一时心血来潮，他们一般会通过一系列举动形成自己的购物偏好。消费者可以通过很多接触点对某款产品产生兴趣并最终进行购买，例如，与销售人员交谈，浏览电子商务网站，以及在社交媒体平台上与别人展开自己过去曾经买过相同或类似产品的对话。

在全渠道的世界里，对消费者而言最重要的是可以轻松访问所有渠道，而这就要求无论顾客访问哪一种渠道，其所有记录都要整合起来。全渠道方式为零售商提供机会介入所有接触点，无论消费者身在何处，他们都可以创建信息和内容，教育和刺激消费者。零售商必须建立系统、解决方案和运营体系，通过任何一个接触点无缝传达内容与体验。这就意味着如何与零售商产生关联将按照消费者的意愿进行选择，而不是由零售商说了算。不管是网络购物、店内购物还是在移动设备上购物，顾客对购买过程的期待都是一样的。如果在任何一个接触点上对顾客的这些期待置之不理，零售商将损失的可能不仅是顾客忠诚度，还有营业收入

图 1.5
全渠道概念关注的是消费者能够从任何一个适合自己的接触点与零售商进行互动

增长率。

全渠道方式对零售商究竟有多重要？据沃尔玛报道，采用店内购物方式的顾客年平均购物金额约 1 400 美元，采用网购方式的顾客年平均购物金额约 200 美元，然而采用多渠道购物方式的顾客一年购物金额可达 2 500 美元。这些数据充分证明全渠道方式在推动零售商营业额方面的作用有多么重要。

零售商要有与消费者对话的意愿。科技给予零售商大好时机，可以拓宽经营领域，可以不再受限于常规实体店，甚至无需计算机。移动科技开天辟地地为零售商创造出一个与消费者接触的新舞台。许多消费者出门时不带手机寸步难行，零售商与消费者之间可以利用手机这个工具进行互动，智能手机还赋予零售商锁定目标的能力——无论消费者身在何处，都能收到商品资讯和促销信息。

全渠道策略面临的挑战

全渠道零售也给零售商带来了新的挑战。随着“在线购物店内提货”和“当日送达”等整合策略的不断升级，零售商现在需要大幅度提高所有渠道的存货可视性，需要可以预测产品未来需求的先进工具。此外，零售商必须关注由于向顾客提供这些服务而产生的成本问题。同时，他们还要确保店内库存的安全水平，以免因为“店内提货”的网上订单影响库存。

在不断扩张的全渠道零售业，保持顾客忠诚度的挑战愈演愈烈。零售商不能再将每一条渠道当作毫无关联的进程集中管理，顾客希望零售商记住自己以前买过什么东西，他们想要来点个性化的感觉。无论顾客采用哪个接触点与零售商互动，自己能被人记住总会让顾客感觉良好。如果零售商告诉顾客某款商品有货，那么它就必须有货，顾客无法接受计算机系统彼此独立无法沟通之类的借口。

要记住，保持一个现有顾客满意的成本远远低于吸引一个新顾客，因此，在一个无论消费者与零售商的接触点是哪个都能处理顾客需求的零售技术平台上投资是值得的。事实上，沃尔玛现在正致力于通过无缝购物全方位提升顾客体验，例如采取“在线订货就近提货”等举措快速执行订单，并且建设新的数据功能，在顾客与公司的所有接触点上全面提升购物体验。

电子商务在零售商的总销售额中占比越来越高，许多零售商不得不对仓库中的存货管理另眼相看。实际上，他们现在忙着处理的电商订单并非来自仓库，而是来自于离顾客最近的商店。如果处置得当，这种流程可能是支持许多零售商开始向顾客提供“当日或翌日提货”服务的最合算的方式。

为了保持竞争力，大多数零售商还选择了宽松而简便的退货政策。在全渠道状态下，顾客退货会更容易，但对零售商来说，退货过程却更加繁琐。例如，在北卡罗来纳州网购的产品是从亚特兰大配送中心发货的，却有可能退货给南卡罗来纳州的店铺，然后再发给俄亥俄州的退货中心。零售商努力为顾客营造无缝购物体验，退货过程中的失误或缺陷却有可能给公司带来巨大冲击。例如，有研究表明，退货产品中仅有半数仍按原价再次销售；在店内退货的顾客中有七成另行购物，而在网上退货则不会发生这样的情况。在实施全渠道策略的同时，许多零售商也在重新思考商品分类、目标顾客与如何竭尽全力接触目标顾客，以及所需店铺的理想数量。

全渠道零售业的未来

现在有些业内专家主张从零售商的词汇表中删除“全渠道”这个词，改变他们把电子商务当作孤立的业务渠道的习惯。对零售商而言，关心购物者对零售的定义才是真正的挑战，这个定义与渠道毫不相干，而是与以公平的价格及时交付优质产品密切相关。顾客不会从全渠道的角度去考虑购物体验，顾客与零售商互动的方法很多。无论顾客是走进店铺、通过网站购物、使用移动应用程序，还是浏览社交媒体平台，他们都希望购物体验平稳顺畅，而不会去关心自己采用的是哪种渠道。有零售分析家提出，顾客体验将很快取代产品和价值，成为区分零售商的关键差异点。在这个过程中，顾客期待着能从品牌获得某种体验，而且他们希望不管自己采用哪种互动模式，都能获得同样的体验。购物者期待的是能从数字商店随意切换到实体店的无缝购物体验。

如果零售商尚未做到上述情况，那么就必须将全渠道方式作为未来营销策略的核心要素。有效的全渠道策略将帮助企业提高知名度，留住更多忠实顾客，产生更高的营业额。但是，如果做不到无缝购物体验，顾客满意度和营业收入都将蒙受损失。

零售业的未来趋势

面对当今瞬息万变的市场，零售商需要识别并快速应对各种趋势与挑战。**趋势**（trend）是指大方向上的变化或动向。预测趋势，并在趋势完全影响市场之前做到妥善处理，这种能力对零售业至关重要。零售商规划未来的唯一方法是预测出将会对未来几十年产生影响的作用力，如果要生存下去，他们还必须制订行之有效的策略加以应对。

零售业正在经历变革，要在零售业中旗开得胜，需要有对要做的事情胸有成竹的强有力的决策者。所有零售商都必须将自己定义为购物目的地，而不仅仅是消费者闲逛的地方。买手要挑选商品以及制订其他商品企划决策，使店铺成为消费者的购物目的地。

有史以来，零售业一直处在变化中，如果今天的零售商要生存下去，即使不发生革命性的变化，也必须经受重大改变。顾客的期望值越来越高：他们想要什么就要有什么，想什么时候要就什么时候要，想怎么要就怎么要，而且还迫不及待。一些零售商无法生存下去的主要原因很可能是抗拒变革。让我们来研究一下零售商即将面临的一些未来趋势，了解一下他们在提高顾客满意度的同时，为了提升客流量、营业额和利润而可能采取的措施。

顾客将更为强势

今天，主动权在顾客手中。21世纪的顾客是“信息赋能”的，他们积极参与营销过程，要求即时满足，并且追求产品质量。零售商面临的问题是判断出顾客想要哪种服务。在诺德斯特龙，客户服务可能意味着训练有素的销售人员无微不至地待客；在沃尔玛，顾客服务则可能意味着库房里有货量充足的低价商品以及缩短结账队伍，免得顾客失望而归。对零售商来说，无论服务内容是什么，最重要的一条始终是让购物者满意。

优秀的零售商展开竞争的立足点是价值而非价格。低价也许是其零售策略的一个重要因素，但绝不是唯一因素。最优秀的企业给予顾客他们想要的东西，换句话说，他们给顾客的东西物有所值。例如，家得宝（Home Depot）的成功不仅仅由于其商品定价和品种选择得当，而且还要归因于店铺配备的员工能指导消费者如何自己动手。宜家（IKEA）的成功不仅仅是因为家具价格低廉，而且还因为其结构合理、款式大方（图 1.6）。

购物者的全新体验

店铺将以全新的购物体验吸引顾客进店。由于实体店的销售额与在线销售相比呈下滑状态，零售商需要创造出对顾客更具吸引力的全新的店内体验。例如，有几家诺德斯特龙百货公司正是出于这种想法才在店内实施了“预约试衣”服务。顾客可以使用移动电话挑选有意试穿的衣服，并约好下次到店时间。在顾客到店之前，试衣间里已经挂好了他们想要试穿的衣物。当顾客发现自己预约的试衣间门口贴有本人姓名时，更能体验到个性化的感受。在未来，零售商获得成功的关键是开发出顺畅、便捷、个性化的店内购物体验。更重要的是，这些购物新体验将不再是为了娱乐，而是更关心为顾客创造参与度和相关性。

图 1.6
宜家的成功不仅仅是因为家具价格低廉，而且还因为其结构合理、款式大方

为了丰富商品种类和顾客体验，许多零售商会在店内引进**特许经营店**（concession），合作供应商可以接管经营场地。梅西（Macy's）、布鲁明戴尔（Bloomingdale's）、诺德斯特龙等百货公司早已通过这些合作伙伴减少了在存货方面的投资。在欧洲，特许经营店占商店经营面积高达 60~70%，而在美国，平均占比仅 10% 左右。梅西百货已经顺应趋势，将运动鞋、帽子和太阳眼镜转交给特许经营店；布鲁明戴尔百货公司里也有包括阿玛尼等主流设计师在内的一系列特许经营店。特许经营店的商品由制造商直接供货，进货渠道顺畅、快捷，为商场锦上添花，而且特许经营店的商品新颖，鲜少降价，能保证零售商有一个稳定的收入来源。

零售店将成为消费者购物的目的地

高瞻远瞩的零售商将成为差异化零售商，对于如何在商业市场中立足他们自有主张，并且坚定不移，想想塔吉特、尼曼·马库斯（Neiman Marcus）、盖璞（GAP）、沃尔玛和宜家，这些零售商都可谓独领风骚，或者说各自占据了特定缝隙市场，每一家都有品牌识别度，充满个性。换句话说，他们的店铺与同类型零售商存在差异。

对零售店来说，关键在于把自身看作顾客购物的目的地，以**目标商店**（destination store）作为自己的定位。也就是说，零售商必须努力集中精力，向特定观众展示出一幅商品及服务的清晰画卷，让店铺成为顾客有意识寻找的目标，而不仅仅是个随意闲逛的地方。零售商还可以利用店铺布局和陈列将商店定位为购物目的地（图 1.7）。

零售企业的所有成员，尤其是买手，同样必须对店铺有清晰的概念，要让顾客对店铺情有独钟。出色的零售商目标明确，这一点在整个企业中都可以体现出来。零售商不可能做到面面俱到，但在对待顾客时必须投其所好。

图 1.7
苹果店将自己定位为消费者的目标商店

商店将成为小型订单履行中心

许多零售商的实体店将转型成为小型订单履行中心。2016 年的"黑色星期五"，网上购物的增速首次超过了店内购物，这是一个强烈的信号，标志着顾客的购物习惯真的发生了转变。随着网络销售额的持续增长，实体店需要充分发挥其本身作为实体店铺的优势，它们可以成为小型订单履行中心，将顾客的网购与实体店购物体验合二为一。购物者可以在网上订货，去就近的店铺提货与退货。现在，就连亚马逊也已经意识到拥有实体存在感的好处，开始建设实体店。

为了给这些小型订单履行中心让位，店铺将会缩小卖场面积，集中经营利润高的核心产品，有些零售商甚至会压缩店铺数量。例如，包括女装及配饰零售商安·泰勒（Ann Taylor）在内的几家零售商发现服装及配饰的网购销售额稳健增长，意识到电子商务将成为服装零售业的未来，几乎没有必要再开新店了。因此，安·泰勒关闭部分门店，将自己重新定位为全渠道零售商，保留部分实体店为常规顾客服务，同时将其作为网络订单履行中心。顾客的购物偏好永远变幻莫测，大量零售商因此关门大吉，许多零售商已经接受这一事实，安·泰勒只是其中之一。

零售业还将继续经历一段动荡时期，经历一次又一次的艰难困苦，零售商需要调整商店的规模和数量以适应新的模式。如果零售商能快速、高效地精简企业规模，与顾客无缝互动，营造独特的店铺氛围，优化订单履行中心，就可以成为赢家。

购物体验更快捷、更高效

购物者期待更快捷、更高效的购物体验。例如，沃尔玛为在线购物的顾客提供就近提货服务。顾客根本不用进入卖场，只需按照预约号在指定区域停车，就可以拿到所购商品。亚马逊正在试运营无人超市，顾客可以通过人工智能、计算机视觉以及来自多个传感器的数据等融合技术自动结账。如果购物过程的快捷、高效可以提高顾客满意度，建立顾客忠诚度，那么零售商们必须行动起来，尽快进行改革创新。

数据分析的用途更广泛

数据分析（data analytics）将在零售业中发挥重要作用。云计算的无穷计算能力和高级分析法能帮助零售商攻克以往面临的收集和分析大量不同类型的数据方面的困难，比如顾客数据库和社交媒体趋势报告。直到最近，零售商在制订决策时还不得不依靠凭借自身经验获得的洞察力、根据以往销售进行的预测以及顾客的反馈，而这些基本上属于质量较高的有根据的猜测。

零售商担心的是可能来不及从数据中提取出能够推动经营业绩的有价值的信息，而零售数据分析的速度与准确性可以缓解这种担忧情绪。现代零售分析软件可以将顾客信息、趋势分析和供应链数据打包成单一视图，让零售店的现状一目了然。将所有相关数据转换成易于理解和使用的形式有助于零售商，尤其是零售买手，设计营销策略，提升店铺业绩，能让他们在合适的时间、合适的地点为顾客提供合适的产品。数据分析还可以用于识别潜在客户，判断哪些顾客应该收到特别优惠以及激活顾客再次来店消费。

数据分析曾经属于财力雄厚的大型零售连锁企业独享，现如今几乎所有零售商都可以分一杯羹。不过，仅仅把大量客户信息存储起来还不够，买手必须根据这些资料制订相应策略。零售商保持活力的关键在于提高数据分析能力。

快闪店流行

对多数零售店来说，开业数周就关门大吉属于重大失利，但是一些零售商恰恰以这种方式开店，即快闪店。事实上，美国各地如雨后春笋般地涌现出不少这样的临时零售经营方式。

快闪店通常开在空置建筑物或购物中心的闲置店铺里，以售货亭或临时店铺的形式经营几天或几个月。这些商店是零售商经过深思熟虑的创新型零售策略的一部分，可以让许多商家从中获利。

快闪店在美国越来越受欢迎，部分原因是零售商关闭店铺导致大量零售商铺闲置，这种情况在购物中心更为严重。空置率的不断上升迫使许多业主相比过去几年更愿意接受短期租赁商业用房。

借用临时用房清理过剩或过季商品的概念并不新鲜。过去，快闪店的理念是“时隐时现”，经常出现在万圣节和圣诞节等假期中；但近年来，无论什么时节快闪店都门庭若市，生意兴隆。玩具反斗城（Toys "R" Us）等零售商也纷纷利用快闪店销售来自传统零售店的折扣商品以及专门为快闪店生产的超值商品。有些零售商年复一年在购物中心的同一个位置开快闪店。例如，Calendar Club 礼品和 Hickory Farms 美食每年圣诞假期开几个月的快闪店已成惯例，他们当年全部销售额几乎都发生在这个时段。

更常见的情况是零售商利用快闪店为新品发布造势。盖璞在洛杉矶一个时尚购物区开了一家快闪店，推广新的高端牛仔系列产品，哈利·贝瑞（Halle Berry）、阿什莉·辛普森（Ashlee Simpson）等名人出席了店铺开业派对。说唱歌手坎耶·威斯特（Kanye West）到纽约举办巡回演唱会时，需要场地销售周边商品，但他并未在演出现场设摊，而是开设了一家为期四天的快闪店。当巡演结束后，这家快闪店迅速撤空了，但在此之前早已引发大量的媒体报道。

快闪店也已成为新锐设计师小试牛刀的常用手段，以此制造与品牌有关的话题，测试品牌能否站稳脚跟。设计师川久保玲（Rei Kawakubo）于2004年首开先河，把Comme des Garçons快闪店从柏林一路开到了巴塞罗那。别的时尚零售商和设计师也如法炮制，顺利地利用快闪店为新品牌、新设计制造轰动效应。

玩具反斗城通过另一种迹象表明快闪店是主流零售业的一部分。在圣诞节期间，美国各地开设了好几百家为期数周的玩具反斗城快闪店，使得其零售业务范围更广，店铺数量翻了一番。此外，斯宾塞礼品（Spencer Gifts）的年销售额中现在约有一半来自于一年仅开张两个月的“万圣节精灵”（Spirit Halloween）快闪店。

快闪店能够为零售策略的成功增添助力，可以提醒传统零售商不断改善商品企划组合，调整产品，以求最大限度地满足顾客需求。零售商还能从快闪店的销售情况和客流状况中获得足够信息，不仅有助于判断在附近哪里部署一家固定店铺，还能知道需要储备哪些商品以及应该带给顾客什么样的购物体验。

快闪店存在一个隐患，就是零售商可能下一次回不到之前找到的理想位置，因为可能会有新租户愿意支付更高的租金或签订长期租约。在临时商铺销售商品可能难度很大：零售买手不得不谨慎从事，限定店内所售商品的种类型号，并且在没有历史销售记录的情况下判断其采购数量，目标是在快闪店关闭前将所有产品销售一空。

快闪店已经成为许多商家零售策略的重要组成部分，并且还会继续存在下去。对于消费者来说，在一家只开几周的商店里购物多少有点令人兴奋。

全渠道零售成功案例

星巴克 (Starbucks) 也是一家为所有顾客提供全渠道无缝体验的零售商。顾客可以通过使用智能手机、访问公司网站或者进入任意一家星巴克门店来增加星享卡积分，如果顾客使用任一渠道购物导致积分余额变动或更改顾客个人档案，其他所有渠道也会实时更新数据和信息。此外，顾客获得的奖励会自动体现在账户中，无需顾客采取任何行动。

美容产品零售商丝芙兰成功运用全渠道方式实施了“我的化妆包”（My Beauty Bag）奖励计划。会员可以使用智能手机或电脑查看和追踪所购商品与所获奖励，可以将商品添加到购物清单中，保存下来以备下次购买，追加订单也很方便。如果顾客没有随身携带手机，还可以在丝芙兰的店内使用应用程序。

第二章

买手的职责

买手的工作

对于大学生来说，买手的工作通常充满着吸引力，因为他们看见的是买手频繁地去一些令人兴奋的地方出差，如纽约、洛杉矶、巴黎或米兰，买手花费成千上万甚至有时多达数百万美元去购买最新款的时装，这些是多么诱人啊！旅行可能是令人激动的，但通常情况下买手眼中的全部城市风景只是在去往酒店或是商品市场的路上从出租车中看到的浮光掠影，他们在节奏忙乱的市场周里也腾不出时间来观光。要做出用成千上万美元购买商品的决定是令人紧张的，出于这一经济上的责任感，买手的工作压力重重。然而，很多人喜欢承受这种压力。如果你喜欢有挑战性的工作，可以考虑选择买手这个职业。不过，如果你喜欢的是需要安静思考、压力较小的常规工作，买手工作可能就不适合你了。

要概括买手的工作包含哪些内容有点困难，因为现有零售商的种类千姿百态，在前面章节中提到的趋势和变化对买手的工作职责也有影响。

影响买手工作范围的因素

在零售机构中，**买手**（buyers）的首要工作内容是采购商品。在本章你们会看到，买手的工作比采购商品复杂多了。影响买手职责范围的三个因素是：（1）经营范围；（2）组织架构；（3）零售机构的规模。

经营范围

零售商的经营范围决定了买手的职责。**基本商品**（basic merchandise）的买货与**流行商品**（fashion merchandise）的买货截然不同。企业应该长期备有基本商品的库存。基本商品有着稳定的消费需求，因此每年的销售量都没太大变化，买手需要采购的商品数量将取决于对去年销售记录和今年销售趋势的分析以及营销计划。对流行商品来说情况就不一样了，去年卖得非常好的流行商品今年可能根本就卖不动，流行商品的买货量在更大程度上要依赖于对消费需求和市场趋势的预测。

今天，在大部分零售店铺里，基本商品越来越少了，流行影响到了几乎所有种类的商品。例如，厨房用品五彩缤纷、款式多样，床单、墨镜都有不少设计师品牌，汽车的款型也年年在变。

如图 2.1 所示，流行商品买手花费大量时间在市场上四处寻找合适的商品，为的是能给他们的店铺带来其竞争对手所不具备的独特的商品或时尚的款式。他们还要千方百计赶在竞争对手之前让店铺收到商品，甚至可能得去物色供货商专门为店铺生产自有品牌。

折扣店买手可能只要关心找到的商品价格尽可能最低就行了，独特与否并不是关键问题，他们更有兴趣采购有可靠销售记录的商品。

组织架构

零售商采取的组织架构的类型也决定了买手的工作职责。许多零售商把公司的买手集中在企业总部，在这种情况下，买手与店铺之间很少甚至没有日常接触。诸如销售人员的管理和库存控制之类的活动是在店铺层面上由经理执行的。大型连锁店，如杰西潘尼百货公司 (J.C.Penney)、梅西百货公司和盖璞都是以这种方法买货的。

图 2.1
买手必须花费时间在市场上为顾客寻找独具特色的产品

在小型店铺里，除了经营零售业务外，店主通常需包揽店内所有商品的买货，可能还要负责调度、评估销售人员、制订促销计划以及维护库存记录等各种活动。

零售机构的规模

零售机构的规模大小是影响买手工作范围的另一个因素。小型零售店铺的买手可能会负责采购好几个部门的商品，例如男装部和男童装部。大型零售商店的买手则更为专门化，他们负责某个大类产品的买货——如男童牛仔裤——而不是某个部门的所有产品。

买手的工作职责

尽管在不同的零售公司中买手的工作职责有所不同，但有些基本职责是大部分买手都要做到的，许多零售机构为买手拟定了工作职责，大致包括以下这些任务：

- 为一个产品系列、一个部门、一家商店或整个零售组织制订商品企划策略。
- 紧跟当下市场趋势和经济状况。
- 培养对流行趋势的认知。
- 了解和确定消费者的需求和欲望。
- 分析和诠释报告。
- 关注社交媒体流向，从中发现趋势，因势利导。
- 定期出差进行市场调查。
- 规划及选择商品种类。

- 在供应商面前代表店铺或零售机构。
- 与供应商商谈优惠条件和服务内容。
- 为店铺或连锁店开发自有品牌（由零售商专卖）或制订进口方案。
- 给商品定价以产生预期利润。
- 尝试新的商品和新的供应商。
- 辨别好销产品和滞销产品。
- 维护库存的均衡性和多样性。
- 将计划采购、库存水平及交货控制在商品计划的范围内。
- 回顾并定期修正基本商品库存计划。
- 与店铺保持联系或访问店铺，向销售人员及店铺经理咨询。
- 挑选商品参加促销活动，表达商品陈列的观点。
- 到同一商圈的竞争商家那里购物并且分析、评价其商品种类、价格和商品陈列。
- 实现销售额、加价率、降价额、毛利和营业额等可量化绩效指标。

助理买手的作用

在大型零售机构中，可能有一个或几个助理买手协助买手完成工作。**助理买手**（assistant buyers）会被当成买手进行培训。要从事买手职业的大学毕业生通常会在完成管理培训计划之后得到助理买手工作岗位。

很多文书工作和日常工作可以分派给助理买手来做。把这些耗时的工作转交给助理买手后，买手就能外出访问市场，更好地完成任务。

分派给助理买手的任务一般包括下面这些：

- 制作日报表，辨别好销产品和滞销产品。
- 补充基本商品的库存。
- 完成降价记录和报告。
- 检查存货记录。
- 跟进供应商的商品订单，保证准时交货。
- 监督给供应商的退货。
- 分析销售日报表。
- 根据买手提供的信息制作采购订单。

在一些零售机构中，由**计划人员** (planner) 监控店铺库存水平，追踪关键商品的销售情况。计划人员的主要作用是合理规划商品摆放的位置，从而使连锁店的整体库存效益最大化（图 2.2），不过，计划人员并不负责挑选产品，也不参与制订促销策略。

作为买手，你的一部分工作就是培养出能干的助理买手。要让助理买手成为你的团队成员，不要把他们当成工作上的竞争对手。你可以让他们跟你一起在店里查看商品系列，或是出差去访问市场展示间，培养团队工作的氛围。出差回来以后，你可以跟他们谈谈你发现的目前的趋势，让他们对商品选择过程提些意见和建议，让他们了解部门或产品品类的表现如何。

你和助理买手有一个共同目标——你们部门或产品品类获得成功。齐心协力，

图 2.2
计划人员将负责决定产品在货架上摆放的位置

你们的团队表现会更出色，与此同时，你也为培养未来的零售买手或经理作出了贡献。

商品经理的作用

在大多数零售机构中，买手的直接上级是**商品经理**（merchandise manager），负责管理买货职能，有时也被称为部门商品经理。商品经理设定风格方向、产品系列以及他们这个区域的形象并且监督预算，但他们的主要职责是指导买手和分配资源。商品经理的职责通常可以分为四块：(1) 计划；(2) 指导；(3) 协调；(4) 控制。

计划

尽管商品经理并不直接参与实际商品采购，但他们要为自己管辖范围内的商品制订方针和设立标准。买手采购的商品必须满足商品经理规定的要求，也要符合管理层确立的店铺形象。

商品经理的另一项计划方面的主要任务是制订预算。买手必须在商品经理制订的财务方针下进行采购，商品计划也必须得到商品经理的批准。商品经理还会参与制订评判买手表现的标准（如销售目标、库存水平或加价）。在制订这些标准的计划过程中，商品经理应努力争取让买手参与其中。如果评判标准直接从上面压下去，可能会引发买手不满，大多数员工都想在这样的决策中发表意见。另外，买手的意见和建议对于预算制订过程是至关重要的。

指导

对买手的监督也与培训新买手相关。很多时候新买手需要从见多识广的人那里听取忠告，新买手通常不太敢做降价的决定，有些人则在缺乏约束的情况下想要超买。商品经理可能需要鼓励买手去做降价，把店里积压的商品处理掉，并且帮助他们在采购时保持各品类均衡。然而，商品经理必须牢记，他的职责是建议。在大多数情况下，买手在采购特定品类的商品时可能比商品经理更专业。

商品经理还应该让买手在市场和经济形势上保持与时俱进。许多买手提起产品和流行趋势来如数家珍，但对总体经济形势及市场情况知之甚少。

协调

由于商品经理通常要指导好几个买手，因此他要花费大量时间来协调所有买手，大家必须齐心协力才能让店铺达到管理层想要的形象和销售量。由不同的买手负责采购的商品也必须加以协调，例如，一位买手要采购新的丝巾，丝巾的颜色和图案必须与另一位买手采购的成衣互补。在许多情况下，由商品经理协调的促销活动涉及的商品来自好几个部门，有时候商品经理必须与其他部门（如财务部和业务部）一起协调商品企划工作。

控制

商品经理直接参与他们管辖范围内商品的绩效评估。他必须评价每个买手的表现，如果某个买手的表现不符合要求，商品经理必须采取纠正措施，那可能意味着商品经理要解决买手工作中出现的问题，如加大降价程度，或是将表现不好的买手从工作岗位上调离。

变化中的买手工作

今天，买手的世界比起以往来说更像是一场数字游戏。科技让买手可以接触到的数据越来越多，买手的工作比以往更科学。买手要做的不仅仅是在市场上搜寻最适合的商品、商谈最优惠的交易条件，还必须分析历史数据和当前的实际情况（图2.3），顺应趋势，并且根据产品以往表现制订采购计划。

图 2.3
在制订采购计划时，买手必须先分析数据

新的挑战和期望

买手不能再仅仅依靠感觉推测哪个产品会畅销了，成功的买手必须成为称职的研究者和预测者。因为这一工作上的变化，有些零售分析家认为“买手”这个词可能已经过时了。在一些零售组织中，买手现在指的是“品类经理”，有些公司则将买手视为店铺顾客的“采购代理”。

买手工作发生变化有积极的一面，也有消极的一面。尽管充足的数据可以帮助买手确定订单数量和保持正常的库存水平，但太多的数据也会令买手应接不暇、无所适从。事实上，许多买手被铺天盖地俯拾皆是的数据弄得不知所措，他们接收到的数据量超过了他们能实际运用或处理的数量。

零售企业合并之风加剧了大量数据的产生。合并后，零售企业的数量减少、规模变大，长期处于提高利润的压力之下。今天，评估买手的绩效不仅要基于销售数据，还要看这些销售的盈利情况。

买手还必须知道如何以最小的风险给他们的店铺带来新产品，这就使得产品测试和评估逐渐成为买手职责的一部分。他们必须拥有对时尚十分敏锐的眼睛，即便他们采购的是像手机或电脑之类的非时尚类产品，但这类产品中也包含时尚元素，例如，它们有许多颜色与造型。

今天，买手必须熟悉物流。他们需要了解商品流动的成本，包括在城镇之间或跨越全球的货运成本及交货时间。现在零售商越来越重视培养供应商与买手之间的合作关系，并且要让这些关系比过去更加紧密——这样做需要花费时间和精力。

买手必须熟练运用不断推陈出新的科学技术手段。这些科技从复杂精确的计算机程序到天气预报、电子邮件、社交媒体以及互联网等无所不包。电子邮件让买手能一周七天、一天二十四小时与供应商联系，与顾客交流。然而，这些技术也有缺陷。因为这些技术既方便好用又便宜，买手很快会因为每天收到的大量信息与数据而不堪重负，他们必须花费大量时间来过滤信息，弄清楚顾客是谁以及顾客想要什么样的产品。

所有这些数据分析是否让今天的买手更为机械化，缺乏创造力？有些业内人士感到的确如此。买手工作对买手的要求是目光放远，超越由信息技术与数据分析提供的资料。在他们充分吸收并分析了手头上所有数据之后，仍然需要进行最好的“有根据的推测”。成功的买手最先拿到产品，尽快出手，迅速补货，自始至终保持低成本，并给予顾客他们愿意接受的价格。

科技对买手工作的影响

科技的进步在许多零售商店中迅速改变着买手的角色。许多零售商采用了快速反应计算机系统。计算机的运用使得许多店铺配备了**自动追加系统**（automatic reordering systems），系统会每周根据基本商品的销售情况和理想库存模型自动生成追加单，而理想库存模型是在销售历史和目前趋势的基础上制订的。

计算机技术的发展和自动追加系统的使用在买货模式上形成了一些新特征：

- 零售商和供应商之间产生了很强的合作关系。

- 产生了更多数量小、订货频率高的订单。
- 下单的时间离销售季节越来越近。
- 基本商品的补货建立在实际销售、预测和趋势的基础上。

自动追加系统让买手有更多时间来关心其他买货活动，例如挑选商品和策划营销活动，一些零售机构甚至将控制基本商品的补货从买手的职责中去掉了。自动追加系统让零售商将基本商品采购转变为补货工作而不是买货工作，买手可以集中注意力认真了解顾客，仔细制订采购计划。例如，在狄乐 (Dillard' s) 百货公司，买手不必为基本商品下订单，因为已经有了自动追加系统。在这些店铺中，库存管理转交给了店铺层面。

信息技术在买手工作的许多其他方面也有重要效用。大多数常规工作都交给计算机处理——让买手能把主要精力集中在分析方面的工作上。例如，利用计算机程序可以迅速准确地获取产品信息和价格列表，追踪库存水平，处理日常订单以及帮助买手决定何时进行采购，系统还可以记录供应商的历史表现以及发出采购订单。计算机系统大大简化了许多常规数据采集功能，可以十分高效地判断出畅销产品。例如，收银机就是销售终端机，可以让零售商集中掌握最新的销售情况和库存水平，随后这些信息可以用于生成销售周报表，反映出受欢迎的产品类型。

买手可以用计算机快速查看成千上万的商品规格、存货记录以及顾客的购买记录。一些公司与制造商或批发商之间以电子采购系统相连，这些系统提升了选择商品和下达订单的速度，并提供了是否有货和货运方面的信息，让买手得以更好地专心选择货品与供应商。

买手的职业规划

现在你知道了买手要做些什么，可能会更坚定下决心选择买手作为你的职业。就像你考虑任何一项工作一样，你需要将自身条件与那些已经拥有这份工作的人相比较。成功的买手有许多鲜明的特点及技能。看看你拥有哪些条件，然后努力扬长“补”短。

所需条件

要成为买手所需的条件包括：(1) 适当的个性特点；(2) 人际关系技巧；(3) 商品企划方面的知识和技能。每一项对于你将来成功地做一个买手都至关重要。

个性特点

多数零售经理选择新买手时会考虑他们是否拥有以下个性特点：

热情。必须对你采购的商品、你的工作和公司充满热情。当你进行市场访问、为顾客找到十分合适的商品时，你一定会感受到发现新事物的惊喜。热情是有感染力的，它会影响到你所接触的每一个人，最终会传达给你们的顾客。

动力。有抱负和努力工作通常是任何零售业工作成功的先决条件。买手要有毅力，有坚持到底完成工作的能力。这可能经常需要长时间地工作。

远见卓识。作为买手，你总是要站得高看得远，要看到下一季或下一年的趋势。照搬去年的做法可能会以失败告终。消费需求、流行趋势和市场走向千变万化，作为买手，你必须对这些变化保持警醒，并能未卜先知。在这一行里，通常最先得到某一热销商品的公司赢得的利润最多。

制订目标的能力。管理层要找的是为达到目标设定路径并完成目标的人。完成大学学业就是一个目标。买手工作的很大一部分包括制订计划，因此管理层希望这个人能优化时间来获得较高但切合实际的期望目标。

在压力下工作的能力。管理层要找的是能在压力之下工作且镇定自若的人。在买货工作中，你刚完成一项任务，别的任务就在等着了，你甚至很有可能要在同一时间穷于应付好几项任务。

创造力。尽管买手工作的大部分时间都是在计算和分析数据，但他们还是必须要有创造力，必须创新。换句话说，他们必须在经营决策上给出方向，让卖场与竞争对手不同，即使可能销售的是同类产品。当买手选择能迎合消费者欲望和需求的产品时，商品选择也在一定程度上给了他们自我表现的机会。买手还必须用创造力解决许多日常面临的问题。

好奇心和想象力是所有创新的源泉。买手必须在自己和同事身上挖掘这些特质。他们应该乐于考虑新的想法，无论这想法来自何方，甚至顾客也经常会有改变或展示商品的好主意。真正创新的秘诀不是为了与众不同去做什么，而是做什么会让事情变得更好。

人际关系技巧

买手的另一项基本条件是拥有团队合作能力。与各种各样的人一起工作对于买手来说是必不可少的，买手必须能够与上级（商品经理）、下级（助理买手）、供应商、部门经理和销售人员以及企业中与买货活动相关的其他经理们一起好好工作。买手要重视别人并表示出他们的关心，通常买手只需倾听就能表现出他们认识到同事们对公司的重要性。与每位同事合作都需要一套独特的技能（图 2.4）。

沟通。对买手来说，沟通十分必要，因为他们经常与人打交道。当他们将产品信息、流行趋势从市场上引导到销售区域并介绍给顾客时，沟通至关重要。沟通可能还包括产品信息的口头介绍或发给店铺员工的产品书面报告和公告。广告宣传可能就是在你的报告和公告的基础上创作的，因此你要做到简洁明确地表达出你的想法，这很重要。你还需要积累专业词汇，这些能用于你的有效表达与沟通。

因为今天的店铺和供应商散布在世界各地，简洁明确的书面沟通至关重要。你必须学会用传真、备忘录以及电子邮件有效地发布信息。

领导力。作为买手，你带领着一个团队，对你的经营领域必须有领导能力，管理层想要的是能创新会激励的人。买手的另一项重要任务是保证其他团队成员服从指令，很多时候你不得不运用自己的领导才能去赢得其他人的支持与帮助，进行商品企划并付诸实施。

图 2.4
与各种各样的人一起工作是买手工作的重要组成部分

领导者要灵活应变，以应付每天发生的许多变化。对效率高的买手来说，这意味着搭准竞争激烈的局势的脉搏，密切注意变化多端的消费者趋势，知晓经济局势，最重要的是，预见到所有这些变化将会对他们自身以及店铺产生什么影响。当环境需要时，买手必须领导大家快速行动，修正战略，更正进程。买手不能躺在昨天的功劳簿上休息，因为过去的经验可能今天不管用，而且几乎可以肯定对明天没用。

业务知识与技能

除了个性特点与人际关系技巧以外，企业挑选买手时经常会考虑他们已经拥有的业务知识与技能。买手必须理解顾客的欲望和需求，以满足顾客的要求。大多数零售商会安排培训和实习计划来训练买手，管理层通常会寻找有以下条件的人：

教育程度。在今天，受过高等教育在聘用买手时已经成为基本条件。许多零售商想要四年制的本科生，但出色的专科生也可以考虑。总的来说，零售商寻找的买手要主修零售管理、流行商品企划、市场营销或是其他密切相关的商业专业。市场营销学、经济学、销售学、计算机应用、人事管理、零售学和商品企划等课程都很重要。

有些文科专业毕业生也在企业的考虑之中是因为他们有很强的心理学、社会学背景，这两者给予学生广泛的洞察力，有助于学生了解什么会激发顾客的积极性。尽管这些毕业生可能不具备专业技能，但他们受的教育培养了他们的自律，提高了他们的智能。

此外，快速发展的科技要求买手能适应变化，培训和再培训有可能成为工作中持续存在的内容。

分析能力。买手必须成为决策者。定价、选择商品和选择供应商只是他们日常决策中的三项而已。有擅长数学的背景是先决条件，买手对零售方面的数学计算要有充分的理解力。作为买手，你的表现将用数字来衡量，因此你需要数学能力。强大的分析能力给予买手果断行事的信心。现在瞬时信息超出负荷，买手不得不采用一切能用的工具，在一团乱麻中理出头绪，并结合自身的判断力和才智去了解情况并作出决定。最重要的是，他们不得不平衡果断性与分析力，以防止分析性瘫痪。零售买手期望有充足的反应时间，但这只是种奢望。为了满足顾客的需要并超出顾客的期望值，买手必须经常性快速作出决定。

你需要频繁与预算打交道并制订商品销售计划，这两项工作都需要你能够用数据来分析和表达信息。你还必须将报表转化为商品企划策略。

计算机应用能力。计算机让买手的工作比以往更加数字化、数据化。熟悉计算机程序对于今天的大多数买手来说很重要，更重要的是，买手还必须会解读计算机输出的内容。

经验。在挑选新买手时，管理层希望他有一些实际零售经验。销售方面的经验是首选，因为这能给你提供关于消费者欲望和需求的第一手资料；然而，如果你在零售方面没有广泛的经验，可以强调你所拥有的任何经验。例如，要在简历上强调以数字和百分比衡量的业绩，而不是简单描述你的职务。买手的表现总是用这类绩效标准进行评估的。

每个零售组织开出的条件可能都有所不同，因此调查一下你有意向去工作的特定公司很重要。图 2.5 展示的招聘启事强调了买手所需资质，看看你可能已经具备了其中哪些技能。

图 2.5
你是否拥有申请这份买手工作所需的技能？

买手

企业性质：公司

工作地点：纽约

职位概述：

某知名奢侈品公司寻找买手，负责为美国市场挑选、分配货品，控制专卖店的存销计划、买货余额的制订、分析与存货管理。

工作职责：

- 制订并执行业务方案策略，推动全价销售。
- 因地制宜，设计专卖店的存销计划。
- 制订每月买货余额，预测销售，规划库存。
- 挑选及分配货品。
- 管理日常业务工作。
- 库存管理方面：控制存销比，滞销商品降价处理。
- 买货准备工作。
- 内部培训及业务会谈。
- 管理助理买手。

任职要求：

- 能够主动探索开拓市场、增长销售的业务机会。
- 能够简单明了地解读信息，并且提出行动方案。
- 与管理层交流店铺业绩 、问题、需求等情况。

教育程度：

- 4 年制大学本科。

工作经验：

- 5 年以上买货相关工作。

技能要求：

- 分析能力。
- 零售计算。

如果你接受了买手的工作，从开始工作的第一天起就要注意观察。当你承担新的责任时，表现得热切一点不会有错，要做个好的观察者，提的问题要恰当，注意着装标准以及其他人是如何互动并完成工作的，所有这些因素都会在你成为成功的买手之路上占有一席之地。

职业路径

几乎没有大学毕业生是直接作为买手进入零售业的。大部分买手的职业生涯都是从**管理培训计划**（management training program）或是助理买手开始的。不管处于哪种情况，你的培训重点都很可能是在销售方面。买手必须了解他们所采购的产品和顾客的欲望与需求。要在这种培训计划上花多少时间，每家公司都不一样。

大部分零售商坚信，在卖场中工作和接待顾客可以增加管理培训生或助理买手的基本知识。你的确需要通过店铺的工作经验来全面了解和体会零售店铺方方面面的情况。顾客能成为很好的老师，而改进现状的最佳方法可能就来自于店员。

大学毕业生从零售店铺实习生开始走上职业道路需要有直接为顾客服务的入职培训，这是至关重要的，这种体验使参与者产生了与顾客的共鸣以及对店铺员工的理解。当买手进入公司办公室工作以后，对于处理店员和顾客需求的准备将会更充分——他们在情感上与这两个群体都心意相通。

对你来说，升职意味着作为一个买手，将有更多的产品类别或部门归你买货，也许你将承担主要部门的买货工作，收入会增加，压力也随之而来。你也可能会晋升成为商品经理，或是担任整个零售组织中商品企划部门的负责人。

在某些零售组织中，买货方面的工作会带你走上管理者的岗位。许多零售买手通过调入店铺成为部门经理从而成就了事业转型。从那里，他们将来可能会晋升到人事、商品企划或业务运作方面的管理职位，一些成功的买手最终可能会成为店铺经理。在许多零售店中典型的职业路径如图 2.6 和图 2.7 所示。这些职业发展称为**职业阶梯**（career ladders）或**职业路径**（career paths）。职业路径并非一成不变，它们仅仅代表个人在职场中可能会如何发展。

买货是种极好的培训，为零售业的其他工作岗位提供极佳的背景。你可以成为时尚专员、受命收集竞争对手商店情报的零售店雇员、产品测试员或产品设计师。你甚至可能会产生强烈的创业意向，决定开办自己的零售生意。与买货相关的行业，如采购办事处和服装生产工厂，也有可能代表着职业发展的机会。零售买手拥有的许多技能也适用于工业产品采购员求职。表 2.1 列出并简单描述了这些类型的工作。

在你面前有许多职业道路与选择。挑选你感兴趣的，加强并提升在那一领域获得成功所需的技能。

图 2.6
商品企划职业路径示例

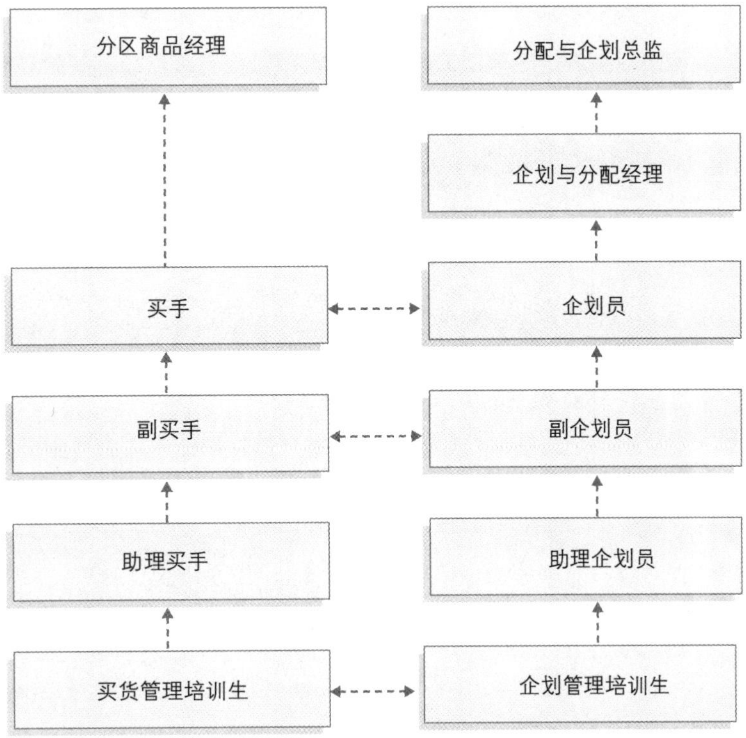

商品企划 / 买货

图 2.7
商品企划职业路径也有可能导向店铺管理职位

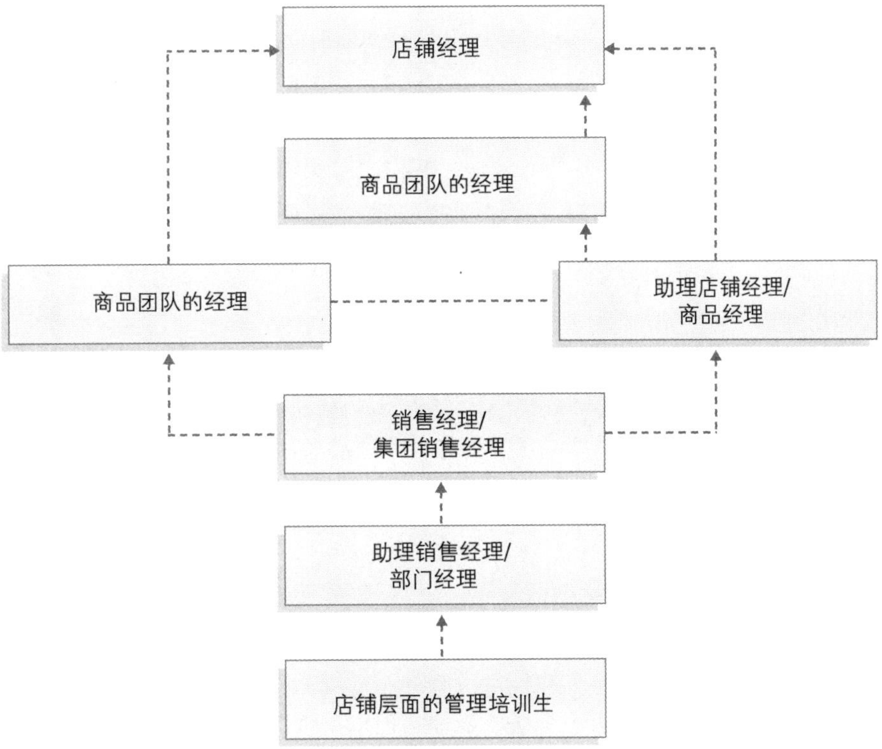

店铺管理

表 2.1　零售业中的其他工作

工作岗位	工作内容
助理买手	在买手的指导下工作，一般专做某个产品品类。协助进行销售分析，追加订单以及采购某些商品
助理部门经理	在部门经理的指导下工作。协助管理员工，控制库存以及其他店铺营运工作
助理店铺经理	帮助实施商品企划策略和政策。与店员一起工作，并且承担全部店铺营运工作
目录经理	选择要收录在目录中的商品。与供应商合作，下达订单，并监控订单完成情况
部门经理	负责一个部门的商品陈列，分析商品流转情况，对销售人员进行培训和指导
地区经理	负责某一地区所有店铺的人员管理、商品销售、商品陈列、费用控制和客户服务
时尚专员	指导买手评估流行趋势
时尚总监	负责建立和维护零售商的总体流行面貌
管理培训生	大部分大学毕业生踏入零售业的第一步。参加公司入职培训、课堂教学和在职培训，接触到店铺的方方面面
市场调查总监	及时获取并分析相关信息，帮助管理层作出重要决定。深入参与研究方法论与数据收集
商品分析员	计划与评估商品在各家店铺之间的分配，保证商品适时交货，品种合理。根据趋势和历史表现制订品种组合计划
商品经理	对由数个部门或产品品类组成的整个商品部门的买货进行规划、管理与整合
促销经理	策划并实施特价促销、主题促销以及其他促销活动，如竞赛
店铺经理	监督特定店铺的所有人员和经营活动。协调与其他连锁店之间的活动。负责客户服务、商品企划以及人事政策
商品企划副总裁	负责开发所有产品品类并评估其业绩。对增长和利润负有责任

得到买手的工作

由于买手工作的多样性，你可能需要调查特定的零售公司以确定对方如何买货。此外，不同地区之间也可能有差别。调查研究是职业规划的重要步骤，对你感兴趣的工作了解得越多越好。最好的办法并不是从文字材料上着手，而是与在那儿工作的买手交谈。当你与他们交谈时，要提一些问题，使对方回答时能透露出在那家零售公司做买手需要满足什么条件。下面是一些适合提出的问题：

- “你一般如何安排一周的工作？”
- “要胜任你的工作，最重要的技巧和才能是什么？”
- “你所面临的最大的问题是什么？”
- “除了薪资福利之外，工作本身最大的回报是什么？”
- “如果你决定离开这份工作，离职的原因是什么？”

这类问题让你领悟到这份工作的正反两面。然而，你要认识到零售业中不断的变化将来可能会改变这份工作。表 2.2 中列出了零售买货职位的申请者应聘失败的主要原因。认清你的弱点，制订计划，从今天开始改正缺点。

与同事、朋友、邻居、顾客、供应商等各色人等都保持联系，这是你获得买手工作的重要一步。换句话说，建立人际关系网对于找到工作机会非常关键。建立**人际关系网**（networking）包括辨别出那些对你找工作有帮助的人，并与之交流。

表 2.2　零售买货类工作岗位的应聘者为什么会失败

- 不良的学习记录——分数很低和 / 或水平很差。
- 性格问题——态度不好，缺乏自信，胆小羞怯，过于内向。
- 缺乏目标或志向——没有积极性，优柔寡断，没有明确的职业规划。
- 缺乏热情——缺少动力，没有一点主动性。
- 不能口头表达自己的意思。
- 未能获得关于公司的情况——对面试准备得不充分。
- 不切实际的薪资要求——更为看重薪资而不是机会，不切实际的期望。
- 个人形象差。
- 不成熟——没有潜在领导力。
- 对买货职业未能做好充分准备——背景不合适。

一旦你发现某个很有前途的职位空缺，要认真制作简历。在简历上，不单要描述你过去或目前的工作职责，而且要说明你在工作上获得什么成绩，特别是那些可以用数字和百分比衡量的业绩。如果你制订过某项安全措施，强调它所减少的职业伤害。现在有很多零售企业要求应聘者进行入职准备测试，以衡量应聘者零售方面的计算能力。

今天，可供大学生投递简历的在线服务机构比比皆是。在各大招聘网站上，求职者可以根据职位类别、工作地点、薪资范围等关键词免费搜索就业机会。而且，当求职者有意在线申请职位时，简历可以通过电子邮件自动发送给相关公司。求职者每周都可以收到电子邮件，通报所有符合要求的新职位。此外，招聘单位可以保留所有求职者的电子记录。

从事买货或管理工作责任重大，将直接关系到零售商能否生意兴隆，财运亨通。事实上，你负责采购的商品价值可能高达数百万美元，并且要产生预期的利润。有压力，但也有回报，你是否能承受得住？

买手的绩效评估

买货是一种很容易设定**量化绩效指标**（quantitative performance measurements）的零售业工作，可以用数字来设立标准，比如达到某一销售水平，同时维持某一特定利润百分比。买手在公司中的晋升速度将取决于他们如何有效地达标，或者说达标与否也有可能决定他们能否保住工作。例如，对某一部门或产品品类来说，买手的目标可能是“要确保加价水平维持在45.2%，销售额达到56 000美元， 降价控制在2 000美元”。有了明确的目标，评估买手的业绩以及奖励达标的买手也会更容易。

可以评估零售买手的量化绩效指标有很多，这些指标将在本书各章引入相关主题时进行逐一讨论。衡量指标如下所示，其具体数额可能因不同的零售商而有所不同：

- 净销售额。
- 单项加价率。
- 累积加价率。
- 降价百分比。
- 毛利率。
- 买货余额。
- 存销比。
- 库存周转率。
- 利润百分比。

除了以上量化绩效指标外，买手的表现也可以通过他们如何处理与助理、其他管理人员、供应商以及店铺经理之间的关系来评估。买手工作有一个重要内容就是营造团队氛围。

本章将详细研究上面清单中的单项加价率、累积加价率两个绩效指标，其他指标将在本书后面章节中讨论。你会有机会锻炼计算能力，学习计算单项加价率和累积加价率，并且深入研究这两者如何用于评估零售买手是否成功。

绩效评估：单项加价率

评估零售买手的重要绩效指标之一就是**加价**（markup），即商品成本与其售价之间的差异。买手设定的加价除了保证商品合理的赢利以外，还必须足以支付这家企业或者部门的所有营运费用。当然，实际成交价可能会低于吊牌零售价，因此实际加价额是在商品售出后才确定下来的。加价的金额很重要，但更重要的还是加价率。零售商对店铺或部门规定的绩效目标一般是以百分比来表示的，而不是数额；在进行对比时，金额通常也不太有意义。

计算**单项加价率**（individual markup percentage），首先要确定一件商品的加价金额，即商品零售价减去成本价，然后将加价金额除以零售价。所有这些要素以公式表示如下：

加价率 =（零售价 – 成本价）/ 零售价

例题

某商品的成本价为 56.32 美元，如果以 112 美元售出，加价率是多少？

解

加价率 =（零售价 – 成本价）/ 零售价
= (112–56.32)/112
= 55.68/112
= 0.4971428
= 49.7%

绩效评估：累积加价率

尽管每件商品的加价率可以算得出来，零售商报告得更多的通常还是在一段持续的时间内，某一个产品品类、某一个部门或某个店铺整体的加价率。在这种情况下，加价是指累积加价。**累积加价**（cumulative markup）是指在某一特定时期内所有待售商品获得的加价额。在将销售业绩与既定目标、过往销售记录或其他店铺的业绩进行比较时，累积加价更有用。

例题

在季节开始时，某买手的丝巾库存值如下：
总成本 3 000 美元
总售价 5 800 美元
在这个月里，增加的商品库存如下：
50 条丝巾，每条成本 20 美元，零售价 40 美元
100 条丝巾，每条成本 10 美元，零售价 19 美元

到今天为止，累积加价率是多少？

解

	成本（美元）	零售金额（美元）
期初存货	3 000	5 800
采购商品	1 000（50 ×20）	2 000（50 ×40）
采购商品	1 000（100×10）	1 900（100×19）
合计	5 000	9 700

下一步，用总零售金额减去总成本来计算总加价金额：
9 700–5 000=4 700 美元

最后，用总加价金额除以总零售金额来计算累积加价率：
4 700/9 700=48.5%
累积加价率为 48.5%

通常一组商品会有一个目标累积加价率，但其中某些商品的加价率往往比这个目标加价率要高，而其他商品的加价则低于目标加价率。累积加价率是用所有商品的总体加价金额除以所有商品的总体零售金额得出的。

买手必须为店铺或部门的累积加价率设定目标。一个部门里所有商品的累积加价率通常是买手要计划和建立的关键目标之一。为了有效地达到这一目标，买手在采购和给商品定价时必须保证整个部门在季末达到目标累积加价率。

通过确立目标，买手有了自我衡量自身表现的方式。此外，买手必须在目标完不成时改变策略。通过阶段性地衡量累积加价率达成的进度，买手可以在销售季节结束之前对商品企划策略作出改变，此时要达成目标还不算太晚。

如果给当季采购的所有商品都加上同样的加价率，那么给商品定价是很简单的，然而这种情况几乎不会发生，因为各种商品的加价率通常各不相同。有些商品的加价率很高，是因为失窃风险很高。流行商品通常比基本商品的加价率高，因为流行商品的变化很快，一款流行商品今天卖得很好，明天可能就要大减价。还有，当初次引进一种商品时，会用较低的加价率来吸引客流进店，之后该商品的零售价可能会反映较高的加价率。也可能会有其他因素影响到某个季节的加价。制造商也许会在季节中间的时候提高批发价，或者为了抗衡竞争对手的定价，在季节中降低一部分零售价。

随着季节的推进，买手要追踪他们所采购货品的累积加价率。之前描述过的任何一种情况都可能导致一个部门的商品出现不同的加价率；因而，为了达到计划累积加价率，要用不同的加价来平衡当季采购的商品。例如，如果迄今为止的累积加价额下滑，低于部门目标，在未来的采购中就需要更高的加价。买手必须要能估算出新的加价应该是多少才能实现当季计划的累积加价。利用你们已经学过的基本概念进行这种估算，应该不会很难。

买手要用单项加价或累积加价等计算结果来持续监控特定时间段中店铺或部门的业绩。可以将这些数字与所设定的目标、部门或店铺的历史记录、行业平均水平相比较。

在大部分零售店，根据文档记录进行绩效评估是正规流程。因为买手为自己负责的商品区域规划及设定可量化目标，要衡量业绩很容易。因此，买手势必要时时监控单项加价率和累积加价率绩效评估指标以及其他一些业绩要素，这些将在本书另外章节中进行探讨。

第三章

为不同类型的店铺买货

采购不同类型的产品

无论什么类型的零售店铺，不管销售什么产品，买手都要完成上一章中谈到的几乎所有职责。当你准备进入零售买货这一职业时，首先要做的决定就是确定你对什么类型的商品最感兴趣。你是对软货更感兴趣呢，还是对硬货更感兴趣？**软货**（soft lines）一般是指服装服饰类产品以及床单、窗帘等家用装饰品。在大部分店铺里，除了这些以外的商品都归类为**硬货**（hard lines），包括五金器具、体育用品、家用电器、家具、玩具、草坪及花园用具之类的产品在内。每个领域都能再细分，这就看店铺的规模大小了。软货可包括女装、男装和童装，这些大类还可以再进行划分，例如，男士牛仔裤或男士正装裤等。在大型零售连锁店，一些买手有可能只负责一个产品类别，例如男童牛仔裤。

另一种细分方法是将这两个大类的产品划分为流行商品或基本商品。基本商品是顾客会长年累月购买的产品，他们希望店铺一直备有这些产品的库存。例如，黑袜子、男士白衬衫以及蓝西装都被认为是软货中的基本款，硬货的基本商品包括芭比娃娃、字典或蜡烛等。而流行商品则是指在相对较短的时间内需求量很高的产品——通常只卖一季。流行商品大多是服装服饰，但也有很多硬货。最时新的香氛蜡烛，颜色最热辣的手机壳，或是特别限量版芭比娃娃，都被认为是流行商品。这些商品在店里只出现短短几个月，随后就被下一个流行趋势或最新款型取而代之了。

新买手会发现对基本商品的预测要比流行商品预测容易得多。基本商品的销售一年年的变化不大，而流行商品就不是这么回事儿了。出现在市场上的流行商品来也匆匆，去也匆匆。流行商品买手必须要在没有去年的销售数字可以借鉴的情况下预测出他们的顾客今年要买什么东西，因为这些商品对店铺来说是全新的。即使看上去与去年相似的产品也不能提供有价值的信息，去年热卖的时髦东西也许今年一点儿也卖不动。

流行商品买手要不断地物色并采购新的、有创意的产品，他们的买货决策所承担的风险远比只管基本商品的买手要高得多。对于许多流行商品买手来说，正是这个原因让采购流行商品令人兴奋，充满挑战。此外，因为承担风险所带来的压力，使得流行商品买手的薪资收入要高于只采购基本商品的买手。适销对路的流行商品会给店铺带来很大收益。

当你进入零售买货的职场时，你的第一份工作很可能是采购基本商品。当你在为基本产品制订采购计划时，在不得不承担采购流行商品的风险及不确定性之前，你的买货技巧会得到培养和磨练。在开启你的买货生涯时，哪种类型的产品让你最感兴趣？

在不同的零售业态下买货

当你决定了自己最感兴趣的是哪些种类的产品以后，就要选择你想在什么类型的零售商店里做买手了。看看周围的社区，你会发现有形形色色的零售商，你可以在里面工作。其中有些店铺可能位于购物中心或闹市区，有些则可能是独立店铺或是开设在购物中心沿街的门店。这些店铺从小型自营店铺到大型商店应有尽有，大型商店作为连锁店的一员，出现在全国各地的社区中。找找看你感兴趣的店铺类型，从事买货工作的人是谁？他们在本地店铺中有没有买手？所有买货工作是否都由公司总部的人完成？这些问题的答案会帮助你缩小潜在雇主的范围。

你感兴趣的职业是大型零售商还是小型独立店？也许你希望有一天会拥有自己的零售店铺？在你作出选择之前，需要仔细研究各种不同的零售商之间的相似与不同之处。你应该先看看最大的零售商，这些公司由于自身规模和扩张计划，可能会提供许多就业机会。

当然，你也可能会对在一家不属于连锁经营的本地独立店铺开始你的买货工作更感兴趣，这样的决定肯定是有好处的，你面对的压力会更小，你会更了解顾客的欲望和需求。不过你可能要为整个商店或整个部门进行采购，要应付许多不同的产品，这就要求你的产品知识面要广。在本地独立店铺，升职的机会有可能会更慢一些。然而，不管你在哪里工作，零售买货这一职业都是令人兴奋的，会让你获益匪浅。

当你在考虑从哪里开始你的买手生涯时，需要研究现有的各种不同类型的零售业态。今天的店铺看上去与若干年前大相径庭，而明天的零售业又会与今天有天壤之别。最大的变化是零售店店铺本身的分类，许多零售商之间的界限已经模糊了。例如，折扣店和一些百货公司在其产品种类上增添了食品系列，塔吉特现在卖起了食品杂货，食品杂货店在销售鲜花和贺卡，而且这些商店、超市都在店里开设了药房。在将来，很有可能会出现新的零售模式与传统零售商争夺顾客口袋里的那些钱。零售业出现了哪些新业态，你知道吗？

如你所知，旧的业态在改变，常规零售业态仍然存在，但往往形态有所变化。图3.1展示其中某些零售业态的销售额增长与下滑情况，看过之后，让我们再来仔细研究几种大的零售分类以及其中佼佼者。

图 3.1
2011 至 2016 年零售市场销售额增长（下滑）率。有些零售市场的销售额上升，如特价店和美容用品类；有些市场则出现下滑，如百货商店和办公用品

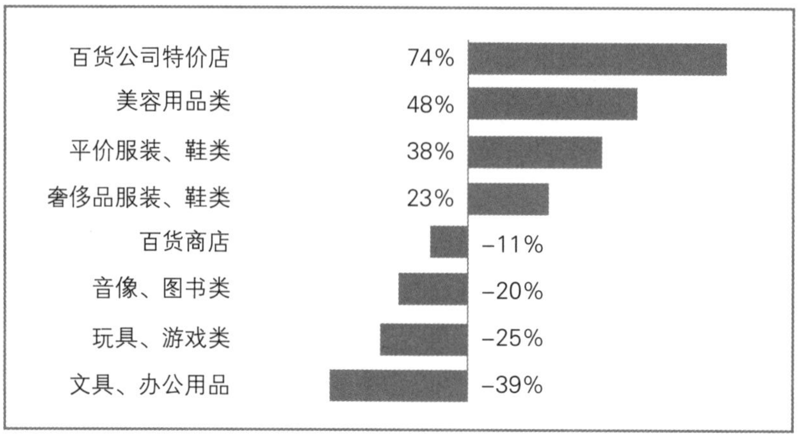

折扣店与大规模零售商

大规模零售商（mass merchant）与**百货公司折扣店**（discount department store）强调一站式购物以满足所有家庭成员的需求，更容易吸引注重经济实惠而不太看重服务的消费者。折扣店一般设施非常简单，有较多国内品牌可供选择，为顾客提供现场服务的销售人员非常少，主要销售低价商品，以鼓励顾客自助的方式组织安排商品。这些零售商经营的商品种类并不齐全，但是一般都专注于快销商品，沃尔玛、凯马特（Kmart）和塔吉特都是行业巨头。也许消费者无法在亚马逊买齐所有想要的商品，但亚马逊销售的商品种类繁多，足以让它成为一家大规模零售商。例如，亚马逊不仅主导着图书销售，而且有可能即将成为最大的服装零售商。亚马逊市场上的产品似乎无穷无尽。

这些零售商大多专注于基本商品，因此与那些紧跟潮流趋势、销售时髦商品的商店相比，买货可能会更容易一些。预测流行商品的销售形势比预测基本商品的销售形势风险大得多，基本商品的销售很可能会与上一季持平。

百货商店

百货商店（department store）最初是向个人及家庭销售各类商品的行当，然而时至今日，许多百货公司已经不再尝试照顾每位顾客的需求，其产品分类与客户群体都发生了转变。

特价店和在线零售商从传统百货商店的销售额中分得一杯羹，美国百货商店销售额在零售总额中的占比正在逐年下滑。百货公司意识到，如果想生存下去，必须与时俱进。

百货公司的合并导致商店数量减少，继而将对行业内零售买货工作岗位的数量产生影响。此外，百货公司现在必须适应市场上新的实际情况，迎合购物者不断变化的偏好。例如，许多百货公司从产品组合中取消了部分品类，因而失去了一站式购物的吸引力。有些百货公司已经表现出对某些产品的过度依赖，而现在这些产品在网上或其他商店都能买得到。未来十年危机四伏，许多百货商店将会殚精竭虑，命悬一线。

回首往昔，每家百货公司连锁店都各有千秋，其中有许多还在当时引领时尚潮流。再看今天的百货商店，看上去千人一面，产品分类、商店布局几乎完全相同。另外，商店选址也对销售额有负面影响：如今的百货商店开设在人潮拥挤的商场里，许多顾客认为很不方便。

百货公司要想方设法让自己有别于其他零售商，零售买手将在其中发挥重要作用，他们必须为商店创建合适的产品分类，吸引并留住不断改变购物行为的顾客。

专卖店

专卖店（specialty store）基于满足较窄的细分市场需求的理念，主要销售较少几个特定的产品类别。事实上，几乎每种产品都有专卖店。让我们来看看美国国内几个最大的专业细分市场及其关键零售商。

服装。许多名列前茅的服装零售商都采用了快时尚的经营方式，商品从设计概念转化为卖场所售产品的速度比以前更快了。Zara、H&M 相继以这种方式取得成功。另一方面，随着在线服装销售上升，其他一些服装零售商的收入每况愈下。以维密（Victoria's Secret）为例，为了缩减开支，公司已经缩小了办公室规模，并将停止出版目录。公司取消了每年印刷的 3 亿份目录，一年可以省下 1.5 亿美元。大多数服装专卖店都面临着类似的财务窘境。

健康美容。过去十年中，美国美容市场发展迅速，在零售业中排名第二。ULTA（图 3.2）采用了一种不同寻常的经营模式，在这一细分市场中大获成功。其店内不仅供应 NYX、美宝莲（Maybelline）、露华浓（Revlon）等大众品牌，还供应 BareMinerals、Urban Decay、Smashbox 等知名品牌和自营品牌产品，还有美容院提供产品与服务。预计在未来几年中，ULTA 将每年新增近百家门店。

图 3.2
ULTA 等美容用品零售商成为美国零售业中的成功案例

手工制品。Hobby Lobby 和 Michaels 两家零售商在这一零售市场中占据主导地位。Hobby Lobby 拥有的顾客群似乎与众不同。在最近的一项调查中，三分之二的顾客表示他们更愿意在店里而不是在网上购物，18% 的人甚至根本不知道可以在网上购物。尽管如此，Hobby Lobby 还是在重新设计网站，使其对手机用户更加友好。Michaels 也在扩张，公司向一家美国中西部工艺品零售商买下 30 家门店，并且新增了 33 家门店。

体育用品。体育用品零售市场的情况也许用动荡来形容最为贴切。Sports Authority 的门店已停止营业进行清算，Eastern Mountain Sports 和 Sports Chalet 也已申请破产，Cabela's 则于近日被 Bass Pro Shops 收购。面对所有这些关停并转，迪克体育用品（Dick's Sporting Goods）等公司眼看着部分门店空置，试图填补市场空白。

鞋类。Foot Locker 是美国鞋类市场中的佼佼者，其销售额是亚军 DWS 的两倍有余。该公司的经营模式灵活多变，通过开设、关闭、搬迁不断调整门店位置，有时甚至不惜重塑品牌。近年来，公司的销售额屡破纪录，盈利也不断提升。

药店。健康药店（CVS）和沃尔格林（Walgreens），这两家企业实力雄厚，正在争夺市场主导地位。双方都在实施技术手段，便于顾客在网上订购商品（处方药除外），然后到店提货。这两家公司还积极扩展经营范围，除药品外，增加食品供应，并且已经进军美容市场。

五金器具和家庭装潢。美国第四大零售商家得宝（Home Depot）不断发展扩张，而其主要竞争对手劳氏（Lowe's）增势已渐缓。事实上，劳氏公司及其门店近来面临着大规模裁员。尽管家得宝销售的许多产品可以在网上以较低价格购买，其实体店仍继续吸引顾客来店购物。此外，他们还通过“在线购物、到店提货”程序，不断提高其网上销售额。

娱乐和电子产品。尽管实体书店受到电子商务、电子书下载和流媒体的冲击而销售下滑，但在 Borders 书店不复存在、Books-A-Million 书店纷纷关门歇业的情况下，巴诺书店（Barnes & Noble）仍然屹立不倒。公司管理层对未来的愿景是要成为一个生活方式品牌，其店里不仅有书，还有礼品、配件、游戏和玩具，与学习、个人成长和发展密切相关。百思买（Best Buy）仍是电子产品领域的领头羊，其竞争对手已经关闭了多家门店。

超市。美国排名前十的零售商中有两家超市：美国第二大零售商克罗格（Kroger）以及排名第九位的艾伯森（Albertson's），而他们面临着来自排名前十的其他类型零售商的竞争，沃尔格林、健康药店和塔吉特等公司扩大了食品杂货的供应范围。超市已经将产品线拓宽至非食品类商品，如五金器具、健康美容、家居用品、文具，甚至经营一部分服装。合并、紧缩之风已经波及超市零售行业。例如，克罗格收购了美国东南部一家大型食品杂货连锁店 Harris-Teeter，而自选商店创始者 Piggly Wiggly 门店在硕果仅存的几个州继续缩减开支。荷兰控股的 Ahold 和比利时所有的 Delhaize 联手，正在打造美国东海岸的超市网络，旗下连锁店包括 Stop and Shop、Martins、Hannaford 和 Food Lion 在内。

直销型折扣店

许多传统零售商在全国各地设立了**直销型折扣店**（outlet store）来销售滞销品和过时商品。进入这种零售业态的零售商有诺德斯特龙的折扣店 Nordstrom Rack 等，许多生产厂家也设立直销型折扣店来销售工厂生产过剩的产品，通常折扣很低。事实上，直销型折扣店的买手经常要负责开发只在折扣店销售的特殊规格的新产品，这些商品不在传统商店里销售。折扣店买手必须与其他买手通力合作，这样两个系列的商品才能互补。

有些直销型折扣店甚至可能会在销售季节快结束时销售在传统零售店里有售的同款商品，有些直销型折扣店还会作为新款式或新型号进入市场的试销店。通过这种零售业态销售商品获得缓步增长的生产厂家有 Polo、Bose、Eddie Bauer、UnderArmour 以及 Tommy Hilfiger 等。

超级商店零售业

超级商店（superstore）这个词是指比所有销售某一类商品的常规商店规模都要大的商店，这些商店往往是同一地区同类商店中规模最大的，其中包括仓储式会员店、超级购物中心和专业超级商店。

超级购物中心（supercenter）。超级购物中心集大型超市和百货商店于一身，在同一屋檐下各种商品应有尽有，从食品到电器包罗万象，例如沃尔玛、BIG Kmarts 购物中心、SuperTARGET 购物中心等。超级购物中心背后的策略是现有产品可以代表顾客 80% 的日常需求，不与专卖店商品冲突，避免滞销品，知名品牌的商品分类依照中等收入消费者量身定做。不过，由于库存要求过高，风险太大，超级购物中心销售的商品不宜太过时髦。

仓储式会员店（warehouse club）。仓储式会员店像巨型仓库，几乎什么东西都有，通常以大批量的方式销售商品。店里不提供非必要服务，几乎看不见销售人员，其装饰风格毫无特色，顾客甚至在购物时还要躲开叉车。大多数仓储式会员店只接待会员，顾客需支付年费，事实上会员中有近三分之一是零售店店主，他们为自己的商店大量采购商品。现在有三家公司占据了大约九成的市场份额：山姆会员商店、BJ 批发店（BJ's Wholesale Club）和开市客（Costco）（图 3.3）。

图 3.3
开市客是美国仓储式会员店三巨头之一

专业超级商店（specialized superstore）。专业超级商店通常仅供应一至三个品类的商品，每个品类的商品分类细致、种类繁多、价格低廉，折扣低至同一地区其他零售商都望尘莫及。专业超级商店又有“品类杀手”之称，因为他们完全掌控了特定品类的市场。玩具反斗城是首家成功运营这类商店的零售商，从那以后，零售领域出现了许多不同品类的超级商店，比如图书（巴诺书店）、电子产品（百思买）、宠物（Petco）、办公用品（欧迪办公 Office Depot），甚至工艺品（Hobby Lobby）。

在从事零售买货工作时，要知道你所学到的大部分买货技巧和能力在各种零售模式之间是可以转换变通的。买手要关注零售市场，了解哪些模式正在发展中，哪些模式处于颓势或即将重组。

零售模式仍将不断发展变化，你必须对此有所认识，并且要知道每个零售领域中未来最重要的参与者是哪些零售商。

连锁商店的买货

随着许多独立零售店的合并与扩张，连锁店的门店数量大幅度增长。**连锁店**（chain store）是指归属于同一物主所有的两家或多家店铺。连锁店一般由一个核心总部负责管理所有连锁店铺及采购商品。连锁店铺的架构难以一概而论，因为情况很复杂。有的连锁店有两三家店铺，有的连锁店则有数百家店铺。连锁店可能在同一个城市、同一个州、同一个地区，也可能分布在全国各地。有些连锁店拥有属下所有单店，有的则有一部分店铺是加盟店。

随着零售店的发展和扩张，管理层想方设法加强其对店铺的控制力，努力增加店铺盈利。对所有连锁店铺里商品的花色品种以及店铺的经营方式实行标准化管理已经成为常用方法。买手岗位从单店中取消，改为设置在连锁店总部。连锁店通过为许多不同店铺采购相同的商品而拥有了大规模采购能力所带来的优势，有机会提高利润。事实上，一些美国最大的连锁店包揽了某些生产厂家的全部产品。

食品杂货店、百货店、折扣店及药房等连锁店经营的商品种类多样，而有些连锁店专门经营某一产品系列，如鞋类、男装、糖果、珠宝、玩具、轮胎或运动用品。这种专门店的买手可能会只负责一个产品系列或一个品牌的商品。

连锁店的买手为所有连锁店制订销售目标、物色货源、采购要在店内出售的商品。在大多数连锁店，销售与买货职能是分开的。买手对销售人员几乎不负什么责任，实际上也跟他们没有联系。买手卸下了销售职责，就可以把所有时间都投入到产品知识和市场信息中，因而，他们成为了产品专家。由于采购与销售分离，买手必须通过公告以及其他沟通方式与店铺及销售人员保持联系，因为衡量买手业绩的标准还是店铺商品的销售量。

集中买货

集中买货（centralized buying）是指所有买货工作都在店铺的核心总部完成，总部买手对所有店铺内商品的选择和采购都有权力和责任。集中买货的主要优势如下：

- 由于买手可以在市场上花更多时间，店铺的商品供应十分稳定。买手以多批次小批量的货物来保持店铺花色品种的齐全和均衡。
- 对连锁店旗下所有店铺的销售进行预测比单独对每家店铺进行预测要更可靠。集中化数据让买手能更准确地预测消费者趋势，因为研究每家单店的小额销售数据对预测趋势来说可能不够准确。
- 由专家作出买货决定。集中化的买手只需对个别产品而不是大量产品作出商品决策，他们能够深入了解商品知识。

- 因为不需要为每家店铺单独设买手，工资费用减少了。去市场考察的差旅费也减少了。
- 采购能力在总部得到整合，这样一来商品的成本更低，因为连锁店在利用数量折扣方面处于更为有利的地位。

集中买货的类型

集中买货通常有以下两种形式：

集中商品企划方案

在采用**集中商品企划方案**（central merchandising plan）的情况下，由一个代表一组店铺的中心办公室承担为所有店铺选择和采购商品的责任。采用这种方案的店铺主要包括杰西潘尼和梅西等大百货商店，以及维密、Lane Bryant、Old Navy 和盖璞等全美连锁专门店。每家店铺会收到公司总部认为合适的货品。不过这些决策也不是随心所欲做出来的，每家店铺的买货决策都要考虑历史销售及平均吊牌价等因素，集中化的买手要花费大量时间来收集和分析从每家店铺获得的销售和库存数据。买手十分依赖报表，因而对计算机输出的信息产生了很大的依赖性。

这种方法的主要缺点在于可能无法满足单店的需要。店经理也许会因无权选择商品而对销售缺乏热情，甚至可能会对收到的东西吹毛求疵，一些店铺经理甚至可能因商品滞销而对买手颇有微词。

仓库调拨方案

仓库调拨方案（warehouse requisition plan）尝试克服集中商品企划方案的部分局限性，不过一般只适用于经营基本商品的店铺。总部设立区域性配货中心为区域范围内多家店铺服务，仓库中储备的商品种类仍然由总部买手决定，不过每家门店的经理可以调拨他们希望在自己店里经营的品种。这一方案让经理可以淘汰他们觉得店铺里不需要的商品，或是在他们那个地区不好销的商品。对商品的需求直接发给仓库，通常仓库就在距离店铺不到 24 小时的路程范围内。决定采用这一方案的连锁店在某个地区的店铺数量必须充足，这样设立配货中心才划算。

这个方案有不少优势。通常从配送中心到每家门店之间的运输距离都很短，订单可以很快得到满足。采用仓库调拨方案也减少了每家门店必须储备的存货量。因为店铺的追加单可以更快得到满足，储藏室里储备的商品就可以更少，从而为卖场腾出更大的空间。

这个方案广泛应用于食品、药品以及折扣连锁店。西尔斯和杰西潘尼等百货商店也为许多产品系列设立了仓库；然而，这一方案一般对流行商品不太有效。流行商品变化太快，需要由生产厂家直接送货。流行产品的销售生命期太短，不宜在仓库里长期存放。

集中买货的缺点

如你所知，买货和销售在大部分零售店铺中已逐渐分离，这种做法的优势是盈利能力增加、操作标准化以及控制力增强，不过集中买货也有缺点。

最明显的挑战就是要根据当地条件调整商品的选择，而这可能很困难。由于人口特征不一样，大尺码和不同颜色在特定地区的销售速度也会不一样。季节性商品的销售时机也会因地而异，美国有些地方的冬天比其他地区来得早。不过，问题也可能并没有听上去那么严重。除了气候变化以外，今天美国所有地方的需求都非常均衡，毫无疑问这要归功于大众传媒广告和大量消费者的外出旅行。即便集中化买手本身并不在单店所在的地区，也有大量的店铺数据可供他们分析。

集中买货会造成买手与店铺经理之间缺乏合作。当商品销售不好时要界定责任是有困难的。事实上，有些经理会对由总部买手配发的商品无动于衷或带有成见，因为他们在商品的选择上没有发言权。

有时候，集中买货很难挽留住有热情、有见识的销售人员。商品企划部门和买手的业绩依然靠所售商品的数量来评估，但是采用集中买货解除了买手对销售人员的控制。事实上，除了偶尔去看一下邻近的店铺，许多买手可能从来没有去过绝大部分的连锁门店。

买手有责任告知店铺应以何种方式销售商品。这件事无法用口头表达，需要进行持续不断的文字沟通。然而，书面快报无法替代亲身参与货品选择带来的热情。

为了克服这些缺点，一些连锁店朝着去集中化方向努力，有些曾经是由总部履行的职责授权给了店铺。例如，仓库调拨方案在商品选择上给了门店经理更大的发言权。

今天，几乎所有全国性连锁店都采用集中买货，因为这种买货方式在零售业中占有主导地位，店铺层面上的抱怨声小了一些。大多数店铺层面上的销售人员从来不知道买货还能采用其他方式进行。

组织架构及买货职能

在大型零售企业中，工作职能被分派给不同的员工，企业被部门化。**部门化**（departmentalization）是指企业将不同的店铺活动划分给各部门或分支机构，从而产生对门店或连锁店经理负有直接责任的经理。

部门化的类型

部门化通常建立在工作职能的基础上，但也有可能建立在产品线或地理位置的基础上，究竟采用哪种方法通常取决于公司的规模。

职能部门化是零售店铺组织工作最常用的方法之一。采用**职能部门化**（functional departmentalization），性质相似的活动内容集合在一起成为主要职责范围，由专人负责，向店主或公司的主要管理者汇报。

大部分零售商都采用梅热计划（Mazur Plan），所谓梅热计划是指店铺组织架构的四个基本职能，保罗·M. 梅热（Paul M. Mazur）曾将这个计划推荐给现在被称为美国零售联合会（National Retail Federation）的组织。他介绍的这四项职能在每一家零售店铺组织架构中都有，无论其规模大小或雇员多少：

- 控制。这个部门负责保护公司的资产，通常分成会计、信贷和财务控制。
- 促销。这个部门的职责通常包括广告宣传、视觉陈列、公共关系、特别活动以及时尚协调。

- 营运。这个部门主要负责库房、维护保养、送货收货以及客户服务。
- 商品企划。这个部门的职责是预测店铺顾客偏好的商品类型、品质以及价格，并以最为经济的方式采购商品。

今天，许多零售店铺的组织架构还包括人事或人力资源管理的职能部门，这个部门负责面试、员工的安置和解聘，并负责保管员工资料以及组织培训课程。

产品部门化出现在一些销售多样化产品的零售店铺。采用**产品部门化**（product line departmentalization) 的店铺将商品归类为家具、家电、童装或珠宝等。大型食品商店都是以这种方式划分部门的，例如杂货、肉类、农产品、熟食 / 面包糕点以及健康及美容用品等，由专人负责影响到一个特定产品线的所有业务操作，包括买货和销售。

采用产品部门化，一个买手可以负责一个或几个产品品类。店铺的其他职能也可以用这种方法来划分部门，例如，控制可以划分为应收账款和应付账款；不过，本章讨论的重点是商品企划职能。

店铺也可以同时在职能和产品的基础上来划分部门。例如，一家独立百货商店可以设立店铺的商品企划分部，买手直接向该分部经理汇报，每个买手负责采购特定产品线。

在许多向全国各地扩张的零售连锁店里可以看到地区部门化。**地区部门化**（geographic departmentalization）是将组织架构按照地理区域进行划分，例如，一些全国性公司可能有北区、南区、东区和西区分部，分别由一名总经理负责，在这名总经理以下有其他经理，每人都有不同的责任范围，通常这些范围就是之前阐述过的职能范围。

有些零售公司非常庞大，这三种类型的部门化可能都会用到——职能部门化、产品部门化以及地区部门化，这种综合型的组织架构见图 3.4。

图 3.4
一些零售店铺的组织架构综合了几种部门化类型

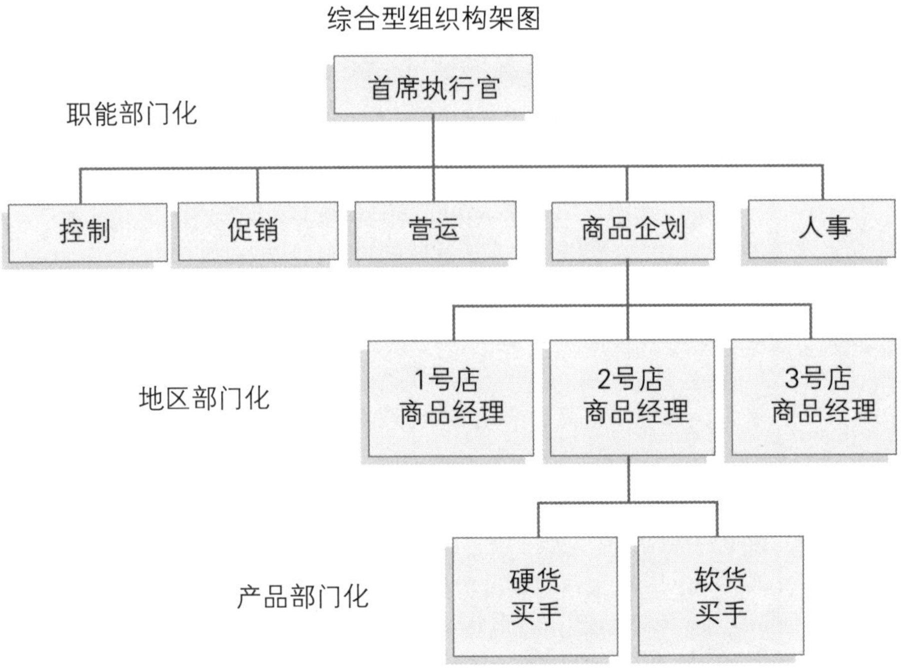

商品企划部门与其他部门的关系

作为一名买手，要想获得成功，你必须了解你的工作职责与公司组织架构中其他工作职责之间的关系，特别是必须了解在你们店铺中买货和销售职能之间的关系。许多公司设计了公司内部结构的**组织架构图**（organizational chart），标明了所有员工及其相互之间的关系。几乎没有哪两家零售店铺的组织方式完全相同；然而，在每一家零售机构中，总有很多相同以及不同的元素。

任何企业若要高效运转，部门与部门之间必定要有沟通与合作。每个部门的职能都必须定义得清清楚楚，让每个员工都了然于胸。不过，这一节要讲的主要是商品企划部门与店铺其他职能的关系。作为买手，你必须做好准备要与公司其他成员同心协力。

买手应知晓商品企划部门与组成店铺组织架构的其他部门的关系。作为买手，你应当对店铺中其他部门有具体的认识，并大致了解每一位员工所承担的职责。例如，在许多大型百货公司，销售人员可能是人事部门聘用的，但商品企划部门可能要负责对他们进行产品知识培训。

买手必须与促销部门紧密合作，提供广告或促销所需的产品信息，买手还必须保证在广告发布前店铺的商品备有库存。

控制部门会开发出店铺要用的信息存储和控制系统。信息应由买手录入，而这些信息与报表在买手追踪库存水平和作出采购决定时会很有用。买手的预算也是由控制部门审批的，有些店铺要求买手的商品计划在执行之前要通过控制部门的审批；发票也是由控制部门处理的，及时付款可以让零售商获得供应商提供的现金折扣。许多零售商设立了 IT（**信息技术** /information technology）部门来管理整个店铺所需的电脑。如今，许多零售商的 IT 部门还开发了商店的社交媒体程序并进行监管，可以生成大量报告，方便零售商了解顾客对商店及其所供商品的看法，研究顾客的购物行为。

营运部门对于买手来说是另一个重要合作伙伴。这个部门负责收货、给商品准确无误地打上标签并将商品快速送到卖场，他们还负责保管库房里的商品。买手采购的商品如果不送到卖场，就无法进行销售。

零售店铺的组织架构越来越大，越来越复杂，买手必须了解店铺的内部环境。买手不可能单枪匹马地开展工作，如果买手要成功，如果店铺要满足顾客的需求，那么所有部门间的合作与协调不可或缺。

为你自己的店铺买货

你的社区里可能有许多独立公司，如邻家的食品杂货店、五金店、家具店、服装店或鞋店。单体、小型、独立店铺是社会经济的重要组成部分。事实上，美国企业中几乎有半数是由一两个人全权运作的，通常是店主及其配偶、拍档或店员。

在小型独立店铺，店主负责企业经营活动的方方面面，包括所有买货职责在内，因而他或她必须充分了解买货过程。店主不仅要决定为店铺采购什么，而且在商品送来时还可能要收货、验货以及给商品挂上标签，并且很可能还要负责销售。

由于买货和销售活动通常都由店主进行，选择顾客需要的商品可能要比大部分全国连锁店容易，因为店主日复一日直接与顾客接触。此外，由于正在销售的产品都是店主自己采购的，他们很可能非常了解商品，从而对销售充满热情。

千变万化的消费者和虎视眈眈的大型零售商结合在一起，对小型独立零售商来说危机四伏。他们是否还有未来？答案是肯定的，但如果在经营行为上没有一些鲜明的变化是行不通的。小型零售商阻止沃尔玛等大卖场进入社区只是权宜之计，抵制大型零售商并非良策；小型零售商必须减少或尽可能避免与大型竞争对手雷同，要让自己与众不同。

与大卖场竞争的策略

独立零售商必须仔细研究他们的细分市场，需要弄清楚顾客还会去哪里购物——不管是**大型零售商** (big-box relailer) 还是小店铺，然后他们需要去了解这些店，多多益善。玩具零售商应该要知道玩具反斗城，成衣零售商要经常跑跑 Forever 21 和 H&M，了解顾客为什么要在那里购物。独立零售商从他们与大型零售商的竞争中学习到的东西越多，就越能在竞争中立于不败之地。大多数小型独立店铺无法在价格和花色品种方面进行竞争，如果顾客想要的是最低价格或品种丰富，那么大卖场就赢了。小型独立店铺不能生搬硬套大商店的做法，这些零售商必须另辟蹊径。小型零售商要知道自己在什么地方会有胜算，在什么地方赢不了。他们无法以大型零售商支付的同等价格采购商品，也不能长期依靠低价进行销售，他们无法从供应商那里得到大型商店才能获得的优惠，无法即时补足存货，也不可能像大商店一样低成本地经营业务。不过，他们可以实施一些策略，与大卖场竞争。

大部分大型商店里经营的商品都不够时尚前卫，这样很安全，但也很乏味。独立店铺要去物色有新意、有创意的供应商，并从他们那儿买货。独立店铺要避免经营太多基本商品，那么做虽然可靠，但从商品组合以及盈利能力上看没什么帮助。他们应选择能增添店铺个性，使其与众不同的商品，选择与大商店不同的品牌。

许多大卖场很少或几乎没有客户服务，这对独立零售商来说真是天赐良机，让他们的服务可以遥遥领先于大型竞争对手。他们需要向购物者提供真正的客户服务，销售人员要熟知所售产品，准备随时为顾客解惑。

大部分大型零售商非常依赖科技，小型零售商要善于利用现有的技术，但不要受到制约。在小店铺里与销售人员接触对顾客来说应该成为一种鼓舞人心的体验，即使电脑死机了，这些销售员还是能做成生意。

许多大型零售商给顾客展现的是“低价”形象，小型独立店铺应尽可能不要把价格当作武器使用。清货应当货真价实，减价幅度要大，促销要强势，目的在于快点卖光老商品，尽可能快地获得新商品。

小型零售商获得成功的关键因素之一是对提供给顾客的商品够专业、有热情。大型连锁店并非没有销售专家，但实属凤毛麟角。这种缺失给那些真正懂得产品的小型独立零售商创造了完美的机会。

独特的商品是小型零售商成功的另一关键因素（图 3.5）。大部分连锁店都没有能力实施标新立异的商品计划，即使他们一开始是由于独树一帜而开创事业并走向成功之路，但其规模终究造成他们的固步自封。最为独特的一个营销想法不属于连锁店，而是出现在康涅狄格州的 Stew Leonard's 超市。这家超市为顾客开展了一场“迪斯尼乐园”活动——从宠物动物园到会唱歌的机械动物应有尽有，这种方法奏效了——停车场几乎每天都爆满。

图 3.5
在小型零售商与大型连锁店的竞争中，独具特色的商品至关重要

对小企业来说，关键成功因素也许就是全心全意地对待顾客。许多零售商只是把“顾客是上帝”挂在嘴边，几乎没有人会真心实意这么做。一旦小型零售商知道了他们应该要怎么做，营销和广告宣传就容易多了；他们会更容易辨别出新产品给店铺带来的机遇。更重要的是，顾客感到满意了，就会纷至沓来，他们会找到来此购物而不是去几英里之遥的大型零售商那里购物的理由。

衡量战略决策是否成功

独立零售商或大卖场零售商如何得知他们实施的策略是否成功？正如你们在前一章里学到的，有很多量化绩效指标可以用（如累积加价率、库存周转率、销售额、利润等）。因为小型企业主需要监控的不仅仅是公司的采购 / 买货职能，他们可能要先计算利润。**利润**（profit）是指**毛利**（gross margin，销售额减去售出商品的成本）减去营业费用后剩下的金额。大部分零售商有会计人员定期追踪公司利润，然而管理层仍然要去确定需要实施怎样的战略来提高总体利润状况。

一般来说，利润会显示在**损益表**（income statements 或 profit or loss statements）上，其中包含五个要素：

- **净销售额**（net sales）代表实际发生的销售额，换句话说，净销售额等于总销售金额减去顾客退货金额。

- **售出商品成本**（cost of goods sold）代表在一段时间内售出的商品的实际成本。
- **毛利**（gross margin）是售出商品成本与净销售额之间的差额，这些钱要支付店铺的营业费用和预期利润。
- **营业费用**（operating expenses）是企业经营发生的费用。薪资、租金、广告以及公用事业费都属于营业费用。商品成本不属于营业费用。
- **利润**（profit）是从毛利中减去营业费用后剩下的金额。如果一个企业的营业费用高于毛利，那么就是亏损。

详细的损益表包含的内容更多，零售商会仔细查看；然而，大多数买手的决定可能只会影响净销售额和售出商品成本。在这一章中，我们只研究上面列出来的五项主要组成部分。下面的公式说明如何用这些要素以金额为单位计算利润：

净销售额 – 售出商品成本
= 毛利 – 营业费用
= 利润 / 亏损（税前）

然而，对买手和店主来说要用这样的原始数字进行比较是很困难的。例如，某一阶段的营业额比上一阶段有大幅度增加，营业费用也相应增加。在这种情况下，利润金额也许会变大，但它占总营业额的比例会变小。因此，更为重要的是以每个要素的金额除以净销售额来计算这些要素所占的百分比。接下去的例题展示了如何运用这个公式。

例题

在一年当中，某花商的净销售额为 200 000 美元，售出商品成本为 105 000 美元，营业费用总计 75 000 美元。完成损益表，说明每个要素的金额和百分比。

解

首先，在经营收支表中代入已知信息如下：

净销售额	200 000 美元
– 售出商品成本	105 000 美元
= 毛利	
– 营业费用	75 000 美元
= 利润	

下一步，从净销售额中减去售出商品成本，得到毛利；因此，毛利等于 95 000 美元（200 000–105 000）。然后，将毛利减去营业费用，计算出利润。在这个例子中，利润就等于 20 000 美元（95 000–75 000）。

现在你需要将金额转换为百分比如下：

净销售额	100%（200 000 / 200 000)
售出商品成本	52.5%（105 000 / 200 000)
毛利	47.5%（95 000 / 200 000)
营业费用	37.5%（75 000 / 200 000)
利润	10.0%（20 000 / 200 000)

如果利润百分比没有达到期望值，零售商可以对公式的每个要素进行仔细研究，以帮助他们制订未来的战略决策。这一基本公式揭示了提高公司利润的三种途径：（1）提高销售额；（2）降低售出商品成本；（3）减少营业费用。零售商可以决定对一个或所有要素转变策略，不过必须谨慎，以免影响到利润。

例如，零售商通常会通过降低零售价或投入广告来提升销售额，但是这两个策略都需要花钱，增加的销售额必须要补偿因广告而增加的费用或因售价降低而减少的收入。零售商可以寻找一些花费少的策略来增加销售额，例如将商品挪到店铺中更好的位置，或对销售人员进行培训，让他们提高平均销售额。

公式还揭示，可以通过减少售出商品成本来提高利润。同样，零售商必须仔细考虑他们打算实施的任何策略。例如，找到以较低价格出售同类产品的不同供应商可以降低商品成本，但是新产品可能不适合顾客的口味，使得销售下降而不是提高。另一种方法是从供应商那儿获得数量折扣，降低商品成本。

最后，根据公式看，减少营业费用会增加利润。同样，零售商必须查看每项支出，分析某个变化可能会对销售产生的影响。例如，减少员工数量能降低营业费用，但这一举动会引起客户服务减少，可能会降低销售额，从而导致利润减少。

商品成本百分比、毛利百分比以及利润百分比等量化绩效指标可以警示零售商，如果未能在这些方面达到既定目标，可能需要改变策略。零售商可以采取五花八门的战略决策，不过在同一时间改变太多不会有好处，因为这么做的话，要确定是哪个策略对利润产生了影响就会很困难。无论是大商场还是小店铺，零售商必须不断监控这类绩效指标，研究他们的决策给企业的全面成功带来的影响。

第二部分

准备制订买货策略

第四章

为制订买货策略而获取帮助

市场调查

市场调查（marketing research）是指系统化地收集、记录并分析与市场营销有关的信息的过程。好的市场调查过程必定是综合全面、循序渐进的，绝不能随心所欲、杂乱无章。市场调查涉及到使用从许多不同来源得到的信息或**数据**（data）。作为买手，你不仅要有能力找到信息来源，还必须有能力分析及运用你收集到的信息。

运用市场调查

市场调查最常见的用途是找到描述目前经济形势与市场状况的信息，这些信息将帮助你更好地了解你们店铺所处的经营环境。另外，许多店铺希望根据顾客年龄、经济收入、受教育程度以及消费模式等特征建立档案。建立顾客档案有助于日常商业决策，比如选择采购什么产品以及选择采用哪种促销方式。你可能会对潜在市场的规模以及潜在顾客住在何处感兴趣。市场调查还能用来确定某一地区的失业率、新房开工率，这些经济数据可以用于预测未来销售情况。

如果企业想在市场上保持竞争力，满足顾客的欲望和需求，那么市场调查必不可少，企业获得成功的关键之一是比竞争对手更了解顾客。好的市场调查让你可以预见并利用顾客身上发生的变化；未能充分关注顾客变化状况的话，就可能导致一些决策失误。最重要的是，市场调查有助于你不再依靠天马行空的猜想进行决策。

如何进行及运用市场调查将受到企业规模的影响。大多数规模小的零售商没有足够财力和时间承担对数百名顾客进行的分析和调研，他们通常依赖于报刊杂志上的只言片语。有些零售商广泛采用非正式的方法进行调查——他们对顾客进行观察，或是让店员在顾客购物时提一些简单的问题。许多大型零售商拥有自己的市场调查部门，会不断地关注顾客以及商界情况。在这一章里可以看到，也有很多公司专门从事市场调查活动，许多零售商会向他们购买服务。

市场调查不一定要花很多时间、很多钱。简单比较今年与去年同期的销售数字是市场调查，在购物中心里观察青少年最常穿的服装的颜色是市场调查，将报刊杂志上谈到产品趋势的文章保存在文件夹中也是市场调查。市场调查活动对零售买手的成功至关重要。

收集数据

为了帮助你进行决策，市场调查所收集的资料可能包括一手资料、二手资料，也有可能两者兼而有之。第一步应该是查找所有相关的二手资料来源。**二手资料**（secondary data）是指已经存在的资料——其他人已经为你完成了这项工作。政府机构与行业杂志、新闻报纸以及行业协会一样，都是二手资料的绝佳来源。除了能很快获得大部分二手资料之外，你还能以非常低的成本或者几乎不花钱就获得大量信息。然而，有些二手资料可能太笼统或不完善，不适用于你。有些二手资料可能老旧过时了，比如人口普查数据每十年才采集一次。在很多情况下，二手资料无法提供决策所需要的全部信息，因此，你可能需要收集一手资料。

一手资料（primary data）是指为了特定目的而收集的信息。采用一手资料的关键优势是这些信息与你们正在调查的问题密切相关。通常可以通过单独或小组访问消费者采集一手资料。然而，获得一手资料对你们店铺来说可能要花不少时间，费用也很高。

分析并解读数据

进行市场调查时，你要寻找的是答案，而不只是信息。你的工作是研究采集到的数据，并确定这些数据的含义。例如，如果获得了多个二手资料来源，你必须整理和汇总相关信息。如果你进行了一次顾客问卷调查，你需要整理好所有答卷，并且分析这些数据。

仅靠数据本身通常并不能立即解决问题，你必须对收集到的数据进行解读，才能在此基础上得出结论、给出建议（图 4.1）。换句话说，你必须决定：要买多少货？要买什么款式和颜色？从哪个供应商那儿进行采购？要给哪些店铺储备什么型号？应该从库存中清除什么商品？应该增加什么新产品？作为买手，你将要面对的问题不胜枚举，但是有了好的市场调查以及其他渠道的协助，你将能一一解答这些问题。

在查找信息的过程中，你能获得各种内部和外部的信息源。应该尽可能地利用这些信息源，别害怕开口寻求帮助。

图 4.1
买手必须对收集到的数据进行解读，在此基础上得出结论、给出建议

内部信息源

内部信息的主要来源有（1）店铺记录；（2）管理人员；（3）销售人员。每种来源都能在你进行买货决策时提供有价值的信息。

店铺记录

在大部分情况下，过往销售记录和库存记录会成为买货时最重要的信息来源。分析店铺记录对所有买手来说都很有必要，对那些身在零售连锁店总部的买手来说更是特别重要，这些买手可能没那么容易接近店铺层面的经理与销售人员。越来越多的零售商更关心追踪关于顾客的信息，而不是仅仅关注总销售额。例如，店铺记录中的信息可能会揭示顾客一般会一起购买的产品类型，数据可能会显示出购买某一特定产品的顾客的特征。这些情况涉及数据储存及数据挖掘技术，具体将在第五章中讨论。

依赖于销售记录和库存记录来预测消费者需求的主要局限在于这些记录只能告诉你顾客曾经买过什么或者没有买什么。当顾客来到你们店里或你们部门却没有买东西时发生了什么情况？销售记录和存货记录反映不出如果当时有库存，顾客会购买什么商品。有些顾客当时要找的商品在你们店里暂时断货，或是根本就没有，那么销售数据就无法揭示可能会产生的销售。

有些店铺有**缺货单系统**（want slip system），每次当顾客想要的产品没有库存时，销售人员就填写一张表格。如果采用了这一系统，要让销售人员牢记：当顾客问到的商品已经脱销，或是你们店里本来就没有时，保留确切的记录并花点时间填写表格十分重要。然而，你们不可能满足每一位顾客的要求。如果缺货单系统中有大量顾客提出相似的要求，那么这类信息就有助于规划未来商品分类。

应该让销售记录和存货记录物尽其用，会员卡可以为商店管理层和零售买手提供大量信息。通过会员卡，店铺不仅可以追踪产品的销售情况，还可以了解购物者的具体信息。从会员卡上收集到的消费者情报非常详细，从购买哪种可乐到是否在深夜购物，内容丰富。零售商在追踪消费者趋势方面越来越精明，买手可以通过了解会员情况调整商品结构、店铺布局、产品周边和广告活动。从理论上讲，通过会员卡计划，零售商可以收集消费者的购物信息，有针对性地传递与消费者直接相关的产品信息。

尽管店铺记录可能是最重要的信息来源，但仅靠这些还是不够的。在最终制订买货决策之前，你还需要采用其他内部信息源和外部信息源。

管理人员

在大商店里，在规划采购决策时你很可能需要与商品经理商量一下，在批准你的商品计划之前，商品经理可能会提议做些改动，他们应该还能给你在预测未来经济形势与市场趋势方面提供有价值的帮助。买货计划的预算要获得批准，还需要咨询财务主管。

身处公司总部的买手应该向店铺经理征询意见和建议。简短的电话交流就会让这些经理深感自己参与了买货过程，并且很可能会更积极、更热情地销售你订购的商品。从店铺记录中可能不容易看出来关于消费者需求的重要信息，但买手很可能会从电话里有所发现。小型店铺店主可能没有办法从其他管理人员那里听取建议，因此，采用外部信息源对他们来说至关重要。

销售人员

你应该尽可能地从店铺销售人员那儿听取意见和建议。从记录中也许能看得出来什么商品好卖什么商品不好卖，但只有销售人员才能告诉你这些商品为什么畅销或滞销（图 4.2）。

图 4.2
销售人员或许可以告诉买手产品为什么畅销或滞销

销售人员经常与顾客接触，能知道顾客的欲望和需求，而这是从销售记录中看不出来的。事实上，销售人员就是典型的顾客，他们可能对买手正在考虑的新产品的销售潜力更有判断力。不过，有些销售人员可能无法将个人好恶与顾客的好恶区分开来。

对顾客来说，销售人员是店铺的个人代表，作为这样一种角色，他们能够为你提供一手调查内容。如果店里没有采用缺货单系统，向销售人员咨询一下，你就能了解到他们被问及的店内没有在销售的商品。销售人员还能简洁快速地提一些对你很重要的问题，例如，他们可以询问顾客对以往购物的满意度，或者了解什么货是店里不经营但顾客想要的。

通过电话交谈或店铺会议，你应该能看出来哪些销售人员最有洞察力，能给你提供真实的反馈。与这些销售人员交谈，讨论应该备什么货，让他们察看新产品样品，表达他们的观点，说说是否应该采购这些产品。他们的意见可能会证实你从其他信息来源中了解到的情况，也可能会给你完全不同的看法，导致你改变计划。

如果有可能的话，去卖场看看。在店铺总部工作的买手应该定期访问附近店铺，观察顾客的举动。到卖场去明察暗访，看看哪些款式、颜色和面料受到顾客的欢迎。个人接触带来的问题是你的注意力可能会被商品企划类活动所吸引，从而使访问难以进行。然而，访问店铺对你可能会有好处，销售人员的热情让你在制订买货计划时可以参考更多的专业知识。如果你从销售人员那里征求意见和建议，要郑重其事地用你自己的话向他们表示感谢，告诉他们这些建议对你很有帮助。

一旦你已穷尽店内所有信息来源，就向外部信息来源寻求帮助。不过要记住，从外部获取的信息反映的是全国或行业趋势，而不是本地的市场趋势。

外部信息源

当你进行采购决策时，你可以从店铺以外的许多信息来源获得帮助，其中包括顾客、杂志及行业出版物、供应商、行业协会、比较购物员、流行预报员、报告服务机构、互联网和社交媒体、买货办事处。你要采用多少种外部信息源，要采用哪几种外部信息源，取决于所售商品的种类以及你有多少时间花费在信息整理上。

顾客

一些大型零售商有能力进行正式的市场调查，可以通过调查问卷确认顾客的欲望和需求。然而，顾客调查也可以是非正式的。你或店里其他员工可以在卖场与顾客简短地交谈几句，或是在店里观察他们，这两种活动都属于非正式的市场调查。

你的顾客是否紧紧跟随流行趋势？他们的偏好是倾向于经典还是传统？他们购物时是更关注价格还是更关心品质和时尚？要完全解答这些问题很可能需要进行广泛的顾客问卷调查。不过，也有可能通过几个简单的问题就可以深入了解顾客。表4.1“类型评估”列举了顾客调查问卷的实例，花上几分钟时间完成调查问卷并打分，判断出你自己对于时尚的态度。你认为这个结果是否反映了真实的自我？要让调查结果对零售买手有意义，可能需要让数以百计的顾客回答问卷，然后将他们的答卷整理成表格。

表 4.1　类型评估

第 1 部分和第 2 部分：用 0 到 10 分就下面每道题目给你自己打分，对非常符合你的感觉的状态打高分。

第 1 部分	**打分（0 到 10）**
1. 我紧跟最新的流行趋势和时尚潮流。	________
2. 我喜欢购买顶尖设计师品牌衣服。	________
3. 我是个特立独行的人，喜欢用自己的衣服反映我的生活态度。	________
第 2 部分	**打分（0 到 10）**
4. 当我购物时，会先看价格标签。	________
5. 我喜欢可以为全家购物的店铺。	________
6. 我只在打折时购物。	________
第 3 部分	**圈出答案**
7. 我喜欢随心所欲，我行我素。	同意 / 不同意

8. 我常与他人交谈。 同意 / 不同意
9. 女性跟男性外出时应主动分摊费用。 同意 / 不同意
10. 即便雇得起家政人员，我还是愿意自己做家务。 同意 / 不同意
11. 在学习或工作中获得成功对我很重要。 同意 / 不同意
12. 我是个乐天派。 同意 / 不同意

如何评分

1. ____________ 将你第 1 部分得分相加。
2. ____________ 将你第 2 部分得分相加。
3. ____________ 在第 3 部分：

   如果你同意 7、11 和 12 的观点，每一个“同意”就在第 1 部分的总分上加上一分。

   如果你同意 8、9 和 10 的观点，每一个“同意”在第 2 部分的总分上加上一分。
4. ____________ 从第 1 部分的总分里减去第 2 部分的总分（结果可能是负数）。
5. ____________ 如果你的得分是：

   +10 到 +30，你是新潮购物者（时尚达人）；

   +9 到 –15，你是经典或传统型购物者；

   –16 到 –30，你是保守型购物者。

有些店铺会组织消费者顾问团。许多百货店的顾问团是由从本地高中或大学中挑选学生代表组成的青少年委员会。青少年委员会的成员也有可能会成为时装秀模特以及为特别活动提供帮助，有些成员甚至在校园里穿着来自店铺的新款商品。

有些店铺会设立**消费者顾问小组**（consumer advisory panels），由具有代表性的消费者组成，对店铺政策、服务和商品组合提供建议。顾问小组通常每周有几个小时的会谈，就店铺活动及商品组合方面提出意见和建议。

供应商

为你供应商品的**供应商**（vendors）能告诉你其他零售商在大量订购哪些商品，而且他们这里有商品的追加单信息，这对你是个最佳提示，表明顾客接受了特定产品。供应商通常热衷于传递有用信息，因为你们店铺的成功与否也与他们休戚相关，然而，接受忠告和让供应商为你做决定完全是两码事。随着你们与供应商之间的合作关系顺利发展，你可以对这些建议投入更多的信心。

行业协会

你或者店铺管理层中的某个人应加入与你们的零售领域相关的**行业协会**（trade association），并积极参与其中。这些企业组织有着相似的特征，通常会印刷一些内部通讯，向会员通报最新趋势和市场状况。他们还为你提供机会，让你与特定领域的重要人物进行个人接触，探讨零售事务。行业协会的另一个好处在于他们基本上都会赞助商业展览，以便供应商展示新产品。

如果可能，获取其他地区同类店铺的信息。在行业协会的会议上，你可以与来自其他地区的非竞争对手的买手建立关系，他们通常会乐于交换信息，因为这也有助于他们更好地制订买货决策。

比较购物员

你还应研究竞争对手店铺的促销活动，从他们的印刷广告、广播电视广告以及网络广告中获取价格与品质方面的信息。如有可能，你应该去探访竞争对手店铺，看看哪些商品有存货，哪些商品是主推款，哪些商品看上去很好卖。要观察价格、花色品种、服务以及顾客对商品的反应。比较型购物报告还会提供信息，让你知道你们店铺没有经营的产品的情况。

如果你没有时间亲自进行比较型购物，你可能需要将这一任务交给助理买手或部门经理，也可以雇佣**比较购物员（或比较购物公司）**（comparison shoppers）。这些人员或公司在竞争对手商店里购物，提供这一地区其他零售商在商品分类、价格和促销政策方面的情报;他们在许多大城市里收集情报，按所提供的服务向客户收费。

不要花太多时间窥探竞争对手，以至于忘记了自己店里要做的工作。如果零售商仅仅依靠复制他人的价格和商品分类，很难获得成功。一些店铺已经认识到，自己没有必要跟着竞争对手调整价格，应该为顾客提供服务从而赢得赞誉。然而，许多零售商在广告宣传中强调自己会“达到或低于”竞争对手的价格，对于这些店铺来说，比较型购物至关重要。

流行预测公司

流行预测公司（fashion forecaster）作为商业顾问，可以帮助零售商提前数月预测流行趋势。流行商品千变万化，买手必须知道流行趋势，这样店铺才会有合适的产品来满足顾客的欲望和需求。流行预测公司按周或按月为客户提供消费趋势预测报告，这些服务对长远规划最有帮助。

报告服务机构

报告服务机构（reporting service）不断报道市场变化趋势，这些市场趋势将影响买手采购产品。流行商品发生变化最频繁、速度最快，因此流行商品买手保持与时俱进至关重要。有些报告服务机构进行的市场调查对买手很有价值，他们的分析报告会按周或按月通过电子邮件发送给客户。今天，互联网让信息的即时交付成为可能，突发新闻的发布不再需要等待下期通讯的发行。分析报告的主题包括欧洲的最新时尚、经济风向标或者新一季的色彩及面料。

互联网和社交媒体

互联网也许是买手可以运用的最重要的调查工具，数百万网页的存档信息，只需轻击鼠标即可到手。更重要的是，买手能获得他们采购的产品或行业的最新情报与信息，以往的买手从未有过这么多唾手可得的信息。买手还可以从社交媒体平台的互动中了解目前消费者的态度与行为。

买货办事处

买货办事处（buying office）是给零售商提供咨询服务的组织机构，在小型和大型零售商中均得到使用，下一节将详细讲述。

买货办事处

买货办事处是坐落在主要市场中心的组织机构，目的是为客户店铺提供买货建议以及其他与市场相关的服务。从根本上来说，他们作为调查者和顾问，能为店铺买手节省时间与金钱。几乎没有一家店铺负担得起在中心市场有一个常设员工，出于这个原因，许多零售商会采用买货办事处的服务。今天，不少买货办事处以商品企划顾问自居。

目的与重要性

有了买货办事处，你虽足不出户却能感受到市场的脉动，也不需要仅靠对市场的偶然访问来制订采购计划。

买货办事处的规模大小不一，既有一个人的小公司，也有雇佣数百人的大型办事处。在美国，纽约和洛杉机等主要城市中有不少买货办事处，全球主要市场中心也可以找到买货办事处的身影。

多尼戈集团（The Doneger Group）通过企业并购成为美国最强大的买货办事处之一，这家公司已扩大客户群，并且发展了许多特色服务。表 4.2 为 The Doneger Group 分支机构一览表，简述了各分支机构从事的服务。

买货办事处作为买货专家和顾问受雇于零售商，当你不在市场里的时候，他们可以成为你的千里眼和顺风耳，不断为你在市场中物色新的商品、新的货源以及最好的价格。

买货办事处对零售商很重要，原因在于：

- 许多零售商越来越重视流行产品，而流行变化的速度之快要求买手跟市场不断保持联系。
- 许多买货办事处能为客户店铺组团采购，从而降低商品成本。
- 由买货办事处代表的零售店铺能让买手减少出差次数，缩短出差行程，从而减少费用支出。
- 买货办事处往往能为客户店铺带来独特的商品，大多数店铺都想要经营一些他们商圈里独一无二的产品。
- 最后，作为买货办事处的一员，零售店铺可以在一起共享信息与知识。大家可以畅所欲言，分享信息，因为买货办事处不会在同一商圈代理两家竞争对手的店铺。

每家零售商接受买货办事处服务的理由可能各不相同。

表 4.2　The Doneger Group 分支机构一览表

商品企划	
Doneger Merchandising	这是 Doneger 的核心企业，向零售商提供广泛、深入的咨询服务、季节性商品企划指导，从女装、男装、童装、配饰和鞋类的分类、尺码和价格水平方面着手，对企业和市场的现状进行全面分析。
Directives West	这是 Doneger 在美国西海岸地区的商品企划团队，提供市场分析，广泛报道零售行业及市场情况，对西海岸的时尚生活方式和消费者知之甚深。
Price Point Buying	专注于女装、男装、童装、配饰、鞋类和家居用品，为客户提供绝佳的购买机会，帮助企业建立价值驱动型市场关系。
趋势服务	
Doneger Creative Services	预测生活方式、流行趋势和流行色，产品丰富，服务周到，为服装、配饰、鞋类、美容、家居和生活方式市场提供服务。
TOBE	以消费者为中心的时尚智囊团，定义了时尚和美学对消费者的影响，在业务开发、市场营销、客户参与、设计展示等领域提供创意策略。
Doneger Consulting	根据客户需求量身打造专属方案。为客户出谋划策，计划并执行方案，以满足客户在生活方式侧写、行业分析、顾客色彩与趋势研究以及产品线创建等领域的特殊需要。
Online Services	为会员提供一个在线平台，会员获得资讯后，可以立即将其通过平台传递出去。向会员发布趋势概念、市场报告、秀场分析和全球零售市场与街拍照片等资讯。

买货办事处提供的服务

买货办事处通过公报和报告向客户店铺传递重要的市场资讯，并且在买手访问市场时给予必不可少的帮助。当买手在店里时，买货办事处的代表可以：

- 回应对信息的需求，主题涉及市场形势、产品价格和款式，并寻找新的货源。
- 根据店铺买手的要求下订单。买手指定所需商品的类型、价格和数量，由买货办事处的代表选择供应商及具体款式，店铺买手仍然对采购负有重要责任。
- 不断物色买手感兴趣的商品，比如新产品、新款式等，经常与店铺买手通电话，讨论可以供应哪些新商品。
- 跟进并核查货品交付。如果压力来自买货办事处，考虑到买货办事处的规模及其市场地位，生产厂家会更有动力快点交货。
- 处理调整及投诉事宜。同样情况，买货办事处向生产厂家施压比零售商向厂家施压更有用。
- 收集几家店铺的订单，以更低的成本一次性集中订货，从而给零售商省钱。
- 查找新的货源。大部分买手常常要寻找新的商品来满足顾客需要；店铺买手不可能搜遍整个市场，物色新的货源；买货办事处的代表有能力执行好这一职责。事实上，许多生产厂家会因为买货办事处代表的店铺为数众多而找上门来。
- 推荐热点商品。因为顾客对**热点商品**（hot item）趋之若鹜，买手无法保证产品库存。所有买手对于能让店铺的投资很快产生回报的产品都很感兴趣。

- 为零售店铺提供自有品牌。许多买货办事处制订了自有品牌计划，帮助会员店铺迎接竞争和挑战，让店铺形象个性鲜明。
- 提供款式、颜色及面料趋势方面的流行预测，提供市场上的新商品情况。
- 准备促销活动。大部分小型零售商既没有专门人手也没有资金来举办促销活动，许多买货办事处向会员店铺供应促销用的素材，比如橱窗陈列的构想、内部陈设的提示，或是广告设计的范例，甚至还可以预录时装表演解说词。
- 向客户店铺提供调查结果。信息可能来自于非正式的调查，也许是与关键店铺的代表交谈，了解什么东西好卖，或是来自于更为正式的市场调查活动，包括问卷调查和访问会谈。大多数买货办事处还会提供关于市场形势与经济趋势的分析。
- 与国外保持联系，这样可以给有兴趣做进口商品的零售商提供专家意见。

一旦店铺买手来到市场，买货办事处会帮忙详细安排市场行程，让访问卓有成效。买货办事处的代表可以在买手出差前组织好商品与货源，安排好买手的行程，这样可以充分有效地利用时间。大部分买货办事处向会员店铺的买手开放办公室和样品间，这些办事处通常会从供应商那里收集样品，以方便买手来到市场时查看样品。对买手来说，在繁忙的市场周中有人能事先准备好样品可以节省不少时间，这样他们就不用访问那些样品不符合需要的生产厂家了。

买货办事处的代表甚至可能会按照要求陪同店铺买手参观市场展厅，不过，如果大量来自会员店铺的买手在同一时间段出现，这样的服务就不一定能做到了。许多买货办事处还会给店铺买手预订酒店和交通工具，而且这些服务还可以获得优惠，因为买货办事处要接待大量店铺买手，预定时可以享受团体折扣。最后，在买手采买东西时，买货办事处能为会员店铺的信用作担保。

买货办事处的类型

买货办事处可以分成两大类：（1）独立买货办事处；（2）店铺所有的买货办事处。这两种类型的办事处提供的服务类型基本上都相同。

独立买货办事处

大部分买货办事处都是私人所有、自主经营的**独立买货办事处**（independent buying office）。店铺买手采用独立办事处就像他们采用其他形式的商业顾问一样。这种类型的买货办事处又分两种：受薪式（固定费用）办事处；商品经纪人办事处。

受薪式（salaried）或**固定费用买货办事处**（fixed-fee buying office）的费用是由其代表的零售店铺直接支付的。零售商与买货办事处签订合同，同意按店铺年销售额的一定百分比为基础支付费用，这笔费用基本上占销售额的0.5%~1%，按月付款。小型零售商由于销售额较低，每个月可能会支付固定费用。

使用受薪式办事处的人员主要是那些没有时间离开店铺频繁进行市场访问的店主和买手。一些店铺在地理位置上可能很偏，离市场很远，若店主要定期出差去市场，费用会很高。

商品经纪人办事处（merchandise-broker office）向零售商提供类似的建议和服务，

但付款的是办事处代理的生产厂商。生产厂商向买货办事处支付客户店铺采购商品额的 2%~4%。许多经纪人同时代理几家相互没有竞争性的生产厂商。

商品经纪人为生产厂商另辟蹊径，帮助他们拓宽与小型店铺的联系，因为代理人能去实地访问那些很少来市场的店主。商品经纪人对于那些负担不起受薪式买货办事处服务的零售商来说极其重要。然而，你必须要认识到可能会出现利益冲突；经纪人的兴趣在于销售其代理的产品系列，即使那些东西对你们店铺来说可能并不合适。不过大部分商品经纪人会提供良好的服务，因为他们的兴趣在于你能长期惠顾。

店铺所有的买货办事处

有些买货办事处归其本身代理的店铺所有，大型百货商店和专门店通常采用这种类型的服务。

有些大型零售商在市场中心设有**私家买货办事处**（private buying office）。这些办事处需要投入一大笔资金，但如果零售商的营业额很高，需要付给受薪式办事处的费用非常高的话，这笔投资还是有必要的。因此，对这些店铺来说，设立自己的买货办事处更经济。除了不与其他店铺交换信息之外，这些买货办事处执行的功能与独立买货办事处是一样的。

选择买货办事处

要选择买货办事处，你会怎么做？首先，你需要确定店铺是否需要这种服务；然后，你需要甄别备选者，从中作出选择。进行彻底调查，不要害怕提问题；询问推荐人，跟买货办事处的客户交谈。你应该提出以下这些基本问题：

- 这家买货办事处代理哪一类商品？他们的商品企划方法是否符合你们的店铺形象？
- 这家买货办事处的规模对你们的需求来说是否太小或太大？
- 在你与买货办事处的代表交流时，是否感到气氛融洽？你觉得是不是可以跟他们做生意？
- 买货办事处的员工人手是否充足，能否提供必要的服务？
- 这家买货办事处是否有推荐人？
- 这家买货办事处目前的会员是谁？你应该与同类店铺合作，因为这样可以从信息交换中有所收益。出于这个原因，你可能不会让已经代理竞争对手的买货办事处做代理；否则交换信息时可能会泄露公司机密。
- 这家买货办事处经常与哪些生产厂家打交道？
- 买货办事处能提供什么范围的服务？
- 你期望得到哪种标准的、定期的服务帮助你节省时间、避免无谓的出差，并提供专业的买货帮助？
- 加入买货办事处的费用是多少？
- 费用是如何确定的？需要安排哪种类型的合同？
- 你们是否能负担得起这些费用？
- 你们店铺如何从中获益？

一旦选定了买货办事处，就要充分利用对方提供的服务。阅读发送给你的公报、网络新闻和报告，这是买货办事处与你沟通的基本途径。你能了解到其他店铺有什么产品获得成功，还能得到新的货源信息。

去结识买货办事处分派给你们店铺的代理人，与他们建立密切的工作关系，要经常通过电话或信件交流你的想法和遇到的问题。对你和你的处境了解得越多，买货办事处为你工作起来就会越有效率。

提前让买货办事处的代理人了解你的出差行程，告诉他们你有什么特别需求，要采购哪些品类的商品。预先通知买货办事处，他们可以安排人手专门为你腾出时间。

参加买货办事处为你组织的团队活动，因为买货办事处的实力很大程度上建立在会员店铺相互分享经验的基础上。这些活动给了你机会，可以让你全面了解市场环境及趋势，了解供应商及商品可获性方面的具体信息，可以与大家分享你们店里成功与失败商品的信息。

平时要与买货办事处代理人交流，努力建立有益于你们双方的长期合作关系，朝着这个目标努力。

买货办事处的未来趋势

过去，零售商的规模小，而且分散在全国各地，所以生产厂家和供货商很难与店铺直接联络，因此，买货办事处作为零售商和市场之间的纽带应运而生。然而今天，主要零售商店通过并购进一步发展壮大，生产厂家有可能直接联系到所有重要顾客以及未来顾客。零售店的关闭也导致买货办事处的客户大量流失：头一天买货办事处还在与零售商做生意，第二天那家零售商就成为一家连锁店的一员，而这家连锁店要么有自己的买货办事处，要么是原先那家买货办事处的竞争对手的客户。这些零售商对买货办事处的依赖性在减小。

然而，有些零售商自己做不到的事，买货办事处能为他们提供服务，犹如雪中送炭。随着许多零售商越做越大，小型零售商强烈感觉到必须抱成一团与之抗衡，为了保持竞争力，他们需要买货办事处的服务。

买货办事处的未来会怎样？他们的角色是否会发生转变？一些零售分析家认为买货办事处应开始从事一些几乎从未尝试过的新职能——那些与科技应用、店铺企划、选址以及人力资源管理相关的服务。然而，这些服务可能超出了大多数买货办事处的专业领域。有些零售分析家已经开始质疑买货办事处是否真的拥有与众不同的才能，而这可能正是零售商为什么越来越少地用到他们的主要原因。

最新的趋势是用互联网来保持买货办事处与会员店铺之间的日常联系，有什么新的进展情况可以马上得到传递，在某生产厂家大量订货可享折扣价之类的消息也可以马上传递出去，使得零售商能够尽快利用。大部分买货办事处现在都有在线网站，会员可以凭密码进行访问。

有些买货办事处合并了，有很多倒闭了，但有些似乎在商业界取得了稳固的地位。许多服装零售商需要买货办事处，这样每天都有人为他们报道市场情况，告诉他们什么好卖什么不好卖。今时今日，买货办事处显得尤为重要，因为如果零售商派买手去大都市和国外出差的话，成本太高了。最重要的是，买手办事处对帮助小型零售商与行业巨头竞争大有裨益。

市场营销导向

零售商的成功与否直接取决于消费者的满意度，因此，作为买手，你必须考虑消费者的欲望和需求。让我们来看一看影响今天所有零售商的几个市场营销理念。

以消费者为导向

近年来，零售业越来越注重以消费者为导向。事实上，零售商已经形成了一种认为所有商业活动都应努力满足消费者欲望和需求的经营理念。作为买手，你必须认清消费者想要什么，然后以消费者愿意承担的价格提供商品，满足他们的欲望和需求。

没有计划就无法让消费者满意。指导零售商行动的总体框架或计划称为**零售策略**（retail strategy）。店主或管理团队通常会对商店的经营理念、目标顾客、方针策略以及可以在一年或更长一段时间内指导员工的控制活动进行规划。以消费者为导向的店铺始终比首先关注单件商品盈利能力的店铺更优秀，其商品库存更合理、顾客满意度更高、商品分类更详细、款式更多、尺码更齐全。

成功的策略可以帮助零售商做到有别于其他竞争对手，并且开发出能够吸引特定消费群体的商品分类。零售商还可以通过积极制订策略做到上下齐心、协调一致。要制订一项综合策略，管理层必须协调商店选址、商品分类、定价和促销等各种因素。例如，买手挑选的商品也许是顾客最想要的，但是商店位置不好却可能导致商品销量不佳。

零售商店的定位

仅靠制订策略还远远不够，零售商必须确定消费者对店铺**形象**（image）有何感受。例如，消费者可能认为你的店铺有创意、很保守、别具一格，也有可能认为你们是经济型、奢侈型或时尚领导者，这些看法有可能与你制订的策略相符，也有可能大相径庭。

实际上所有零售商都很在意消费者的看法。制订零售策略的关键之处在于如何创立并维护你们在消费者心目中的理想形象。零售商可以通过商品分类、定价政策以及促销活动等方式确立自己的市场定位。**定位**（positioning）是指识别某个消费群体并开展零售活动以满足消费者需求。例如，男装店的定位可以选择高档、价位适中或折扣店。尼曼·马库斯百货的定位是面向注重身份地位的上层消费者，独家供应优质的品牌商品，相应收取高价，平面广告独树一帜。与之相反，沃尔玛的目标顾客属于中产阶级消费者，注重产品价值，店内商品种类繁多、价格低廉，并且以此为特色广而告之。

锁定目标顾客

定位的第一步是为你们的产品找到合理的市场。**市场**（market）是指有能力、有期望并且愿意购买产品的人群，换句话说，就是你们的潜在顾客。市场有各种各样的类型和规模，有些很大，而有些则很小。不管怎样，市场就是零售策略的服务对象。

没有哪家零售商可以照顾到每个消费者，因为消费者的欲望和需求千差万别。今天，成功的零售商不会试图面面俱到，而是尝试为**细分市场**（market segment）服务，即为一群有着相似的需求或者其他重要特性的潜在顾客服务（图 5.1）。

图 5.1
今天，成功的零售商尝试为潜在顾客服务

把整个市场划分成各个部分的行为称为**市场细分**（market segmentation）。当零售商进行市场细分时，他们尝试识别具有共同特征的特殊消费群体并为之提供服务。通过识别及了解这些可能的消费群体，买手可以为满足这些群体的确切需求而对商品分类进行量身定制。市场细分通常可以采用以下四种数据类型：（1）人口数据；（2）地理数据；（3）行为数据；（4）心理数据。

人口数据

顾客的年龄、性别、家庭人口、经济收入、受教育程度、职业以及种族等特征被称为**人口数据**（demographic data）。零售商根据那些对购买待售商品会有影响的特征来区分潜在顾客。举个例子，所有年龄的消费者都有可能购买某一特定产品，但是其中大部分人的年收入高于 30 000 美元。在这种情况下，零售商在采购该产品之前就应该确认一下当地年收入超过 30 000 美元的人数是否充足。

地理数据

邮政编码、街区、城市、县、州或地区等与消费者居住地有关的信息被称为**地理数据**（geographic data）。作为买手，你必须确定你们店铺所在的地理区域内是否有足够多的潜在消费者会购买你采购的商品。举个例子，某个产品在城市中可能销量很高，但在小镇里却无人问津。

行为数据

与顾客购物行为有关的信息中包含着**行为数据**（behavioristic data）。举个例子，大部分零售商想搞清楚顾客购物的时间或平均购物金额等信息。了解这些信息有助于买手确保商品数量充足，无论何时何地，顾客想买就买。

心理数据

有关消费者的生活方式、兴趣爱好以及意见看法等方面的信息被称为**心理数据**（psychographic data）。在某些情况下，顾客去哪里购物、购买什么商品会受到个性特点的影响。举个例子，顾客定期到沃尔玛进行采购的动机可能是为了省钱。

大部分零售商采用以上一种或几种数据源将顾客划分成一个个群体或细分市场。为了采购合适的商品，以最有效的方式展示和推销商品，为顾客服务，零售商非常用心地建立了消费者档案。

由于细分市场各有各的消费方式，能满足一个群体的产品未必适合另一个群体。例如，住在城市中的上班族与退休者有着不同的需求。这些差异要求你将整个市场细分成更加容易管控的部分。

目标市场营销的种类

大规模市场营销不再是常态，美国市场由许多更小的细分市场或称**缝隙市场**（niche）组成。零售商的策略必须与特定的细分市场相匹配，才能创造出竞争优势。当你确定市场特征，并将市场进行细分后，应该需要将**目标市场**（target market）确定下来，即你们店铺重点关注的特定消费群体。通常，零售商会采用以下其中一种方法来锁定他们的顾客：（1）无差别；（2）集中化；（3）多元化。

无差别目标市场营销

零售商尝试取悦于所有消费者的做法称为**无差别目标市场营销**（undifferentiated target marketing）。传统超市和药房采用的就是这种无差别目标市场营销方法，他们对潜在顾客的定义非常宽泛。大部分百货商店以前采用的也是无差别目标市场营销，然而今天其中有许多已经改变了这种方法。例如，杰西潘尼百货近年来删减了很多产品种类，从而缩小了其目标市场。

集中化目标市场营销

零售商专注于某一部分市场的做法即**集中化目标市场营销**（concentrated target marketing）。女式鞋店或高档熟食店就是这样做的，它们明确地选择了自己希望锁定的消费群体。这些零售商将注意力集中在某个细分市场上，不再三心二意，试图吸引每一个消费者。

多元化目标市场营销

零售商关注的消费者不止一种类型的，称为**多元化目标市场营销**（multisegment target marketing）。他们针对多个不同的消费群体提供不同的商品，不过这些群体可能有着相似的特征。例如，“高而大”男装店吸引着年龄不同但身材相似的人群。在某些情况下，这种吸引力会直接指向完全不同的细分市场。例如，超市会同时为全职妈妈和单身人士提供微波炉餐，在这种情况下，这两个人群需要不同的广告宣传策略和产品花色组合。

今天，大多数零售商已经采取通过识别并吸引特定目标市场的措施来彰显自己。目录销售零售商广泛运用目标市场选择技术，L.L. Bean 就是众多有效运用目标市场概念的目录销售商之一。除了一本通用目录之外，这家销售商如今已经有了许多针对不同零售缝隙市场的目录，男士、女士、加大号型服装、儿童服装、旅行者服装、钓鱼爱好者用品以及猎人用品都分别有单独的目录。

作为买手，如何制订并执行计划与你们店铺的零售策略直接相关。管理层必须明确店铺定位，识别目标顾客，树立店铺形象以及确定店铺在市场中的地位。如果管理层顺利完成这些任务，店铺在顾客眼中令人满意，那么作为买手，你会更容易开展工作。

了解消费者市场的变化

美国的消费者正在发生变化，而且还将不断变化。现有的人口数量是已知的，未来的人口趋势也可以预测。从现在开始未来 10 年的 65 岁以上人口及青少年人口数量可以准确地预测出来，因为那些顾客已经出生，而且预测者对死亡率有很清楚的认识，因此这些预测并不是没有根据的猜想。零售商在制订未来计划时可以放心使用人口数量及其他人口统计学方面的预测数据，买手在预计潜在市场的规模时可以准确运用这些数字。在消费者的偏好与态度方面就没有办法得到这么确切的预测了，未来的消费者想要怎样生活？他们想要购买什么样的产品？图 5.2 为近期消费者的绿色行动清单。

图 5.2
近期消费者的绿色行动

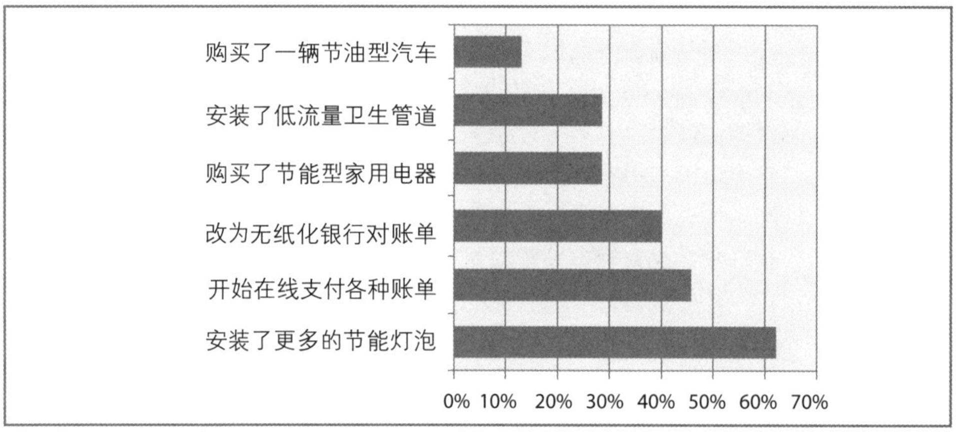

对以上这些方面也能做预测，不过准确性要差多了。通过查看那些可以准确预测到的数字，买手可以提出一些问题，了解这些人群未来想从零售店铺中买到什么。收集数据并不神秘，这些信息来源广泛：政府报告机构、私人市场调查公司、商业杂志以及平时的报纸上每天都有这方面的报道。困难的是要把这些数据整合起来并制订计划。例如，得知 55 岁以上人群的市场正快速增长并不意味着零售商应放弃其青少年及年轻人士的商品部门，只关注老年消费者的商品种类。

与消费者特征相关的**人口趋势**（demographic trends）变化十分缓慢，零售商无法根据这类趋势变化立即改变策略。买手应该密切监测特定年龄组的增长率。最成功的店铺是那些以消费者为导向、通过倾听顾客心声调整每季重心的商店。

大部分零售商擅长锁定消费者细分市场，提供商品分类满足个人欲望和需求。然而，还有太多零售商并不擅长预测顾客变化，他们必须对以下这些事件作出反应：

- 顾客偏好及态度的变化。
- 目标市场规模的下降。
- 顾客消费模式的转变。

市场规模、顾客态度以及消费者未来的消费模式取决于很多因素，这些因素可以根据对主要人口趋势的分析加以预测。

此外，在分析趋势时，买手必须认识到全国的总体趋势并不一定适用于具体的城市或地区，这些趋势只能在预测特定店铺顾客的未来需求时作为参考使用。

作为零售买手，你必须充分认识和了解顾客以及市场上发生的总体趋势。下面讨论的是一些影响买手决策的普遍趋势。这些趋势是起始点；作为零售买手，你要判别和监测与你们店铺的目标顾客相关的特定趋势。买手要分析每一种趋势并且问自己："这对于我们店铺、部门或产品品类有什么样的含义？"让我们来看看一些会影响消费者未来购买行为的重要趋势。

人口趋势及消费行为趋势

在买手展开深入研究时，通常会先了解与消费者的特征及生活方式相关的趋势。一旦确定了相关信息，买手必须有能力利用这些信息制订采购决策。

婚姻状况与出生率

美国单身家庭数量增长极快，而且这一趋势仍将持续下去。根据预测，中年单身者数量将剧增。自 1994 年以来，出生率保持相对稳定。总的来说，美国的人口增长率将持续放缓。

家庭

职业女性越来越多，这意味着百货公司和专卖店需要供应更多的职业装，食品杂货店需要准备更多的方便食品以及供应熟食或微波炉餐等预制食品，因为工作限制了职业女性的购物时间和地点。

今天的主妇逐渐有了"五点钟阴影"。调查显示，男性"家庭主妇"（此处意指家庭中购物最多的成员）的比例不断上升；不过，大部分购物仍将继续由女性当家作主，从大宗商品到小玩意儿，从服装到食品，无所不包。

年龄组和消费模式

自带钥匙的生活方式让孩子们身负重担，他们学着购物，熟能生巧，还在购物过程中赢得了信心。今天的青少年和儿童对家庭购物的影响力非常大（图 5.3）。

如今，"婴儿潮"这一代美国人已近退休年龄，这个人群的数量将继续攀升。调查表明，这一长者群体的生活水平将会比前几代人好很多，而市场营销人员发现，虽然这些消费者已逐渐衰老，但他们依然出手阔绰。家庭越是老龄化，经济收入越高，其消费也越多。然而零售商发现，这些"婴儿潮时代"的人在态度和价值观念上大不相同，因而不能将其视为一个单一的细分市场。由于这个群体受教育程度普遍很高，他们在孩子身上舍得下血本，愿意购买价值不菲的教育型玩具、电子游戏机以及儿童书籍。

随着人口的老龄化，零售买手不得不为这个老年细分市场精心挑选产品。也许注重舒适、安全、便捷、社交性以及怀旧感的产品可以吸引老年顾客。已经有些产品符合这一市场定位：Levi’s Action Slacks 服装的裁剪适合丰满的体型，Bulova 手表的表盘上数字很大很清晰，许多住宅安保公司也注意到了这部分细分市场。此外，今天许多零售商都向年长者在每个星期的指定日子里提供折扣。

图 5.3
青少年和儿童对家庭购物的影响力非常大

生活方式趋势

除了人口趋势之外，买手还必须了解与消费者的生活方式、态度以及观念有关的**心理趋势**（psychographic trends）。例如，图 5.4 列举的信息表明“婴儿潮时代”的人对未来购物的观点。用什么趋势来解释这一切？整体趋势尚不明朗，但其大致走向已初露端倪。

图 5.4
“婴儿潮时代”的人 65 岁时想要买的东西

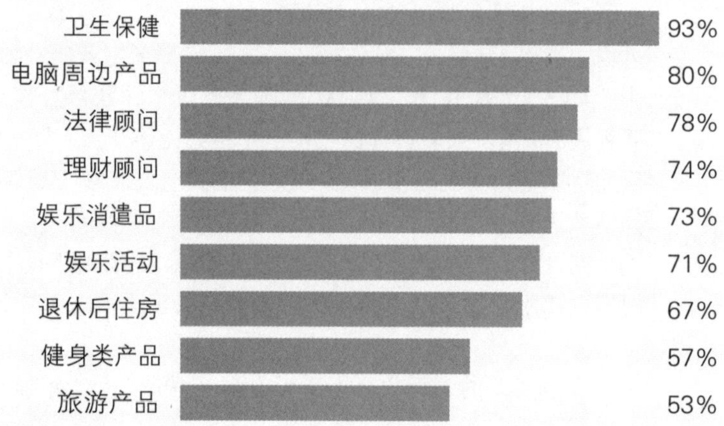

忙碌的生活方式

身兼数职对于忙碌的美国人来说已成家常便饭，但这种做法损害了他们的身心健康。许多人正在重新评估、重新安排自己的生活，以寻求更多的私人时间。许多人即便在没事的时候也会感到焦虑不安；他们好像总是处在压力之下，总感到没有足够的时间来完成所有工作。对许多消费者来说，购物变成了一项苦差，他们都厌憎这件事。事实上，大部分消费者在零售店购物的时间比以前要少。

为了应对这种趋势，零售买手采购了各类产品。许多商家囤积和推销让顾客平静放松的产品，向顾客推荐香氛蜡烛、宁神茶、水晶首饰、沐浴香皂及小型直饮水器等减压产品。

计算机与社交媒体爱好者

年轻一代是在计算机的陪伴下成长起来的，正如"婴儿潮时代"的人是看着电视长大的一样。这两代人迅速将社交媒体作为沟通工具，如今，年轻人使用电脑、智能手机和访问社交媒体网站的频率远远超过收看电视节目。

对零售商来说，社交媒体和移动技术使用量的增加可以产生积极影响，能扩大市场潜力，并且让零售商与顾客的沟通更亲密。零售商不再受限于特定商圈里的顾客，现在全世界的购物者都是潜在顾客。作为回应，零售商应用这些新科技整合电子商务网站与社交媒体形象。随着大规模市场分散成为越来越小的缝隙市场，电视、广播、报纸和杂志等传统广告方式的效果越来越差。互联网和社交媒体能让零售商精准锁定特定消费者群体，几乎是在一对一的基础上进行沟通并投放广告。购物者在哪里，零售商就在哪里，消费者为了工作与娱乐而使用移动科技与社交媒体，那么零售商也必须使用同样的渠道推广产品和传播促销资讯。

心宽体胖的生活方式

今天，"婴儿潮时代"的人正在逐渐走向退休生活，他们感到需要为日复一日的辛苦工作犒赏自己。他们买的房子比20年前的住所要多出三个房间，家具又高又大，里面塞得满满当当，车房里还停着辆都市战车型汽车。美国人的块头也变大了，三分之一的美国人体型过于肥胖。人们可以买到宽松舒适的衣服，还有大号套餐、2升装饮料、直径60 cm的比萨、桶装爆米花，大部分餐饮店都在供应超大份的食物和饮料。

Roper Starch Worldwide的市场调查表明，在过去20年中，人们对"美好生活"的定义发生了变化。在20世纪，列在美国人愿望清单上的是婚姻幸福、工作稳定、有一个家以及孩子能上大学。今天，清单上的物质愿望相当多，包括第二辆车、旅行、游泳池以及一堆钱。看来美国人什么都想要。

这些趋势对个体零售商及特定产品来说有不同的影响，甚至对同一连锁店旗下不同地区的商店也会产生不同的影响。零售商必须在彻底了解本地顾客的基础上解读全国性趋势，要针对本州和本地区进行预测，如有必要，可能还要进行市场调查，确定顾客想要购买什么商品以及他们购物的原因。

了解消费者为何购物

买手明白消费者市场的变化后，必须确定"顾客最想要购买什么产品、什么品牌？"以及"促使目标顾客购物的原因是什么？"美国《商店》杂志每年发布由

Prosper Insights & Analytic 进行的相关调查报告，调查员询问消费者在生活中什么是不可或缺的、是可有可无的，换句话说，消费者认为哪些产品和服务属于非必需品、哪些属于必需品？这类信息对零售买手作出采购决策是很重要的。奢侈品手袋、高档珠宝首饰和美味佳肴等被视为非必需品，而有 80.1% 的美国消费者认为互联网服务是他们生活中最重要的、必不可少的、离不开的东西。事实上，消费者列举的前五种必需品有力地证明了他们消磨时间的方式，这些东西都与通讯有关：互联网服务、手机和有线电视，详见表 5.1。调查者还提供了一张非必需品清单，如表 5.2 所示。清单上排名靠前的是奢侈品手袋、家政服务、高档珠宝首饰及俱乐部会员或社团成员资格。这些趋势中的任何变化都会对消费者未来将要购买什么产品产生影响。

表 5.1　美国消费者的生活必需品及其占比

产　品	占比
互联网服务	80.1%
手机基本服务功能	59.0%
手机高级服务功能	50.1%
有线 / 卫星电视基本服务	48.0%
移动设备升级换代	41.0%
理发 / 染发	39.0%
折扣服装	38.0%
休假	35.0%
慈善捐助	35.0%
快餐	35.0%

表 5.2　美国消费者非生活必需品及其占比

产　品	占比
奢侈品手袋	88.3%
高档珠宝首饰	88.1%
俱乐部会员 / 社团成员资格	87.7%
人造珠宝首饰	87.6%
家政服务	87.0%
高档化妆品	86.6%
美味佳肴	86.0%
名牌服装	86.0%
美容	85.6%

买手还必须理解消费者的购物动机，即他们购买商品的原因。在制订采购决策时，买手要确定顾客购买店铺中每样商品的原因；了解这些对于策划促销活动以及向销售人员传授产品知识非常重要。购物动机一般可以分为三种类型：（1）理性；（2）感性；（3）惠顾。

理性购物动机

理性购物动机（rational buying motive）与食物、衣服和居所等人类基本需求有关。这些需求相当于**马斯洛需求层次理论**（Marslow's Hierarchy）的生理需求，包括饥饿、睡眠和口渴。消费者一般先要满足这些需要，一旦这些需要得到满足，他们会寻求满足其他层次上的需求。马斯洛需求层次理论如图 5.5 所示。

图 5.5
马斯洛需求层次理论

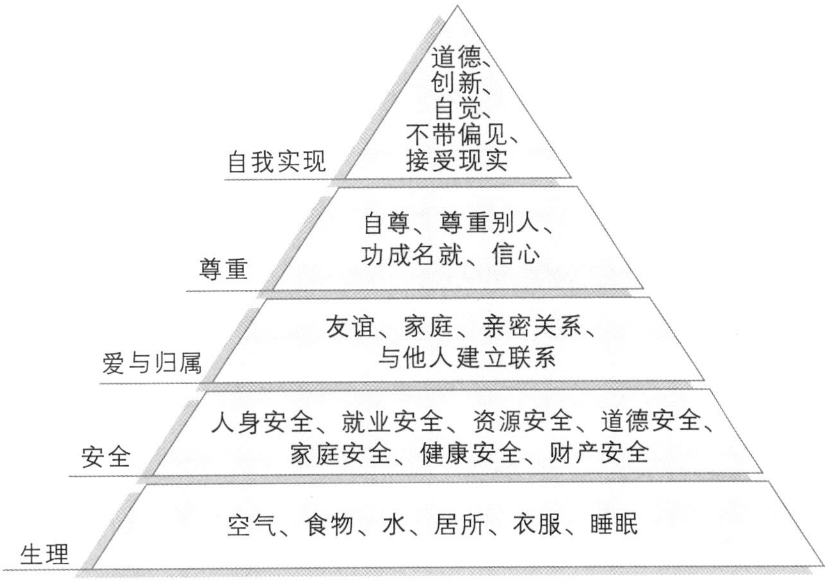

理性购物动机建立在顾客的逻辑推理能力基础上。这类顾客的典型动机有经济实惠、省钱、耐用、可靠、可信赖及收益。

感性购物动机

顾客可能会购买食物、衣服以及居所来应付理性需要，但那些需要通过最低限度的购买就能得到满足。消费者为什么要购买好几件毛衣或两三件大衣？这些购物可以用**感性购物动机**（emotional buying motive）来解释，顾客这么做是情之所至而不是理性思考的结果。感性购物动机的例子有社会接受、好奇心、求变、性感、自尊心以及群体认同。

惠顾购物动机

惠顾购物动机（patronage buying motives）解释了消费者为什么选择这家商店而不是另外一家。这一信息对零售买手十分重要，因为顾客先要进入店铺才能购买买手采购的产品。以下是顾客选择商店时考虑的一些关键因素：

- **方便**。对消费者来说，决定性因素可能是你们店铺所在的方位。顾客可能会选择大型购物中心里的店铺，因为那里方便停车。市中心很多地方的停车位又贵又难找。
- **物有所值**。对所有顾客来说物有所值都很重要，但每个人的理解不同。对某些消费者来说物有所值与价格便宜连在一起。对另一些人来说，如果他们觉得自己能买到优质产品，那价格就不是问题。消费者会回到那些让他们感觉自己花钱花得最有价值的店铺去。
- **商品花色齐全**。大部分消费者会在有挑选余地的店铺购物。不过，如果选择太多，他们又会挑花了眼，无所适从。许多消费者也会在可以一站式买到所有商品的地方购物。因此，购物中心对他们很有吸引力，而仓储会员店及超大型自助商场也是建立在一站式购物的概念基础上的。
- **服务周到**。许多消费者可能会因为特定店铺提供的服务而决定去这家买东西，比如赊账、送货、礼物包装或修改衣服。例如，消费者随便在哪儿都能买到一张躺椅，但他会选择能提供免费送货服务的店铺。提供服务是零售商用来区别于其竞争对手的杀手锏。
- **销售人员经验丰富，彬彬有礼**。消费者通常会回到那些营业员热情友好、彬彬有礼并且经验丰富的店铺去，而这些营业员对零售商要树立的形象至关重要。许多顾客会一次又一次地回头去找他们喜爱的营业员。由于销售人员为顾客提供的高水平服务，诺德斯特龙在业内声誉卓著。

了解你的现有顾客

除了识别和研究与普通人群相关的趋势之外，现在大部分零售决策制订者，特别是买手，纷纷运用科技去了解、分析并利用顾客中的流行趋势。这些科技手段包括数据仓储和数据挖掘。

数据仓储

零售商每天都能从顾客那里获得大量信息，他们想方设法充分收集和利用信息，以便更好地制订零售策略。**数据仓储**（data warehousing）是指电子化储存所有信息。零售商一般只是为了财务会计目的才去利用这些数据，而忽略了它们在商品企划决策方面的价值。通常这些数据在零售组织中分别保存在许多不同部门；有了数据仓储，就只有一个数据源了。数据仓储充当了销售、利润、库存和其他商品企划关键业绩指标的综合单一来源。

构建数据仓储的过程要求零售商将海量数据从计算机操作系统转移到分析系统中去，这一数据转移使得商店的决策者和买手以及供货商能够便捷地获取重要销售数据。通过使用存储在计算机系统中的大量信息，零售商可以巩固与供货商的合作关系，增加店内商品的选择余地以及提升促销活动的效果。运用数据仓储还能有效激发零售商的潜能，让他们在合适的时机推出合适的商品。此外，买手和其他决策者还能对公司有个统一的整体认识。

数据仓储的好处与用处

当大部分零售商寻求通过科技改善决策的方法时，数据的存储和利用比以往更为重要。比起盲目地将所有产品一股脑儿地推销给所有顾客，零售商更想把采购决策和促销工作做到家，最大程度地指向最有可能购买的消费者。数据仓储让零售商可以不间断地实时查阅详细的顾客情况、库存信息及财务数据。有了数据仓储系统，就能进行精确分析，比如判断某个特定产品在特定店铺的销售情况，用事实说话而不是凭直觉制订商品补货决策。数据仓储为所有零售决策者提供详细了解业务的工具，而不仅仅是做个总结。

数据仓储在大型零售公司中地位稳固，在中小型连锁店中也很受欢迎。一些公司通过更行之有效的决策，获得了他们当初建立数据仓储时所投入资金的 10 倍到 70 倍的回报。例如，沃尔玛运行着目前全世界最大的商用数据仓储系统，这一决策支持系统现有超过 5 兆兆（5000 吉）字节的在线贮存量，可以按照商品、店铺及日期来贮存 65 周的销售数据。数据仓储的激增是由于零售商逐渐认识到它是一种工具：顾客的要求越来越高，数据仓储则成为零售商了解并满足顾客需要的最佳途径。数据仓储在装有专门软件的超高速计算机上运行，可以使用存储在云上的数据，公司希望可以在此基础上进行实时操作，可以即时调整产品组合、库存水平、现金储备以及营销计划等各方面因素。

数据挖掘

实施数据仓储的困难之处并不在于技术方面，其难度在于要整理分析数据并从中提取有用信息，即必须从大量数字、事实以及统计数据中萃取出重大意义。**数据挖掘**（data mining）是指通过搜寻，从库存数据中找出原本可能会被忽视的趋势和模式，是对已经保存在公司数据仓库中的信息进行利用的前沿技术。数据挖掘软件有足够的内置式智能来检测有意义的模式及内在联系，而零售买手或其他决策者本来可能需要历经数年才能从所有这些信息中发现这些趋势。

买手通常用公司的数据库来回答一些简单的问题："上个月东南地区的店铺销售额是多少？"数据挖掘要比数据库达到的层次深得多。软件工具不仅可以彻底挖掘和分析信息，而且还能从中提炼出其含义；计算机工具从数据中总结出模式，并从模式中进行推断；然后这些发现能用于指导决策的制订，更好地预测正在考虑中的行动会带来的效果。

数据挖掘技术的应用

大多数分析家认同，人们过去的行为要比年龄、性别与收入更具有前兆性。但是可供选择的行为变量数以百计，哪种技术能帮助零售商更好地理解消费者就成了难题。行之有效的数据挖掘几乎要求零售商具有探险家的心态——零售商永远不知道他们会发现什么以及情况会产生什么样的变化。然而，数据挖掘总会产生一些普通类型的数据：

- **关联**。系统会把发生的事情与某个单独事件联系起来。例如，数据挖掘分析显示，当正装衬衫正价时顾客购买领带的几率为 65%，但当衬衫打折时购买领带则有 85% 的几率。挖掘到了这一信息，零售商就能评估各种促销策略的盈利状况。

- **顺序**。系统会按时间顺序来关联各种事件。例如，购买西装的顾客中有 50% 会在 30 天内买鞋。这一信息让零售商更有根据地规划买货、商品企划及促销决策。
- **归类**。数据挖掘工具能从数据中发现集群。例如，决策者能更准确地找出最有可能使用零售商电商网站的顾客群体。
- **预测**。可以用工具来分析数据，预测顾客是否会继续在店内购物，甚至还能根据所储存数据显现的模式来预测顾客未来的购物情况。

对目录零售商 Fingerhut 的管理层来说，数据挖掘的首要目标是将顾客归类为若干个细分市场，公司在数据挖掘的引导下创建了新目录。在一次运用数据挖掘的分析中，决策者发现改变了居住地的顾客在搬家后三个月中的购物量是搬家以前的三倍，该公司制作了一本新的“搬家者目录”，上面印满了针对这部分顾客的目标产品；与此同时，公司在这些顾客搬家后马上停发了其他目录，省下了不少钱。

数据挖掘让零售商了解到顾客买些什么以及什么时候买这些东西，从而让他们能更好地向这些顾客推销产品。例如，一位新妈妈走进本地药房按照处方配新生儿维他命。店铺收集了她的资料后，管理层就可以源源不断地向她发放婴儿成长各个阶段所需的产品优惠券。数据挖掘的结果揭示同类型顾客随着时间的流逝购买过哪些产品，而在此基础上可以很容易总结出这样的产品选择。

一般来说，管理层、买手以及其他零售决策者会因为各种原因采用数据挖掘技术，其中包括以下这些目的：

- **分析竞品价格**。数据仓储和数据挖掘能更好地解读由价格比较购物员收集到的竞品价格数据，系统可以在店对店的基础上运用数学公式来鉴别标价过高及标价过低的商品。
- **识别加价 / 降价机会**。数据挖掘技术中的数学公式让零售商可以挑选出销量快速增加或减少的 SKU，将这些商品的价格与竞争对手的定价相比对，推荐新的价位。
- **分析促销价格**。数据仓储与数据挖掘技术可用于比对本地市场平均价与买手建议的促销价。然后，系统回顾促销历史记录，了解商品在不同价位的动态，产生一个推荐促销价。
- **分析自有品牌**。数据仓储与数据挖掘技术可用于计算哪个价位会让消费者从全国性品牌转向与之竞争的自有品牌产品。
- **分析促销业绩**。数据仓储使零售商得以从商品层面上详细检查其促销活动，分离出促销销量增长最快的产品，或是除此之外顾客不会在店内或部门中购买其他东西的产品，还可以获悉哪些单品或产品品类的销量有可能会受到促销商品的冲击。
- **分析连带商品**。数据仓储还能找出通常会连带购买的产品及商品种类（图 5.6）；可以使店内商品邻接更合理，促销陈列效果更好，广告宣传更有效。

有效运用数据仓储及数据挖掘技术可以显著提升竞争优势，能以实际数据为基础制订销售与商品企划手段以及与顾客需要相关的市场营销计划，减少运营成本。不过最重要的是，零售商必须谨记，计算机生成的报告无法解答所有问题，实施数据挖掘的决策者必须是对市场有切实了解的人。

图 5.6
买手必须协调商品搭配，以便顾客配套购买

数据挖掘应用实例

今天，越来越多的零售商正在使用数据挖掘技术向顾客推销商品。即使是小微企业的店主也在开发自己的顾客数据库，想要对顾客有更多了解，以构建持续的关系。以下例子讲述了零售商与买手如何有效地进行数据挖掘，以数据分析为基础，剖析和理解顾客及其行为。

锁定现有顾客

当今的零售环境竞争激烈，销售低迷，增长缓慢，在这种背景下，悉心经营现有顾客至关重要，无论这些顾客是忠实还是冷漠。零售商知道，向现有顾客销售产品通常比引入新顾客更容易，成本也更低。然而，零售商往往无法锁定现有顾客，导致顾客**流失**（churn）。为了减少这种情况，零售商经常要向摇摆不定的顾客提供促销和折扣等激励措施。问题是，如何判断应该锁定的目标？有一种办法是按照以下清单给现有顾客分类：

- 固定型顾客。这类购物者大部分时间在你们店里购物，他们定期频繁出入多个部门。
- 稳定型顾客。这类购物者大部分时间在你们店里购物，并且认为你们店还行，他们也频繁出入多个部门。
- 易变型顾客。这类顾客定期到你们店里购物，但与你们的竞争对手相比，他们并不真心喜欢你们店。这些购物者来此购物是图个方便，这儿离他们家或办公室很近，再说也没什么其他店能吸引他们。
- 摇摆型顾客。这类顾客定期在不止一个部门购买你们的商品，但他们真的不喜欢这么做。事实上，这群人中有很大一部分正在积极寻找更好的店铺取而代之。
- 不满型顾客。这类购物者会屈尊光顾你们店的某个部门，但大部分时间去其他商店购物。他们并不是真心喜欢经常购物的那家店，但至少比你们店强。很多时候这些购物者都在积极寻找更容易接受的店铺取而代之。

根据从商店数据库调取的信用卡购物记录，可以将顾客划分成以上几种类型。例如，可以在数据库里设置参数，使其在检测到在预定周期内顾客购物及消费金额下降时触发。举例来说，你可能会发现某位顾客之前在你们店里每月消费 150 美元，现在购物总共才 25 美元。

发现这些顾客之后，下一步要做的是采取措施挽留可能会流失的顾客，并利用这些信息巩固顾客与店铺之间的关系。可能还需要更广泛的调查研究，你需要确定这些顾客为什么如此易变，他们现在去哪里消费，还有，如果他们放弃了你们店，又会去哪里购物。当分析所需的数据全部集齐，你们就可以研究如何留住摇摆易变型购物者。

那些即将离开的易变型、摇摆型和不满型顾客是你们店铺最大的机会目标。如果你们关注这些人群的诉求并且投其所好，就可以留住他们，让他们成为你们的忠实顾客。如今，零售商还可以利用网络资源开展有效的社交媒体活动，与顾客建立联系并保持关系。电子邮件也仍然不失为一种经济合算的方法，可以分别发送不同的信息和激励手段给以上各个人群。

实施这类计划所面临的根本挑战是要获得有关顾客购物模式的数据。请记住，为了获得一个新顾客而付出的努力是挽留一个现有顾客的五倍。为了锁定目标顾客，值得付出时间和金钱。

购物篮分析

销售数据提供了一个视角去观察顾客在购买什么东西，但没有提供他们购买的商品组合情况和具体数量。购物篮分析是一种可以更好地确定顾客购买方式的数据挖掘方法。

购物篮分析（market-basket analysis）是一个描述数据挖掘技术解决方案的术语，这种解决方案揭示了顾客购物篮中商品之间的相关性。买手和商品企划人员可以根据分析结果改善卖场空间分配，调整产品摆放位置，有效回应顾客需求。第一步是将顾客购物篮中的商品与产品品类联系起来，通过分析，计算出每个品类所占的百分比。例如，如果购物篮中有 10 件商品，其中 5 件是化妆品，那么购物篮中 50% 的商品属于化妆品大类。

管理层预先规定每个购物类型的百分比，达到这个百分比，就用这个特定购物类型来描绘顾客。例如，零售商决定将购物篮中某个产品品类的商品超过 25% 的顾客划分为某种类型。在前面的示例中，这位顾客将归属于“爱美人士”购物者类型，购物篮中超过 25% 的商品与摄影设备及器材相关的则被划分为“摄影爱好者”一类，以此类推。这种分析方法从本质上抓住了顾客进店的主要原因。

品类不仅代表产品类别，而且还成为划分购物类型的依据。例如，化妆品、棉球、染发剂和古龙水可能分属于不同品类，摆放在店内不同位置，但它们都属于“爱美人士”这一购物类型。零售商并非试图通过这种分析给顾客贴上标签，他们试图对购物体验进行分类，分析消费者在购物时的共同表现。

确定顾客的购物类型之后，下一步是向决策者（比如买手）提供信息，以便采取行动。

计算出每种购物类型的毛利率，以此为基础决定关键业务范围。例如，这个数据可以提供信息，告诉零售商如何使用广告费：每个“爱美人士”的购物篮能带来 15.24 美元的利润，而“摄影爱好者”购物篮的利润仅为 2.55 美元。显然，应该在能产生最大利润的产品上投入广告费用。进一步研究可能会发现，商店恰恰把钱花在利润最少的产品类别上。

购物篮分析的另一种应用方式是以事实为依据，制订卖场空间分配和产品摆放位置决策。卖场空间分配需要考虑哪种购物类型的顾客产生的利润最大，产品摆放位置也可以通过关联商品来决定。这一概念涉及利用购物篮分析来判断与同一购物篮中的主打商品同时购买的是哪些商品，例如，分析可能会揭示，在“爱美人士”的购物篮中，有 25% 出现了贺卡，16% 出现了时令糖果，这些数据表明，如果将这两种产品移到基础美容护理区附近，它们的销量将会增加。通过运用关联分析，可以将产品驱动型商店转化为顾客驱动型商店。

购物篮分析的结果并不总是适用于制订决策。例如，新手爸爸没有时间外出社交，他们在购买一次性纸尿裤时往往会拿上半打装的啤酒。这是一种可供利用的关联，乍一看并不明显。然而，值得怀疑的是零售商会不会把啤酒放在纸尿裤旁边。不过，如果举措得当，有效的购物篮分析可以提高销售额，改善商品布局，提升顾客满意度。

更好地了解顾客促使零售商和顾客之间的关系更为亲密。作为零售买手，你应该认识到顾客的每次交易都讲述了一个故事（图 5.7），实施购物篮分析是揭示故事细节的一种方式。

图 5.7
购物篮分析使用的是顾客放在同一购物车中的商品信息

数据库营销

这个概念有好几个名字：**数据库营销**（database marketing）、关系营销、一对一营销，但所有这些都涉及大量收集和分析顾客信息，预测顾客购买产品的可能性，并且运用这些认知来设计开发最匹配顾客欲望和需求的市场营销方案。

数据库营销的发展经历了一段时间，计算机技术极大地拓展了零售商对数据库营销的实施。起先是大规模市场，即广大的、未经分化的消费群体，他们接受了大规模生产的完全相同的产品和促销信息。随后，零售商开始采用市场细分，将消费者分成具有相同属性的小群体。如今，软件程序更加强大，零售商能够精准捕捉越来越细小的缝隙市场，他们正在锁定有史以来最小的消费者细分市场：个人。

零售商逐渐意识到，在实际交易中记录下来的顾客购物行为是未来购买模式的良好指示器。例如，知道顾客的邮政编码或收入水平还不如知道他们刚买了新房子带来的机会多。搬家就意味着需要购买很多新的东西，比如窗帘、地毯和家具，零售商可以根据这些信息更好地储备店内货品，构思促销信息。

零售商在使用数据库营销时应该遵循的基本原则是：顾客满意度是零售商最重要的资产。满意的顾客会继续留在店里，而且留住老顾客要比找到新顾客经济得多。数据库营销案例形形色色，各不相同。例如，某男装专卖店发现店内 42 码常规版型的西装偏多，在对数据库进行电子分拣后，他们向以前购买过同一尺码的顾客发放了西装减价促销的优惠券。零售商因此清除了多余库存，同时又在顾客中建立了忠诚度。美国有许多全国连锁店每年追踪在店内大量消费的信用卡持有人，店铺会向那些达到或超过预定金额的顾客发送特别优惠、优先通知促销信息，并发放折扣券。有些零售商发现，打动忠实顾客的并不总是昂贵的回报，尼曼•马库斯最受欢迎的一项福利就是顾客有机会与店铺经理共进午餐和出席私人时装表演。

数据库营销的数据最初来源于店铺或公司数据库中存储的顾客信息；今天，这些数据通常存储在云上面。构建这些信息的初始模块是销售数据，信用卡或借记卡购物能提供更多信息。然后，零售商可以加入来自其他数据源的信息，市场调研顾问可以从汽车登记、驾照和报税单等公共记录中收集大量数据，甚至还能根据抵押贷款及汽车登记估算出个人收入。不过，零售商必须知道，这些信息可不便宜。

消费者也会有意无意地向零售商透露大量个人信息。大部分产品保修卡上有一些基本问题，比如年龄、收入、职业、受教育程度和婚姻状况等，但也有很多消费心态方面的问题，比如购物者爱好什么运动、是否还会参加其他活动项目等。

数据库营销面临的挑战

分析家指出了推广数据库营销时面临的问题与挑战。有太多零售商在没有完全理解基本概念的情况下就开始采用数据库营销的方式；一些零售商对数据库营销的好处心存疑惑，而另一些则缺乏将数据库营销与其他传统营销手段相协调的手段。店铺还面临着消费者及消费团体的抵制，因为他们认为店铺收集和使用关于消费者购物习惯方面的信息构成侵犯隐私。

数据库营销的目标

显然，任何实施数据库营销计划的零售商都有着使用这一技术的特殊目的。调查研究表明，大多数零售商采用数据库营销计划有以下九项基本目标：

1. 针对特定顾客提出促销方案。
2. 更好地理解顾客。
3. 加强店铺与顾客间的联系。
4. 更详细地了解最佳顾客。
5. 为特定顾客群定制商品优惠。
6. 降低招徕新顾客的成本。
7. 提高和改善顾客服务水平。
8. 有助于商品选择过程。
9. 预防顾客流失。

越来越多的零售商认识到，开发、组织和挖掘顾客数据库可以成功地提高顾客忠诚度，这样的项目可能还会继续发展。推动数据库营销不断发展的是一种思维模式的转移，从以前将顾客视为一个巨大市场的营销理念，转变为按照顾客需求度身定制的营销方式，换句话说，他们想要自成一派。最重要的是，这些项目有助于构建店铺客流量，改善顾客服务水平和商品企划策略，有助于全渠道零售商开展店铺销售、目录销售、移动销售及在线销售之间的协同运作。

第六章

了解顾客对产品的需求

产品选择策略

作为买手，你必须规划与控制你们店铺或部门供应的产品种类。换句话说，你必须关注**商品组合**（merchandise mix），即可供顾客购买的产品类型或组合。你选择的商品组合应满足顾客的特定需求；必须不断关注商品组合，因为今天看来很恰当的组合包含的产品未必适合明天。

当你确定要推出的产品种类后，还必须确定你们要经营哪些产品线。**产品线**（product line）是指一组功能相似密切相关的产品。例如，新百伦（New Balance）有好几条运动鞋产品线，三星（Samsung）推出了好几条电视机产品线。买手通常想为顾客提供多样化产品，你也可以考虑顾客会把什么样的产品与其他产品联系在一起：如果他们购买新百伦的鞋子，是否也会购买新百伦的帽子和夹克衫？

店铺要树立的形象也会对你要采购的产品种类产生直接影响。店铺向顾客传达的形象将取决于高级管理层制订的以下策略：

- 目标市场。你所采购的产品种类必须与店铺特定目标市场的欲望和需求相匹配。
- 竞争。管理层可能决定销售与竞争对手相似的商品，也有可能为了吸引不同市场，经营完全不同于竞争对手的产品。
- 店铺位置与布局。店铺位置、布局、店面设计、道具、灯光以及陈列都会对管理层要求的产品搭配产生影响，如图 6.1 所示。

图 6.1
店铺的道具、灯光和陈列都会对店铺供应的产品分类产生影响

- 商品选择。商店经营的品牌也会影响店铺形象。对许多顾客来说，全国性品牌意味着其品质优于自有品牌；然而，自有品牌有其独特性，这正是所有店铺都在追求的目标。商品的选择还能营造时尚形象。优质产品比普通产品产生的单位利润更高，但它们通常意味着销售更缓慢。

- 人员。当店铺推出设计师礼服、照相机或计算机等产品时，必须配备熟练的、懂行的销售人员。

此外，店铺想要营造时尚形象，就要提供全新的、在市场上独一无二的产品。今天，越来越多的店铺正努力建立时尚形象。例如，大型商场和折扣商店正在做品牌推广，营造时尚形象。杰西潘尼增加了很多全国性品牌，而 Rooms to Go 已经推出 Sofia Vegara 等自有品牌，为店铺塑造一个更为时尚的形象。

作为买手，你必须制订与商品选择相关的策略，而这意味着理解顾客想要购买新的、有创意的或时髦产品的欲望。总的来说，要吸引高收入顾客，店铺要提供高质量的时髦商品，而这些商品的价格也更昂贵；有些店铺以中等价位的商品迎合中等收入顾客的需求，而便宜的商品则用来吸引喜欢讨价还价的顾客。

当你为店铺选择商品时，必须关注市场变化趋势。认清趋势可以让你选出最适合你们店铺或部门的产品。顾客一直在变化；如果你能敏锐地识别出新兴趋势，充分利用这些变化创造机会，就能给你们店铺带来竞争优势。

顾客购物分类

作为买手，你必须透彻了解哪些趋势会影响你采购产品，还需要了解顾客是如何购买产品的，并且回答以下问题：

- 顾客最常购买哪些类型的产品？
- 顾客愿意花多少时间去购买某样特定产品？
- 顾客对耐用性和产品质量有什么样的期望？
- 你们的顾客是时尚先锋吗？
- 顾客是否期待你们店铺里有新的、很前沿的产品？
- 顾客会购买最新的热潮商品和受到追捧的东西吗？

基于可获性的购物

可获性（availability）是指顾客愿意为获得某种产品而付出的努力。今天，社区内一家零售商提供的产品很可能在其他几家零售店里也能找到。如果顾客在一家店铺没能找到自己想要的东西，他们是否会接受替代品？对于某些产品，他们会接受；对于另一些产品，他们绝不会接受不同的型号或品牌。

消费者购买的产品可以分为四个大类：（1）便利型产品；（2）冲动型产品；（3）购物型产品；（4）特殊型产品。作为买手，你需要把你采购的产品归入其中一个类别，以便深入了解消费者是如何看待这些产品的。

便利型产品（convenience product）是那些顾客不愿意花费时间、财力和精力去查找、评估和购买的产品，对顾客来说最重要的是方便快捷地拿到这些产品。对于便利型产品来说，如果顾客买不到某个特定品牌，很容易换成别的品牌，换家店买也行。顾客通常频繁购买便利型产品，几乎不去计划也不比较价格，例如电池、糖果、牙膏、白袜子和汽油等。便利型产品通常价格很低，供应商把它们投放到许多零售店，当顾客需要时可以随时购买。

顾客购买**冲动型产品**（impulse product）经常是出于不可抗拒的冲动。冲动型购物是突然的、自发的，并未经过顾客的深思熟虑。许多零售商发现，某些商品销量的激增仅仅是因为产品在店里的摆放位置造成冲动型购物引起的。最好的例子是大部分食品杂货店收银台那儿的电池和糖果，顾客经常会受到嗅觉和触觉等刺激购买这类产品。一款产品在商店里展示，会刺激人们冲动地购买许多产品，比如最新的厨房用具，橱窗或店内陈列也会刺激消费者购买不在计划之内的商品。

对于**购物型产品**（shopping product），顾客会比较价格、品质、适用性以及款式。他们愿意花费大量的时间、财力和精力来获取购物型产品。然而，对顾客来说，什么才算是购物型产品也是因人而异的。顾客购买购物型产品的频率并不高，而且还会在适用性、价格和款式等方面与同类产品做比较。购物型产品的例子有家具、设计师品牌服装、汽车以及重要的家用电器。如果比较结果表明替代品更适合他们的目的，顾客可能愿意接受替代品。生产厂家通常将这类产品分配给极少几家零售商店。

特殊型产品（specialty products）是指顾客为了获得某件特定产品而不考虑时间、精力或费用，而且也不接受替代品的购买行为。同样，什么样的产品归属到这一类别也是因人而异的。例如顾客用惯了的香水品牌，或是他们收藏的最新款芭比娃娃都有可能属于特殊型产品。

基于耐用性与品质的购物

作为买手，你所采购的产品的质量水平及耐用性必须符合店铺在市场中的定位策略，并且满足目标顾客的需求。大部分零售商几乎都不会去尝试供应质量最好的产品，因为很少有顾客想要或买得起高质量的产品，如劳斯莱斯汽车或劳力士手表。

耐用性（durability）是指产品的使用寿命。**耐用品**（durables）是指可以反复使用多次的产品（如汽车、家具及家用电器），通常使用时间长达数年。这些产品相对来说比较昂贵，顾客不会频繁购买。事实上，在经济困难时期，消费者会尽力延长耐用品的寿命，尽可能地坚持长期使用。**非耐用品**（nondurables）是指使用几次就用完了，或仅仅由于款式变化而过时的产品。如果产品新鲜、新颖、独特、流行或时髦，顾客往往会经常购买、定期购买。非耐用品中最大的品类是食品。

质量和耐用性也与产品本身的特性有关。产品可以被赋予不同特性，某个型号仅有少数几种功能，另一型号则功能齐全。产品特性为零售商提供了一种竞争工具，让他们店内的产品与竞争对手有所区别。买手必须搞清楚顾客最想要产品具备哪些特性。要了解顾客需求，可以询问以下问题：

- 哪些新特性可以改善产品功能？
- 你最喜欢哪些功能？
- 还有哪些特性会让这个产品对你更有吸引力？

基于流行吸引力的购物

另一种给产品增值的方法是通过独特的产品款式及设计，把产品变得更时髦、更好看。**款式**（style）是一种基本而独特的表达方式，是产品的外观。款式要能让人眼前一亮，否则购物者可能熟视无睹（图 6.2）。哗众取宠的款式也许会引起关注，但这样的产品未必会有良好表现。**流行**（fashion）是指当前为人接受或受欢迎的款式。许多人将流行与款式混为一谈。款式是产品的外观特点或与众不同的方式，是使产品有别于其他产品的特征的组合。例如，领结是领带的一种款式，四门小轿车是汽车的一种款式，而高领毛衣是毛衣的一种款式。

图 6.2
体育用品商店的产品销售情况会受到哪些因素的影响？

好的设计既能改善产品外观，又能增加产品用途。例如，男士衬衫可以采用抗皱面料来做，对顾客来说，当设计师和生产厂家采用这种面料时，衬衫的外观以及功能都得到了改善。

今天，几乎每件产品都受到流行的影响。事实上，几乎所有零售商都逐渐进入了流行领域。零售业的所有领域都有流行产品，并不仅限于服装业，汽车制造商每年都会推出新款式，家用电器如今也出现了大量流行色，许多时装设计师推出了自己品牌的被单和床罩。因此，所有买手都应该大致了解什么是流行以及流行如何发挥效力。作为买手，你必须认识到流行取决于顾客。这就是为什么培养预测能力对你的成功如此重要，而要想能预知未来，在很大程度上取决于了解过去发生了什么。生产厂家和零售商无法决定什么样的产品会流行，顾客通过购物做出决定。很多时候，顾客身上穿的衣服与零售商和生产厂家正在推销的式样完全不同；他们可能也不会争先恐后地购买正在大肆推广的最新款汽车。

在我们的社会中，流行的力量极其强大，因为我们所有人的内心都渴望改变。流行满足了这个愿望，顾客有机会认同某些群体，并且被同类所接受。这就是为什么当很多有用的产品不再流行时顾客会拒绝它们。事实上，因为不再时兴了，今天最好卖的东西可能会是明天最大的败笔。

流行在变，是因为人们的想法和行为在变。随着职业女性逐渐增多，她们的穿着打扮发生了变化。由于接受周五便装日的公司越来越多，员工的着装也随之改变。

政治运动和休闲活动也影响着流行的变化。“第一夫人”穿的新衣服或佩戴的新首饰一个星期后就会出现在零售商店里。明星们在颁奖典礼上穿过的设计几周内就会进入大众市场。顾客在电影或电视节目中看见的产品第二天就出现在他们的“必买”清单上了。流行也因科技而改变：新的纤维使服装改头换面；而科技本身也在新的流行和趋势上传播，电视、网络和社交媒体平台大大加快了顾客对新时尚的认知和接受速度。查看表 6.1，看看过去有多少流行是从电影开始的。

改变在零售业中是不可避免的，也是行业的重要组成部分。买手必须紧跟当前趋势，了解流行风尚，并且在理解顾客的基础上制订商品企划策略。在前面的章节中你知道了阅读杂志、行业出版物、报纸以及其他读物对预测趋势的重要性。买手需要牢牢把握流行趋势的动态；需要知道流行包括哪些内容、流行是如何变动的以及知道如何预测流行对店铺或部门产生的影响。

流行鼓励顾客购买新产品，抛弃旧产品，但这些动作的速度各不相同。有些流行没几个月就变了，而有些要过好几年才发生改变。当你制订采购策略时，要当心产品的**淘汰**（obsolescence），即在产品的效能用尽之前就由于流行的变化而过时了。流行服装、照相机、计算机以及家用电器就是典型例子，当顾客决定购买替代品时，这些原有产品通常仍未失去效用。

经营流行商品也会给店铺或部门带来竞争优势。顾客可能不会更换某些基本商品，直至用坏为止。美国消费者很快就会厌倦他们穿过或用过的东西，新产品让他们感到有改变、有新鲜感，购买新的流行产品会带给他们这种感觉。

你还必须认识到新的流行会产生新的顾客需求，带来连锁反应。当裙子的长度发生改变时，女性很可能会购买新的衬裙、鞋子和袜子。所以在采购新产品时，你必须确认它对店里正在销售的其他产品会造成什么影响。

流行的重要性逐渐增加也会导致追加订单以及采购时机问题，不过大多数买手都愿意在存货中增加流行商品，因为新产品会刺激销售，提升店铺形象。在家用品这个领域中，流行对现有商品的类型产生了巨大影响：很多家用品改头换面变成了装饰品，它们很时尚但并不实用，最明显的是工艺品和绢花，两者都与家居用品的色彩主题相关联。

随着商品企划方针的确立，高级管理层可能已经制订了店铺的总体时尚策略。事实上，管理层可能早已确定顾客能够接受的“外观”；你的工作就是执行，就是如何用你的商品选择去表达店铺的外观。

表 6.1　电影留下的流行印记

电　影	流行印记
《名媛杀人案》（*Letty Lynton*）（1932 年）	琼・克劳馥扮演的角色身着一套带垫肩的套装
《一夜风流》（*It Happened One Night*）（1934 年）	克拉克・盖博的诺福克夹克衫、V 领毛衣和风衣
《帕特和麦克》（*Pat and Mike*）（1952 年）	凯瑟琳・赫本的性别偏移的男装款式
《后窗》（*Rear Window*）（1954 年）	伊迪丝・海德高级女装设计的日常便装，以及为格蕾丝・凯莉设计的方型旅行箱——爱马仕以她的名字命名的“凯莉包”的前身
《无因的反抗》（*Rebel Without A Cause*）（1955 年）	詹姆士・迪恩的 T 恤衫和红色夹克衫
《上帝创造女人》（*And God Created Woman*）（1956 年）	碧姬・芭铎的比基尼、芭蕾平底鞋以及色织方格棉布开领（后来被称为“芭铎领”）沙滩裙
《蒂凡尼的早餐》（*Breakfast at Tiffany`s*）（1961 年）	一袭小黑裙是这部电影最大的流行成就，三串式珍珠项链、无袖连衣裙以及超大号太阳眼镜也成为流行趋势
《雌雄大盗》（*Bonnie and Clyde*）（1967 年）	费・唐纳薇穿着的 Theodora van Runkle 的“三十年代复古时尚”装扮；贝雷帽也进入主流
《龙凤斗智》（*The Thomas Crown Affair*）（1968 年）	由英国设计师道格拉斯・海华设计的三件套西装以及片中展示的高档饰品，如百达翡丽怀表和 Pesol 蓝色镜片玳瑁太阳眼镜
《夏福特》（*Shaft*）（1971 年）	理查德・朗德里穿着的四分之三长度的黑色皮夹克
《安妮・霍尔》（*Annie Hall*）（1977 年）	女性穿着男装的再度风靡
《周末夜狂热》（*Saturday Night Fever*）（1977 年）	约翰・特拉沃尔塔的白色迪斯科套装激起了亮色紧身合体衣服的浪潮
《闪电舞》（*Flashdance*）（1983 年）	流行运动服，包括运动衫、护腿、弹力裤、头带以及高帮鞋

采购新产品

买手时常会被接二连三的新产品团团围住，不得不对它们逐一进行评估，决定是否为店铺采购这些产品。在增加新产品之前应该考虑以下这些因素：

- 新产品与店铺现有产品的兼容性。
- 新产品的潜在盈利能力。
- 现有产品在产品生命周期中处于哪个阶段。
- 新产品对你们顾客是否合适。
- 顾客是否期待你们店铺有很新、很前沿的产品？
- 竞争对手是否有能力提供相同或相似的产品？

今天，市场上频频出现的新产品令人目不暇接。大多数新产品只是在现有产品上做了改进。例如，最新的照相机或计算机增加了许多功能，对顾客来说，这些产品可能会更有用。然而，有些新产品确实是新的，它们之前从未以任何形式出现过。首次面世的凉酒器就是这一类产品。

买手必须要知道周边的世界，对不断出现的变化要敏感，他们必须了解趋势。尽管产品在不断发生变化，但那些变化一般都是渐进的而不是革命性的，大多数变化都在缓慢进行着。例如，男性领带一年年慢慢变窄或变宽，有时几乎难以察觉。新产品偶尔会突如其来地出现革命性的变化。在 20 世纪 70 年代石油危机时，小型汽车几乎在一夜之间获得普遍认可。今天，随着环保意识不断加强，小型混合动力车很快站稳脚跟。然而，这种革命性的变化十分罕见。如果现在的产品与过去的产品大相径庭，那么就会与顾客已经拥有的东西格格不入。

买手一定要在销售现场创造兴奋感，要让人耳目一新。新产品引发顾客的购物欲望，给店铺带来客流。总有那么一些顾客想要与众不同的东西，而对买手来说，市场上总有一些新的东西可以采购。有些买手不愿意采购没有尝试过的新产品，因为他们可能理解不了其新奇之处，对这样的采购心存疑虑，结果整个卖场毫无新意，暮气沉沉。市场上每年都有许多新产品上市，但能否把握机会则取决于买手。当经济不景气时，买手在采购中会更加小心翼翼，如履薄冰。

作为买手，每当你踏进市场，会面临无数令人眼花缭乱的新产品。如果抢在消费者之前知道他们想要什么，那么你的买货策略成败在此一举。在你采购新产品并让它们出现在卖场之前，消费者可能没有意识到有这些东西的存在。事实上，新产品面市的步伐正在加快，因为许多公司正在缩短产品的开发周期。而且产品在市场上存活的时间在缩短，因为竞争对手以更快的步伐引入产品与之抗衡。如今，推出新产品的店铺只不过在这场竞赛中领先了三到六个月而已。

所有这些新产品存在的理由之一是店铺对它们的定价可以比普通商品高。日本电子消费品公司不断努力压低现有产品的价格，与此同时增加新功能，这样他们就能以同样的价格销售新产品。渐进式创新的结果就是许多产品并不是全新的，但是其更换了包装，并且加入了新的想法。

买手还必须决定商品选择的创新或流行应该达到什么程度。在制订买货策略之前，应考虑以下这些因素：

- **目标市场**。你需要评估目标市场属于保守型还是进步型。顾客能否接受市场上最新奇、最时髦的产品？
- **店铺形象**。店铺形象会影响零售商经营的产品类型，而创新的程度应该与店铺形象相符。可能消费者会把你们店铺视为镇上第一家推出新产品、新款式的前卫店铺；也有可能你们店铺要先看看公众会接受哪些产品后再采购。店铺形象越是旗帜鲜明，你在采购时越有信心。
- **竞争**。你还必须决定是想在竞争中独领风骚，还是随波逐流。你必须决定是担任流行先锋，还是静候某个产品广为接受。
- **流行趋势与理论**。你还需要了解适用于流行传播的理论。产品生命周期是一种用来评估新产品潜力的有用工具，一种对制订买货策略很有帮助的规划工具。买手要分析销售和库存数据，按照发展趋势绘制图表。详细的店铺记录可以揭示产品分类的销售速度、补货追加频率或是否需要降价销售。对所有畅销品进行仔细研究可以揭示每种产品的共同特点。例如，用历史销售数据可以确定顾客喜欢的颜色。你也应该对人有敏锐的观察力，你的观察结果将证实你已经探知的趋势，也有可能会揭示全新的趋势。

买手还必须知道有些产品是**经典款**（classics）——即使产品做了一些小小的改动，对该款式的需求还是源源不断。例如，开襟毛衣、襻扣领和牛仔裤都是经典款。经典款在很长一段时间里吸引了一大批人。

选择热潮还是趋势商品

买手面临的最具挑战性的任务就是如何区分热潮和趋势。**热潮商品**（fad）迅速进入市场，人们以极大的热情购买，然后产品销量迅速萎缩。热潮商品已经渗透到零售业的每一个领域，给买手带来了很多营销问题。当热潮商品风头正劲时，获得足够的货源是个问题，而当热潮烟消云散时，处理剩下的库存又是个问题。热潮商品要求买手要小心谨慎，仔细观察潮流趋势。例如，当所有店铺都在不断低价出售热潮商品时，这股热潮的终局也将到来。聪明的买手会在销售季节后期放弃利润，早早抛售库存。如果你们店铺服务于追逐热潮的群体，例如青少年，你就需要尽可能地与他们保持密切接触。

然而，对许多零售买手而言，热潮商品是产品组合的关键组成部分，能够一击而中，势头强劲迅猛，给买手带来快速收割利润的机会。其危险之处在于买手可能会高估热潮商品的长期吸引力，最后剩下一大堆毫无价值的库存。但是，如果零售商对一款具有强烈吸引力的产品视而不见或置之不理，消费者可能会认为这家店单调乏味。尽管热潮商品与其他产品的销售寿命相比就像昙花一现，但这些商品对店铺形象和顾客吸引力的重要作用却无与伦比。

热潮商品可以帮助买手保持店铺活力，吸引新顾客，不过，其销售周期与常规产品大相径庭。热潮商品的销售通常呈现飞速上升，随后同样疾速下跌；趋势商品的销售则缓步增长，最终形成稳定状态。买手必须识别热潮商品，并且密切监控其库存水平与销售情况，关键是当这股热潮退却时，店里还剩多少库存。

每代人都有自己的热潮商品，从啪啪手镯（slap bracelet）、椰菜娃娃（cabbage patch doll），到宠物石（pet rocks）、翁仔标（Pogs），有些来去匆匆，很快烟消云散，有些却具有更为持久的吸引力。在玩具市场上，每年都有风靡一时的热潮商品（图6.3）。市场上是否还在销售你孩提时代的心爱玩具？这款玩具是不是在它上市的第一个圣诞节过后就从商店里消失了？

图 6.3
曾经红极一时的悬浮滑板

消费者市场的特点是变化快，如果买手能预见到这些变化，就可以借机为本店铺或本部门创造竞争优势。然而，尽早识别趋势需要可靠的判断力和数据分析能力。如果错把趋势当作昙花一现的热潮而未能发现，你就要奋起直追，迎头赶上竞争对手。多年来，美国汽车工业就是由于错过或忽视美国消费者的变化付出了代价。反之，许多公司提前发现了趋势，而且能够善加利用。例如，看到市场上日益增长的健身趋势，耐克运动鞋展示出惊人的发展势头；而 Lean Cuisine 则重新定义了单人份冷冻健康食品市场。

准确识别出热潮也有好处，你们店铺能挣到一大笔快钱，但你必须在这股热潮达到顶峰时及时收手。如果你误以为这股热潮将成为趋势，可能会继续采购商品，然后留下一堆卖不掉的库存砸在手里。

所有买手都面临着正确区分热潮和趋势的挑战。例如，如今几乎所有零售领域都受到绿色产品的影响：服装采购商面对的是回收服装和使用更多的天然纤维，如有机棉、羊毛、麻、竹纤维和椰基混纺物。绿色产品是会成为下一个重大趋势，还是像大多数热潮一样转瞬即逝？只有时间才能证明。

如何识别趋势？热潮商品往往没有什么变化余地，即使有办法改变产品，变化也微乎其微。例如，宠物石就是一种热潮商品。然而，趋势的表达方式则更为灵活，不过有些产品刚进入市场时看起来可能像是一时的热潮。1947 年，第一台微波炉 Radarange 面市，它重达 300 多公斤，高约 1.5 米，售价 3 000 美元。1967 年，Amana 推出了一款售价 495 美元的台式机。不过，由于价格昂贵以及人们对辐射的担忧，微波炉的销售经历了数年才得到突破，产品也不再只是昙花一现。渐渐地，微波炉的技术进步了，价格下降了，与此同时，消费者的生活方式日趋紧张，讲究速度，如今，几乎所有美国人的厨房里都有微波炉，许多家庭还拥有两台微波炉，以致微波炉也有了各种流行色。此外，微波炉还改变了食品工业，例如微波炉爆米花和微波炉食品如今都已发展成为价值数百万美元的产业。

归根结底，买手在识别趋势时必须记住：消费者复杂多变，而且因其难以归类而著称，即使专业的趋势观察家也摸不着头脑。似乎每识别一种趋势，就会相应地出现一种反向趋势。例如，今天的消费者一边购买低脂食品，一边回归自我放纵，食用脂肪多、口味重的食物。普通消费者可能会在下午三点吃一些不含脂肪的椒盐卷饼作为小点心，晚餐是沙拉和矿泉水，但最终再来一碗巧克力冰激凌，让一切努力前功尽弃。此外，淡啤酒的销售依然十分成功，但热的微酿啤酒以其更丰富、更浓郁、充满热量的口感抢尽风头。

一方面，有调查表明，从头开始的烹饪方式已不复存在，这类厨房用品已成为博物馆展品。但是另一方面，烹饪类电视节目越来越受欢迎，在线菜谱网站的访问量有增无减；厨房改装的趋势包括电磁灶、专业炉灶和餐馆式冰箱。不仅如此，随着餐厅面积的减小，大厨房比以往任何时候更加流行。

零售买手必须不断努力探查和监控市场趋势。然而，他们也应该设法发现所有可能出现的反向趋势。

产品生命周期和流行传播理论

通过策略规划以及对市场和消费者的了解，买手可以学习制订行之有效的零售策略。在应对不可避免的产品变化时，计划尤为重要。了解产品生命周期及流行传播理论可以帮助买手制订许多商品企划策略。

所有产品的需求及销售都按周期运行，这些周期的长度各不相同。有些产品的销售周期可能非常短，有些产品在市场上销售长达数年甚至数十年。然而，当顾客拒绝某种产品时，店铺就必须尽快清除该商品的库存。

产品生命周期

为了提高预测技能，买手必须了解他们所采购的每件产品的生命周期，特别是它对销售的影响。**产品生命周期**（product life cycle）展示了一款产品在其生命周期中的预期行为，传统的产品生命周期有四个阶段：（1）介绍期；（2）成长期；（3）成熟期；（4）衰退期（图 6.4）。产品以不同的速率穿过生命周期，买手必须关心产品在整个生命周期中的移动速度，即**速率**（velocity）。有些产品，像女装，速率极高，几个月就能完成一个周期；有些商品，像皮箱和家具，穿过周期的速度就慢得多了。

买手主要担心产品穿过周期的速度越快，风险就越大。然而，成功的、销售速度快且利润率高于平均水平的产品是有回报的，这就是为什么将时尚流行元素引入床上用品、男士内衣和家用电器等传统基本商品的压力似乎一直存在。

产品在其生命周期中会经历几个阶段，每个阶段的销售业绩不同。知道产品处于哪一阶段有助于买手判断它目前以及未来的销售潜力，产品生命周期的不同阶段也意味着零售策略不同。

图 6.4
产品生命周期

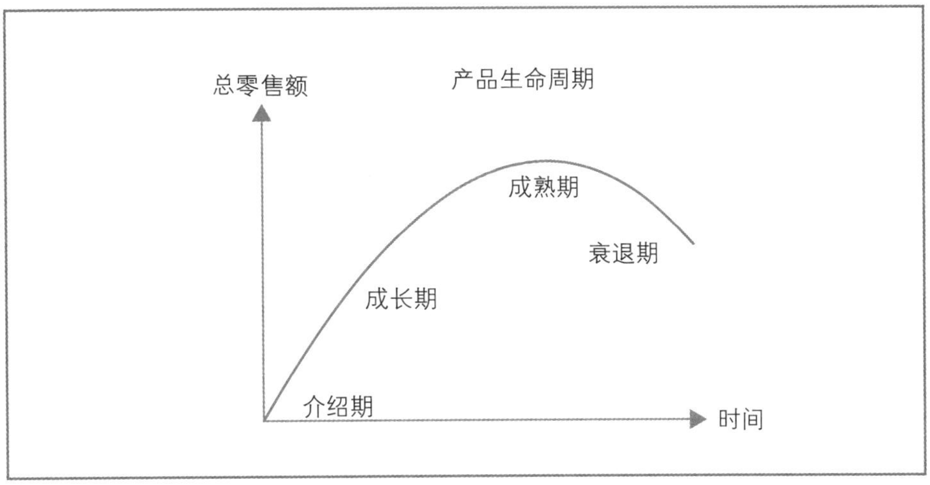

介绍期

介绍期（introduction stage）的特征是产品销量低、损耗少、风险高。许多产品没能熬过这一阶段。例如，每年都有新香水上市，但是其中只有百分之十能打动顾客。介绍期的风险很大，因为买手是把赌注押在一样未经验证的产品上。在这一阶段，买手一般会利用高价策略开展促销活动向顾客推广新产品。对大多数零售商而言，新产品对商家的形象至关重要。

能在介绍期阶段接受产品的顾客通常数量有限，买手预期的目标市场应该是一个由高收入或有创新精神的顾客群组成的有限市场。**创新者**（innovator）是指更愿意购买新款式的顾客。以前，新款式先出现在有钱人当中，再慢慢到达其他群体。然而，如今情况并非如此，青少年可能是最早购买热门新产品的群体。随着接受产品的消费者人数增加，它进入了成长期。

成长期

当富有创新精神的消费者购买了产品并推荐给朋友时，该产品进入了**成长期**（growth stage）。处在这一阶段的产品特点是销售速度加快，而且利润水平比任何一个阶段都要高。虚拟现实设备目前正处于成长期。

成长期产品的零售商数量会激增；通常供应商的数量也在增长。在这一阶段，那些在早期上升阶段购买产品的顾客成为**早期采用者**（early adopter），而大部分顾客最终会在产品达到最后上升阶段和生命周期顶峰时进行购买。

成熟期

在**成熟期**（maturity stage），销售增速放缓，最终趋于平衡。这一阶段的特点是市场竞争激烈，价格回落，利润下降，广告投放更加密集。低廉的折扣价意味着产品可能在向生命周期的下一阶段迈进。成熟期的产品竞争最激烈，价格是促销活动的重要手段。在这一阶段，**晚期采用者**（late adopter）在产品经过顶峰时才会接受它，而**滞后采用者**（laggard）则在衰退期才会接受它。

衰退期

一般来说，买手不会采购处于**衰退期**（decline stage）的产品。在衰退期，目标市场萎缩，价格削减，导致利润降至最低点。通常到达这一阶段的产品已经被抛售，剩余库存则大幅度降价处理，这些产品成为高风险、低回报的商品。在这一阶段，目标市场由价格敏感型顾客和滞后采用者组成。大多数店铺在这一阶段缩减产品的花色品种，许多零售商抢在顾客彻底放弃该产品之前抛售全部商品。

产品生命周期非常适用于流行服装。图 6.5 列举了几种不同的产品生命周期。

图 6.5
几种不同的产品生命周期

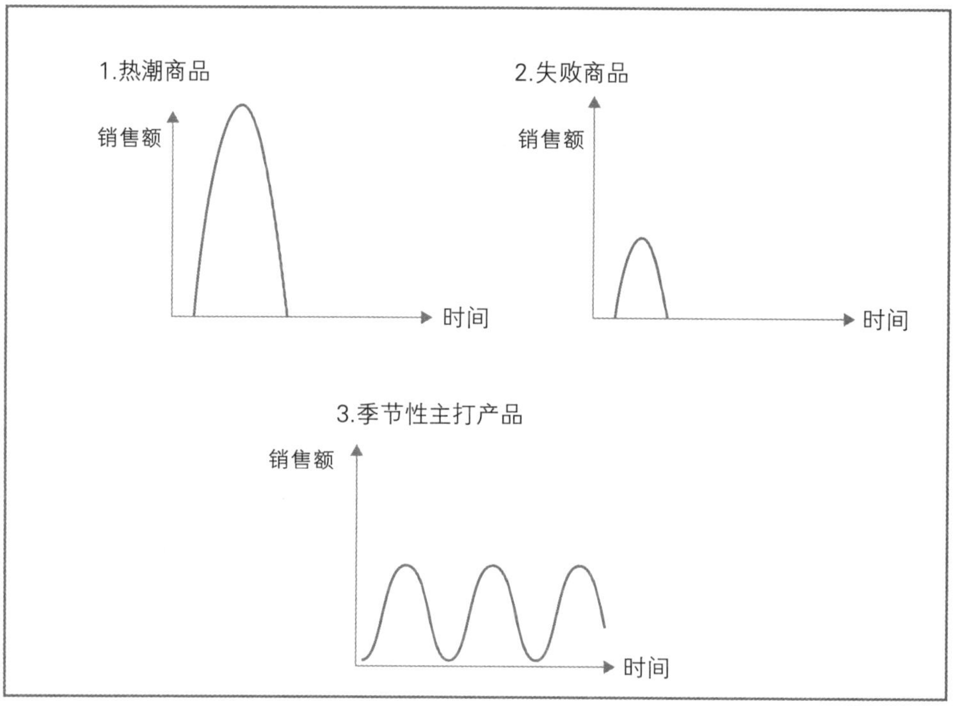

流行传播理论

采购流行商品的买手一定很熟悉流行传播理论，了解这些理论对于他们采购的产品有何影响。有三种理论尝试解释流行的传播过程。

自上而下理论

自上而下理论主张流行创新者是那些身处社会金字塔顶端的人，如王室成员、世界领袖和富豪。假以时日，这一群体接受的流行逐渐下移。例如，美国“第一夫人”佩戴的很多帽子和珠宝成为大众的时尚宣言。流行从上到下经历了三个垂直阶段：（1）与众不同——上层社会的穿着打扮，度身定制的原创设计；（2）模仿——原创设计经过修改，由高档百货商店推出，深受中等收入者欢迎；（3）抄袭——原创设计经大批量生产，进行大规模销售。

许多时装的生命周期始于香奈儿（Chanel）、纪梵希（Givenchy）和迪奥（Dior）等（图 6.6）。设计师设计的**高级定制时装**（haute couture），令数千名女性不惜每年花费 30 000 多美元订购这些手工制作的、独一无二的作品。尽管这些礼服十分迷人，但其利润微不足道；设计师往往依赖与其配套的香水和配饰等相关产品来产生利润。此外，许多欧洲时装公司和声誉卓著的美国设计师开发了二线品牌，由女装设计师设计，产品价格在 100~900 美元之间，虽然还是很贵，但中等收入者尚能承受。

图 6.6
香奈儿、纪梵希和迪奥的高级定制时装

设计师必须应对一个问题，那就是这些价位略低的产品系列可能会损害高级定制时装的形象。Halston 等设计师由于贴牌的产品太多，其名声已经失去往日光彩。尽管有些设计师可以回避二线品牌，但为保持盈利可能别无选择。

水平流动理论

水平流动理论主张流行在群体间的传播是水平的。在每个群体中都有愿意尝试新产品的创新者，当其他成员看见了流行的诞生，他们更愿意作出相似的购买行为。如果以这种方式传播流行，那么上层社会穿什么或者买什么就无关紧要了。在每个社会阶层中都有充当意见领袖的创新型顾客存在。一旦他们接受了一种流行，就会让同一社会阶层中的其他成员也接受它。

自下而上理论

这一理论与自上而下理论相反，主张流行创新者是年轻人。例如，长期以来 T 恤衫是青少年的一种基本服装，现在则成为许多设计师产品系列的组成部分。今天，年轻消费者对流行产生了相当大的影响。

以上这些理论都是建立在有流行创新者和流行跟随者存在的概念基础上。了解每种理论，确定哪种理论最适合你们的顾客以及你采购的产品，你将能预测未来的传播方式。大多数买手会采用这三种理论预测什么款式可能会成为流行的宠儿。

运用产品生命周期及流行传播理论

了解产品生命周期及流行传播理论可以帮助买手制订商品企划策略，包括时机、预测以及清货。

时机

了解目标市场，你就能确定什么时候顾客已经做好准备，可以将新产品引进店铺，尤其是流行商品。无论店铺是潮流引领者还是追随者，应该靠产品选择提高声望。如果店铺试图建立流行形象，却在顾客厌倦以后继续经营流行商品，会给人过时的感觉。

预测

了解这些理论还能帮助你预测特定消费群体对商品的需求。你可以从行业出版物、报告服务机构、买货办事处或消费者出版物中获取总体预测，知道创新者在购买什么，你就可以为顾客挑选出下一个热门产品。

清货

了解产品处于其生命周期的哪个阶段也能帮助你确定何时应该清理库存。当市场上出现新产品时，你应开始考虑其替代品；然而，在彻底清理库存之前，你也许应该考虑其他策略，例如修改营销策略或削减售价。

提高产品意识实际上就是增加你对顾客接受新产品的敏感度；这种敏感度与对市场的了解相结合，可以让你制订最明智的买货策略。

创造差别化产品

作为买手，你采购的产品应该与众不同，这些产品能让顾客将你与竞争者区别开。要做到这一点，常用方法是在商品组合中增加自有品牌、特许产品以及大规模定制产品。

品牌名称

今天的顾客们不得不从不计其数的产品中进行选择，他们大多会依靠品牌名称来辨别和选择产品。**全国性品牌**（national brand）的产品几乎无处不在：乐古（RAGU）通心粉酱汁、箭牌（Arrow）衬衫、李维斯（Levi's）牛仔裤、福特（Ford）野马（Mustangs）汽车等，不胜枚举。大多数零售店铺的产品选择由全国性品牌主导，所有店铺都大同小异，销售着相同品牌。

越来越多的零售商正在创建**自有品牌**（private brand）（或**商店品牌，**store brands）。例如，西尔斯销售的 Craftsman 工具、Kenmore 家用电器以及 DieHard 电池都是只在西尔斯才有售的自有品牌。自有品牌属于店铺所有，可以在该店铺专卖的产品上找到。Eddie Bauer 和 Lands' End 等零售商销售的所有产品几乎都是自有品牌。杰西潘尼开发了 Arizona 品牌牛仔裤，凯马特有 Jaclyn Smith 品牌服装，而沃尔玛有 Sam's Choice 品牌。大多数食品杂货店通常至少有一个自有品牌。在家用纺织品中，自有品牌也获得了重要地位：一些家用纺织品的自有商标出现在服装和其他商品上可谓锦上添花，因为顾客早已熟悉这些商标。例如，狄乐百货将其长期运营的服装品牌 Daniel Cremieux 用在了家居用品上。

有些店铺供应通用品牌产品。**通用品牌**（generic brand）没有品牌名字，不会给产品附加什么重要身份。通用产品可以在食品杂货店和药店里买到，通常适合价格敏感型顾客。例如，一瓶通用品牌阿司匹林的价格可能只有相同容量的拜耳阿司匹林的一半。

消费者认为品牌是产品的重要组成部分，品牌名称可以增添产品价值。例如，多数顾客认为拉夫·劳伦 Polo 针织衫是优质产品，但是如果没有标志和商标，即使是一模一样的产品也很可能被认为品质较差；甚至在食品店的农产品柜台上也可以找到品牌名称，新奇士（Sunkist）橙、都乐（Dole）菠萝以及金吉达（Chiquita）香蕉是这一没有品牌的领域中的几种品牌产品。

品牌化可以在几个方面帮助买手。品牌帮助顾客识别可能对他们有用的产品，品牌对大多数顾客来说还意味着产品质量，经常购买同一品牌的购物者知道自己每次购买都会得到同样特性、优点和品质的产品。

特许产品

买手通过商品组合创造差异的另一种方法是采购**特许产品**（licensed product），即通过使用名人或公司名称、标志、口号或虚构角色（图 6.7）设计及销售的产品。支付一笔额外的费用，买手就能获得许可，立即使用这个品牌名称。在孩子们中间，卡通角色和故事人物最受欢迎，米老鼠就是最重要的角色。体育明星和运动队的名字在特许产品中也很常见，可想而知，产品销量因为运动队所在的地区不同而产生差异，达拉斯牛仔队（Dallas Cowboys）和纽约洋基队（New York Yankees）等一些球队则享誉美国各地。

图 6.7
卡通角色和故事人物特许产品深受儿童的欢迎

特许产品包罗万象，从小饰品到昂贵藏品应有尽有，但服装类产品占据主导地位。如今，特许产品的品质比以前更高，花色品种更丰富。以前，特许产品的重心往往并不是产品质量，因为短短几个星期就会有新的热门卡通角色或体育明星进入市场。今天，特许产品为夹克衫和牛仔衬衫增添价值，大部分特许服装都是流行正当时。向高品质商品的转变导致许多获许公司生产两个系列的产品：一个系列供应折扣店，另一个系列专供百货商店及专卖店。然而，有些获许公司想要保持高档形象，如 Hello Kitty 和 Blue's Clues，其大部分产品为高档商店生产。

在特许产品市场上，床上用品及沐浴用品的销售切实可行，持续增长。经典形象在所有领域长盛不衰，如米老鼠、兔巴哥和超人；不管是折扣店还是百货商店，采购经典产品更保险。在儿童产品方面，玩具、衣物、学习用品、麦片、午餐盒以及许多其他商品采用的角色名字和人物形象几乎不计其数。事实上，玩具销量有一半来自于电视节目和电影周边产品。

买手必须对特许产品进行评估，就像评估其他商品一样，寻找品质、设计、价格与店铺形象和顾客需求兼容的产品。由于无法确定特许名字是否迎合顾客心意，买手往往难以抉择；而且近年来这些商品的新奇感也在下降。

买手还要特别当心特许产品的促销及降价时机。多年来，迪斯尼商品可能一直很畅销，但其他产品一般在销售达到顶峰后就急转直下。例如，奥运会结束后，带有奥林匹克标志的商品销量立刻一落千丈。

对零售买手来说，最大的挑战是选择合适的特许商品。期待中的夏季大片公映会令所有买手满腹疑虑，新片是否能像去年那样大获成功？影片的感染力是否会转化成顾客需求，促使他们购买以新片为基础的特许产品？没能达成买手期望的电影意味着冠以电影角色或符号的特许产品将大幅度降价。例如，当《至尊神探》（*Dick Tracy*）没能如预期中那样成为热门电影时，许多零售商面对大量黄色雨衣束手无策。以电影为基础的特许产品不像人们多年来定期观看的电视节目周边产品那样经久不衰。

买手在采购体育特许产品时也要小心。体育队在某个赛季的表现一败涂地，很可能意味着当季的特许产品销售也很糟糕；然而，当本地运动队打进了决赛时，当地第一家销售以这支队伍为特色的运动服装零售商能获得很高的销售额以及利润。

特许产品有着广泛的吸引力，特别是对年轻消费者、女性以及低收入家庭。随着顾客年龄渐长，特许产品的吸引力迅速衰退，50 岁以上的人几乎没有兴趣为自己购买这类商品。

大规模定制

许多零售商摒弃了已沿用数十年的一刀切理念，开始尝试**大规模定制**（mass customization），高效地向顾客提供独特产品，想顾客所想，满足顾客要求。大规模定制的产品以科技为基础，精准地满足购买者的个体需要。顾客决定他们的选项，产品就根据他们的具体要求进行组装。其挑战在于既要提供足够多的选项，让顾客感觉产品是度身定制的，又不会增加太多费用。

定制产品能提高效率：库存降低了，仓库空间节省下来，为了保持库存商品品种齐全的监测费用也减少了，需要降价处理的剩余商品寥寥无几。尽管大规模定制的产品制造成本更高，但它们的利润率也会高得多。

零售业其他领域也出现了大规模定制。健安喜（GNC）在一些店铺里安装了可根据顾客配方定制日常维他命、洗发香波和润肤露的机器。这场革命已经蔓延到互联网，贺卡零售商允许顾客在线定制个性化留言贺卡，许多实体零售店也开始利用店内的数字信息亭提供不同类型的定制服务。例如，扬基烛业（Yankee Candle）的顾客现在可以从智能手机中自选图片，为蜡烛创建个性化标签。

许多零售分析家预言，大规模定制对 21 世纪的重要性可能不亚于大规模生产对 20 世纪的重要性。零售商可以提供顾客想要的产品。买手必须时刻关注那些能让他们的产品脱颖而出的新技术。

第三部分
买货的计划与控制

第七章

预　测

预测的范围

预测（forecasting）是指推测消费者在特定条件下的行为。买手通常会对消费者的需求、商品销售情况以及所需存货水平进行预测。为了进行这些预测，他们必须从许多来源收集和分析信息，包括其他人所做的预测。

买手进行预测一般是为了回答这些问题：

- 每款产品需要采购多少数量？
- 在现有商品种类的基础上是否应该增加新产品？
- 需要多少库存来支持销售计划？
- 如何确定产品价格？

这些问题的答案建立在预测的基础上，即你认为顾客将来会做什么。就像天气预报一样，预测结果并不一定很准确，但是你可以采取一些措施来提高预测能力。

首先，你需要获取以前的销售记录。在进行预测时，大多数买手会根据以往销售信息预计未来销售，但你不能止步于此；你必须考虑店铺中存在的其他内部因素，比如销售面积扩大或销售人员数量减少；然后你需要检查外部因素，比如竞争形势及经济环境。如你所料，销售预测不可能与实际销售情况完全吻合；有些商品可能采购得太多，有些却不够，但是如果你保留准确的记录，就有机会改善未来的预测。

当你确定了所有能获得的帮助来源，就可以收集和分析关于市场环境及目标顾客的信息，从而进行预测。你要做的最重要的预测是**销售预测**（sales forecast），即在计划的营销方案下对特定时期的未来销售做出预测。可以预测总销售额，也可以预测以下这些方面的销售额：

- 特定产品（品牌或型号）或服务。
- 特定消费者群体（男性，65 岁以上）。
- 一段时间（一个星期，一个月）。
- 特定位置的店铺。

销售预测针对的一段时间可以是几个星期、几个月甚至几年。**短期预测**（short-term forecast）包含的时间段通常长达一年。采购流行商品通常要求进行为期六个月的销售预测；食品杂货店及药店经营的是基本商品，可能只要预测几天或一周的销售。**长期预测**（long-term forecast）将持续一年以上。

销售预测的时间段对预测的准确性有很大影响，准确预测未来几年的销售情况要比预测今后两个月的销售情况难得多。现有市场状况在几周内可能会保持不变；然而，到了季末可能会发生翻天覆地的变化；顾客的喜好也会变化无常。如果市场不稳定且变化很快，长期预测可能毫无意义。

对买手来说，预测是重要的规划工具。准备销售预测时要仔细考虑（1）店铺服务的目标市场群体；（2）现有及潜在竞争对手；（3）市场状况和经济形势的未来趋势。换句话说，在准备进行销售预测及制订商品采购计划之前，买手必须充分掌握商店及市场情况。此外，销售预测还能：

- 刺激计划的制订。没有销售预测，买手无法制订其他重要策略，比如所需存货水平及零售价。
- 促进协调配合。销售预测将成为商品企划团队所有成员的共同目标。买手、店铺经理以及销售人员必须调整各自的活动以期达到销售目标。
- 支持控制活动。销售预测成为衡量买手工作成功与否的基础。它为加薪、升职或解聘提供了一个衡量买手表现的定量指标。

因为销售预测的作用如此重要，所以要尽量准确；但因为预测是尝试预知未来，所以准确性可能不高。总而言之，对数据进行更多的分析与解读可以提高销售预测的准确性。

买手要有信心做出预测，并且全面了解所有可能影响销售的内外因素，进一步增强信心。预测应以事实为基础，而不是基于猜测！在进行销售预测之前，买手必须先确定目标顾客，了解他们购物的原因，再去理解影响这些市场的趋势。

进行销售预测

销售预测需要买手确定和理解所有可能影响销售情况的内外因素。

检查内部因素

在进行销售预测之前，你应该仔细检查店内所有可能影响销售的**内部因素**（internal forces）。例如，未来的销售可能会受到广告费用增减、信贷政策松紧以及零售价格高低的影响；甚至营业时间或硬件设备的变动也会影响未来的销售。进行任何销售预测之前，你必须估算这些变化对预期销售的影响。

检查外部因素

在进行销售预测之前，你还必须分析可能影响销售的**外部因素**（external forces）。你需要检查经济形势、人口趋势以及竞争态势的变化。

经济形势

应该分析国家和地方的经济“气候”，但你必须认识到经济形势对所有行业的影响并不相同。例如，在经济放缓时期，有些商店的销售实际上在增长，比如自己动手（DIY）的家居卖场。工厂关门和员工下岗的地方经济形势一般会导致销售下降。你还必须认识到在通货膨胀时期，销售金额的增长与单位销售数量的增长可能不成正比。

人口趋势

在进行销售预测之前，还应该分析人口趋势。你们店铺所在商圈的人口迁移会影响未来销售，如果附近的居民数量出现大量流失的话，销售预测应当下调。

人口结构的变化也会影响销售。如果销售目标为 18~35 岁年龄段的公司发现在他们商圈内增长最快的细分市场是 65 岁以上年龄段，那么销售预测就需要下调。

甚至目标市场生活方式发生改变也需要进行检查。例如，你们的顾客可能会越来越关心环境问题，开始购买环保产品。在进行销售预测之前，你必须警惕所有人口趋势及顾客群的变化。

竞争态势

竞争对手会随时进入或离开你的市场范围，销售预测需要进行相应的调整。竞争对手的促销策略也可能发生改变。例如，竞争对手可能决定加强广告宣传攻势或开展新的竞赛活动，如果活动奏效，可能导致你们店铺销量减少。

获取所需数据

进行销售预测需要寻找和使用信息，因此你必须对可获取的数据类型以及如何获取了如指掌。第四章讲述了许多信息来源。你要决定是否需要收集一手资料。为了做出这一决定，你必须全面调查二手资料，因为它们性价比最高。

一手资料来自于当下进行的特定调查。换句话说，你去收集信息是为了解决手头上现有的问题。直接顾客调查是获取顾客态度与观点的主要途径。二手资料是为了其他目的而收集的信息，但它可以解决你的问题。二手资料的例子有：店里其他部门生成的业务记录以及从书上和杂志上得到的信息。让我们仔细研究这些信息来源及其可能的用途。

一手资料来源

许多零售商付出时间与财力，坚持不懈地收集顾客信息。康涅狄克州著名的食品店 Stew Leonard’s 很大程度上依靠收集一手资料改善顾客服务和产品供应。自从该公司第一家门店开业以来，就一直采用这些手段：举行周末焦点小组座谈，从（顾客实际使用的）意见箱里读取意见，有时就在通道上边走边与顾客和员工交谈。管理层不断想方设法改善顾客的购物体验，他们不会坐等销售额下跌才做出改变；他们深知对市场需求若是漠不关心无动于衷，销售就会很快发生变化。

美国零售联合会以及其他零售协会资助了与顾客购物态度相关的初步研究，并且向会员商店发布了研究结果。

零售商和买手在预测未来购物模式的时候必须应用以上这些主要信息来源的调查结果，还必须判断出目前顾客在自家商店购物的原因。

二手资料来源

外部数据可以快速检索且其内容广泛。例如，你可能只需要面积在 230m^2 以下的男装店铺的平均年销售额，一本行业期刊就能向你提供这一信息。其他有关消费者观点的问题可能需要获取尽可能多的信息来源。

行业协会和同业公会也是预测数据的良好信息来源。在你需要查找市场趋势或经济形势方面的信息时，不应忽略常规商业出版物及报纸，还有报告和预测顾客购买模式的特定信息来源。

如果你在做销售预测时采用二手资料，必须认识到这些信息的缺点：有些数据可能已经过时了。关于数据何时过时没有规定，但若市场动荡不定，超过五年的旧数据价值存疑。你还需要确定数据收集者的偏向性：要知道是谁，又是出于什么目的收集了这些数据；通常辩论双方都可以曲解数字以维护自己的观点。

现成的二手资料不胜枚举，找到你需要的信息并善加利用。然而，在现有信息无法满足特定需要的情况下，你可能不得不去收集一手资料。

做出销售预测

当进行销售预测时，应循序渐进地分析影响销售的内外部因素。这一过程包括以下步骤：

1. 回顾以前的销售情况。
2. 分析经济形势的变化。
3. 分析特定产品或市场销售潜力的变化。
4. 分析你们公司及竞争对手在市场营销策略上的变化。
5. 预测销售。

让我们进一步了解这些步骤。

回顾以前的销售情况

回顾以前的销售记录能让你判断出在销售数据中是否存在某种模式或趋势。需要比较销售额与上个月以及去年同期的数据；这些信息可以让你对未来一年中可能发生的任何变化有个初步的估计，如果一切保持不变的话——这种情况几乎不会发生。根据这些信息，你可以回答以下问题：

- 在过去几年中，销售是呈现增长还是减少的模式？
- 如果存在这种模式，那么平均百分比是多少？
- 最近的销售数据是否能佐证这一变化趋势？
- 是否能确定一个百分比，反映你观察到的销售变化趋势？

分析经济形势的变化

在研究经济趋势和公开发布的全国及本地经济预测后，你可能需要调整之前确定的变化趋势百分比。

分析销售潜力的变化

下一步是把市场上人口变化与你们店铺或你负责的产品联系起来。这方面的信息可能很难获得，但你可以采纳人口普查信息。人口普查报告能提供某些数据，但这些数据是过时的，使用数据时可能会面临各种问题。另外，你的预测可能商品类别过于宽泛，销售数据对短期预测来说不够及时。你需要根据市场情况的变化修正销售变化趋势百分比。

分析营销策略的变化

下一步，你需要考虑你们店铺以及竞争对手规划的市场营销策略的变化。例如，决定装修店铺，增加新的产品系列，或举办一场新的促销活动，这些动作可以吸引顾客，增加销售。几乎没有什么信息可以用来预测竞争对手未来的举动；然而，你可以通过比较型购物、研究竞争对手的广告以及倾听顾客心声来获取信息。你需要根据你们店铺或竞争对手的市场营销策略的变化再次调整变化趋势百分比。

预测销售

现在是时候进行销售预测了。假设在分析了以前的销售记录之后，你判断前六个月的平均销售增长率为 6%，确定经济增长会带来 2% 的销售增长率，你们的市场规模会增长 5%。此外，你已了解到竞争对手今年会有一家门店新开业，导致你们的销售下降约 5%。从这些信息中，你预测下一阶段的销售增长率为 8%（6% + 2% + 5% − 5%）。

销售预测值不是一个精确的数值，但它最起码提供了一个能用于计划未来销售的起点。对于职业买手来说，除此之外别无他法，毕竟不可能没有计划。

既然销售预测对你们店铺的影响这么重大，它们应该同时具备挑战性及可行性；如果不具备这些，那就意味着大祸临头。如果你预测销售额将比前一阶段有大幅度增长，那么业务成本也要提升以适应预期的销售增长，比如可能需要增加广告费用或增派销售人员。

如果你的销售预测定得太高，实际上难以企及，那么最终的业务费用的金额及其占销售额的比例会过高，导致利润跌破预期。又或者，如果你大大低估了销售预测，采购的存货量不足，你们将无法充分满足顾客需求，从而引起顾客忠诚度缺失，导致顾客转向竞争对手。

销售预测做好以后，需要获得商品经理的批准。你应该简明扼要地阐述基本原理，总结你在进行预测时所做的假设以及考虑因素。在收集用于销售预测的数据时，也应该征询经理的意见。

一旦你的预测得到批准，下一步就是制订商品采购计划，第八章将讲述这个过程。

进行调整

应该定期监测实际销售情况，以判断销售预测的准确性；然而，预测不应当成为一项必须达成的目标，而完全不去考虑无法预料的竞争态势的变化以及经济形势或商业形势的总体变化，这将导致店铺资源的浪费。在销售季节中，你可能会发现销售远远超过预期；你可能会认为店铺没有资金采购所需存货，有可能竞争态势比预想更为激烈，或者消费者的需求可能低于预期。你的计划可能需要调整。

对有些产品来说，如果你低估了消费者的需求，可以很快进行追加；然而，生产厂商有可能没有现货，而顾客已经怨声载道。如果过高估计销售额，则需要改变市场营销策略：先要看一下有没有费用低廉的活动，可以考虑移动商品的位置，或重新培训销售人员；可能需要额外的广告支出，也可能产品需要降价处理。

预测决策

买手最重要的两项预测是销售额和库存水平。让我们来看看这两个重要结果是如何计算出来的。

销售预测

在计划过程中，销售预测属于主观猜测，但它涉及的内容远不止猜测那么简单。实践与经验可以提高预测能力，使你的预测更加准确可靠（图 7.1）。

图 7.1
如今，买手可以借助更多工具来提高销售预测的准确性

许多零售商会先进行销售预测，然后计划要产生这些销售额所需的存货量。如果一年四季都经营基本商品，那么计划起来就不那么复杂；然而，流行商品变化频繁，要保持存货与销售的平衡就难多了。

进行销售预测时，以往销售数据对买手十分重要，但它们只能作为参考。除了店铺的历史记录之外，你的计划和预测活动还必须考虑其他可能会影响销售的内外部因素。下面是其中一部分：

- 全店或部门促销及销售情况。
- 节假日。
- 目前全店及部门销售趋势。
- 人口迁移。
- 人口结构变化。
- 进入这一地区的新竞争者。
- 经济形势。
- 营业时间变动。
- 营业场地面积变化。

预测的准确性将取决于过去记录的准确性、买手根据目前趋势解读信息的能力以及预测未来可能性的能力。预测也需要一定的判断力和经验。

买手的销售预测从回顾过去销售数据开始。去年的销售数据很重要，但你还应该回顾一下过去两三年的数据，然后再确定每次销售增长或下跌的原因。

通过分析这几年的销售趋势，你对过往销售情况有了更真实的认识，从而可以对预测工作起到指导作用。准确的预测还涉及对不同年份中每月销售天数的差异进行的调整。例如，某年 9 月有 5 个周六，但第二年只出现了 4 个，5 个周六产生的月销售额比 4 个周六的月销售额高，因此第二年的 9 月很难与去年同期销售额相比。

为了弥补不同年份之间的月度差异，零售商大多采用**4-5-4 年历**（4-5-4 calendar），将一年按 4 周、5 周、4 周的模式划分，从而确保不同年份之间的销售额具有可比性。这种布局方式可以保证在可比较时段内的周六周日数量相同，不同年份之间销售数据的比较也更准确。4-5-4 零售年历举例如表 7.1 所示。

表 7.1　4-5-4 零售年历举例

4-5-4 零售年历（52 周）											
春夏季：2 月 ~7 月						秋冬季：8 月 ~ 次年 1 月					
一季度			二季度			三季度			四季度		
第 1 个月	第 2 个月	第 3 个月	第 4 个月	第 5 个月	第 6 个月	第 7 个月	第 8 个月	第 9 个月	第 10 个月	第 11 个月	第 12 个月
4 周	5 周	4 周	4 周	5 周	4 周	4 周	5 周	4 周	4 周	5 周	4 周
1 2 3 4	5 6 7 8 9	10 11 12 13	14 15 16 17	18 19 20 21 22	23 24 25 26	27 28 29 30	31 32 33 34 35	36 37 38 39	40 41 42 43	44 45 46 47 48	49 50 51 52

你还必须意识到，月销售额会因为不同年份中节假日出现的时间不同而发生变化。例如，当复活节在 3 月时，寒冷的天气可能会导致春装销量减少。

商业形势也会影响未来销售，当商业景气时，销售额会增长或保持正常水平；当商业形势不景气时，销售额通常会下降。

预测销售不可能做到绝对精确，但买手的猜测必须有根据。平均销售增长率是一项有用的指标。尽管某个趋势可能十分明显，你还是要在对计划进行任何调整以前研究一下变化原因及可能影响未来销售的状况。

一位买手获得下列销售数据，要预测今年 7 月的销售。接下去的论述展示了如何进行销售预测。

例题

根据下表所列数据，预测今年 7 月的销售额。

月	去年销售额（美元）	今年销售额（美元）
4 月	50 000	55 000
5 月	55 000	61 000
6 月	59 000	64 000
7 月	60 000	?

解：

用下面的公式来确定与前一年相比头三个月的销售额增长率：

销售额增长率 = 去年与今年相比销售差额 / 去年销售额

计算每个月的结果如下：

4 月 =（55 000– 50 000）/ 50 000=10%
5 月 =（61 000– 55 000）/ 55 000=10.9%
6 月 =（64 000– 59 000）/ 59 000=8.5%

尽管目前每个月的销售额都领先于去年，但是 5 月至 6 月的百分比降低了。你要考虑今年月度销售的走向。例如：

4 月至 5 月 = (61 000– 55 000)/ 55 000=10.9%
5 月至 6 月 = (64 000– 61 000)/ 61 000=4.9%

销售额增幅下降。你还要通过下列算式确定去年同期销售额增幅的走向：

6 月至 7 月（去年）= (60 000 – 59 000)/59 000=1.7%

由此可以得出结论，今年 7 月的销售增长率计划在 1.7%~4.9% 之间。这时，你要考虑其他可能会影响销售的外因和内因。如果你感到这个月不会发生很大变化，可以选择 3.3% 增长率，因为它大约在两个数字中间。其他情况，比如竞争对手的促销活动更多了或是目标市场有了变化，会导致预测销售朝更高或更低的水平波动。

你的预测要做到尽可能准确，因为其他所有商品企划决策的制订都与销售相关。预测失误对任何公司来说都是灭顶之灾。如果你的销售预测出了错，其他决策也会出问题。只有做好功课，认真调查研究特定细分市场，并与顾客交谈，才能提高销售预测的准确性。当然，预测的不确定性永远无法消除，但你可以将它减少到可控范围内。做好销售预测后，你就要计划可以支持预测销售的存货水平了。

计划存货水平

预测特定时期的销售之后，必须计划所需存货水平，这是另一项用于评估零售买手的关键定量绩效指标。库存中必须有充足的商品，在考虑到预料之外需求的同时满足预期销售额。作为买手，你的目标是保持花色品种充足，能满足顾客需求，而存货又要足够少，以确保店铺的存货投资有合理的回报。

计划存货有好几种方法，最常用的是存销比法。**存销比**（stock-to-sales ratio）法是指将存货与销售维持在一个特定比例上。存销比的计算方法是库存金额除以实际销售金额。例如，如果某个部门 4 月初有 40 000 美元的存货，销售额总计 20 000 美元，其存销比就是 2。存销比计算公式如下所示：

存销比 = 库存金额 / 实际销售额

在这个例子中：

存销比 = 40 000 / 20 000 = 2

存销比表明计划销售额与支持这一销售额所需的存货金额之间的关系，可用于计算计划**月初库存水平**（BOM stock levels），即月初所需的库存金额。用这个月的存销比乘以当月计划销售额就能确定月初所需存货水平。计划月初存货水平可以用以下公式计算：

计划月初存货 = 存销比 × 计划销售额

从美国零售商联合会和邓白氏（Dun & Bradstreet）等机构可以得到全行业的存销比。买手也可以根据店铺或部门的历史库存水平与销售额计算存销比。

例题

根据下列信息，用存销比法计算 11 月计划月初存货：

存销比 = 1.2

11 月计划销售额 = 19 000 美元

解：

计划月初存货 = 存销比 × 计划销售额

计划月初存货 = 1.2 × 19 000 = 22 800

因此，用存销比方法来计算，11 月初应该准备价值 22 800 美元的存货。

确定库存周转

销售预测及库存计划决策必须为店铺产生利润。**库存周转率**（stock turnover rate）是一个衡量销售额与库存水平的平衡性的指标。商品出售、补货、再出售的速度决定了一家店铺或一个部门的库存周转率。库存周转率是指在一段指定时间里平均库存售出的次数，计算公式如下：

库存周转率 = 销售额 / 平均库存

任意时间段的**平均库存**（average stock）是指该时间段开始时的存货金额，加上在这一时间段中预定时段（如每月底）存货总金额，再加上这一时间段结束时的存货金额，除以库存列表数量。

买手和管理层可以通过库存周转率大致判断一家店铺、一个部门或一个产品种类的表现。就像存销比一样，行业期刊中也能找到零售商的周转率可供比较。买手也可以采用过往销售数据计算店铺周转率。任意时间段的周转率都可以计算；然而，通常这个时间段为一年。

商店出售的商品类型以及经营方针对库存周转率有影响，零售商的每一个决策几乎都会影响周转率。采购频率不高的商品，如家具和珠宝，其周转率要比食品杂货店里商品的周转率低得多。

有些商店的商品花色品种繁多、颜色尺码齐全，这种经营方针往往会导致周转率偏低，因为有些颜色和尺码销售情况不如其他产品。出于这个原因，有些店铺只经营好销的颜色和尺码，以产生更高的周转率。

库存周转率高对店铺或部门来说通常是件好事，因为库存快速周转可以减少清理过时商品所需降价的数量与金额。经常得到替换的商品看起来总是很新鲜，对顾客的吸引力更大。然而，在尝试提高周转率时，也必须考虑要增加的费用，如广告宣传或是因增加销售人员而产生的薪资。要获得更高的销售额，可能需要采用这两种方式。不过，在这种情况下，提高周转率的同时，可能不会增加利润。

买手怎样才能提高库存周转率？你需要仔细研究店铺或部门的销售与存货数据。商品周转慢可能归咎于以下原因：

- 也许你们经营的商品种类太广了，要供应大量款式、颜色和尺码往往会导致周转速度迟缓，商品可能会长时间滞留在货架上，因此受益的顾客却只占极少数。
- 你可能选错了商品，顾客可能并不喜欢或需要你采购的货品。吸取教训，改善下一次买货策略。
- 商品入库可能太晚了，延误交货或延迟采购会导致商品太晚到店，那时候顾客已经去别处购物了。

- 商品定价可能过高，为了推动销售不得不降价。
- 店铺可能没有开展有效的商品促销活动。

周转率低还有其他原因，但应先调查这五项。在为店铺或部门进行销售预测并确定所需存货水平后，你已准备就绪，可以制订买货计划了，下一章将详细讲解具体步骤。

例题

根据以下信息计算库存周转率：

销售总额 = 60 000 美元

日期	库存水平（美元）
1 月 31 日	8 000
2 月 28 日	12 000
3 月 31 日	14 000
4 月 30 日	12 000
5 月 31 日	10 000
6 月 30 日	8 000
7 月 31 日	10 000
8 月 31 日	16 000
9 月 30 日	18 000
10 月 31 日	20 000
11 月 30 日	30 000
12 月 31 日	16 000
1 月 31 日	6 000
存货总额 = 180 000 美元	

解

首先，用存货总额除以存货列表数量以确定月平均存货额。

平均库存是 13 846 美元 (180 000/13)。

其次，用公式计算库存周转率：

库存周转率 = 销售额 / 平均库存
库存周转率 = 60 000 / 13 846
库存周转率 = 4.3

因此，该部门的平均库存在这一年售出并补货 4.3 次。

库存周转率也可以用于计划销售额和库存水平，计算公式如下：

销售额 = 库存周转率 × 平均存货

例如，如果周转率目标是 3.1，平均库存是 25 000 美元，要达到这一目标的计划销售额就是 77 500 美元。

零售分析

买手必须不断提高定量分析能力。科技和零售分析的普遍应用将对未来数年的销售预测产生影响，软件包的通用性将更强，使用更方便。通过计算机化的信息系统，可以快速获取大量的内部和外部数据，先进科技应该可以从整体上提高预测的准确性。不过，激烈的竞争状况和动荡的市场环境将使准确预测的难度更高。买手要将个人经验与对商业市场的见解相结合，并且善于根据零售分析进行预测，才能获得成功。

零售分析（retail analytics）是提供库存水平、供应链动向、消费者需求和销售额等信息的数据分析过程，这些信息对制订商品企划和市场营销策略至关重要（图7.2）。

图 7.2
零售分析可以定义为分析和理解零售商店日常积累的海量数据的过程

零售分析可以定义为分析和理解零售商店日常积累的海量数据的过程，尤其是从顾客与公司之间每个可能的接触点收集到的数据。

有些人认为数据只不过是事实和数字，但情况并不止于此。数据是所有零售商的命脉，对决策者而言，其中自有深意。

很多时候零售商要在商业顾问及其专业软件的帮助下才能理解这些数据。JDA、SAS、Intelligence Node 等公司可以将数据转换成洞察力，为零售商提供一个全新的业务视角，可以识别有效数据，协助解决问题，并且发现可能的新机遇。从本质上看，零售分析可以帮助零售商将浩如烟海的数据转化为可以使用的知识。

零售分析已经成为零售商最强有力的工具之一，零售商可以通过分析掌握顾客的详细资料，以事实为基础，洞察先机，制订决策。一些零售分析家表示，采用零售分析的公司挽留顾客的能力可高于竞争对手 6.5 倍，向现有顾客销售的业绩可高于竞争对手 7.4 倍。实施零售分析后，公司可以大幅度提升潜力，在合适的时间、合适的地点、以最有效的方式接触合适的顾客。

实施零售分析解决方案的确是个好主意，不过说起来容易做起来难。收集数据并不难，但真正能够点石成金的是零售商如何妥善处理数据并将之转化成有用信息。收集和分析数据既要占用大量资金，又要耗费不少时间，但这项投资必不可少。然而，大部分零售商要么没有数据，要么只有一些毫无用处的过时数据。此外，零售分析牵涉甚广，不止与财务投资有关。零售分析程序要顺利运行，需要人员、流程与技术组合得恰到好处，才能充分利用数据。不过，零售商必须从一开始就有心理准备，推行零售分析程序不可能一蹴而就，将数据转化成为推动零售企业成功制订决策的助力是一项挑战。

对于零售商来说，信息是足以改变游戏规则的力量。零售分析可以为零售商揭示、解读包括线上、线下顾客的购物模式在内的深刻含义，并且依据内容丰富的数据采取行动，帮助零售商始终领先于时尚趋势。零售分析可用于预测购物者需求，根据购物者的数据提出个性化营销和促销方案，还可以帮助买手和零售商密切关注线上、线下顾客的实时需求，保证畅销商品货源充足。良好的购物体验可以提高顾客满意度、重复购买率、顾客忠诚度、顾客推荐、营业收入以及顾客参与度。

零售商可以通过零售分析软件程序或套件分析大量数据，从而深入理解顾客需求。例如，杂货零售商克罗格（Kroger）采用零售分析程序分别确定每位顾客真正想要购买哪些产品，然后为其中许多产品定制数字优惠券，并且发送给顾客。对克罗格来说，这些优惠券的回流大大提高了销售收入。亚马逊及其他电商巨头也已应用零售分析揭示消费者内在需求，并且藉此制订买货策略，提高营业收入，获得丰厚回报。

有数以百计的商业顾问公司为零售商提供数据分析解决方案，管理层和零售买手必须认真评估对本企业最有利的公司和解决方案。解决方案中既有适用于整个零售组织的现成软件，也有专用于商品管理等特定功能的专门工具，又或者需要考虑针对零售商的独特需求专门定制软件解决方案。零售商所选解决方案的涉及范围和复杂程度将取决于企业规模、门店数量以及库存单位（SKU）数量等因素。

零售买手可能希望研制一些软件解决方案处理商品企划、仓储和物流管理问题。商品管理软件可以为买手提供工具，根据历史销售记录、趋势和预测，有计划地进行商品采购，创造优化、均衡的 SKU。仓库管理软件可以用于自动化控制仓库内部库存，具有挑选、包装和提取商品等功能。物流管理软件可以帮助零售商提高效率，将存货从配货中心运送到门店及顾客手中，这对全渠道零售商来说大有裨益。

如果零售分析实施到位，应该可以帮助零售商增加销售额、提高库存周转率、减少未售出库存，并且大大提高公司的管理效率。今天，零售商需要快速、灵活地制订策略并且付诸行动，而零售分析则为制订最佳策略提供了一条捷径。

商品企划管理

与计划密不可分的是商品企划决策。你必须定期核查计划，确保跟进执行计划，并且达到期望的结果。作为买手，衡量成功与否要看你如何计划与控制买货资金，能否达到预期销售和利润。

零售商的活动需要在某种形式的计划与控制机制的指导下朝着完成既定目标的方向迈进。大部分零售商不仅为整个店铺，而且还为特定部门和产品分类制订商品计划。这些商品计划对买货形成了有效的控制，往往可以防止部门或店铺进货过多或库存不足。

商品计划（merchandise plan）是指以金额为单位，预估店铺或部门在特定时段内的销售目标，通常为期六个月，但也可能时间更短。有了这些信息，买手就能确定商品的采购金额。此外，商品计划中的信息也有助于最高管理层判断商品企划决策的有效性。

如今，制订商品计划有两种常用方法，即从上至下计划和从下至上计划（图8.1）。**从上至下计划**（top-down planning）是指由高级管理层预估下一阶段的销售总额，然后根据每个部门对整个店铺销售额的历史贡献制订其预期销售额。从上至下计划的好处在于最高管理层对企业面临的经济形势和竞争态势往往比其他员工具有更透彻的洞察力。

图8.1
从上至下及从下至上计划

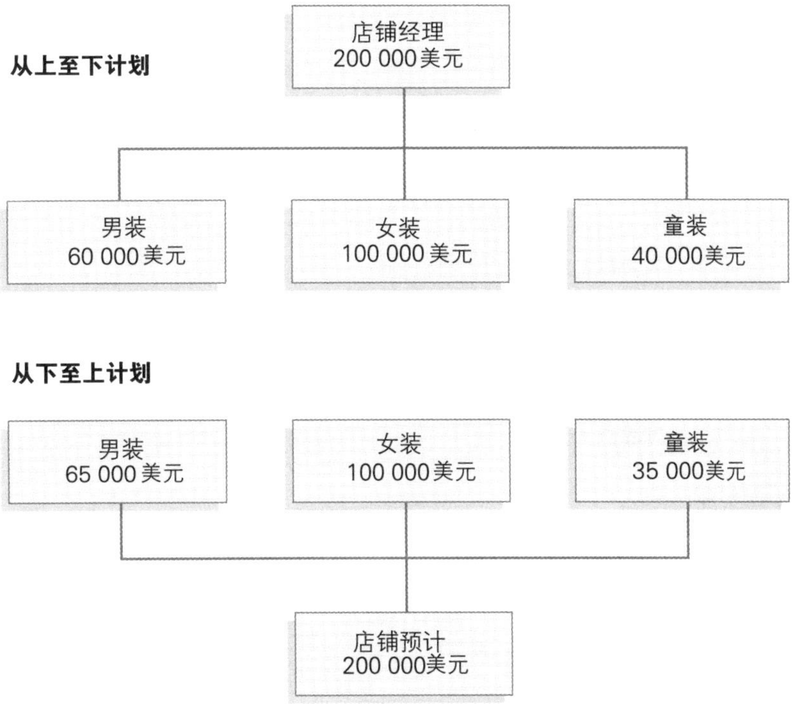

制订商品计划的另一种常用方法是**从下至上计划**（bottom-up planning），是指先由每个部门经理制订计划销售额，再将所有部门的计划销售额相加即可得出店铺的计划销售额。许多大型零售商同时采用从上至下法和从下至上法，然后再通过一系列讨论和协商得出店铺及各个部门的最终计划销售额。

六个月商品计划

大部分零售商采用**六个月商品计划**（six-month merchandise plan）。计划的关键部分包括销售预测及库存计划，还要计算每个阶段为产生计划销售额而采购的商品数量。六个月商品计划是将利润目标转化为商品计划的框架和控制工具。

商品计划通常将一年分为两个销售季节：（1）春夏季（2月至7月）；（2）秋冬季（8月至来年1月）。这样划分季节，商店可以在夏末和年底清货，然后再制订新品到货计划。

计划的目的

商品计划根据计划财务目标控制存货水平。同所有商品企划活动一样，商品计划的重要目标是将资金的使用最小化，利润最大化。商品计划的主要目的如下：

- 估算出为了在特定时间段内备货所需投入的资金数额。
- 为店铺管理层和财会人员估算出这段时间内的计划销售额，并将其转化成预估现金流。

如果商品计划使用得当，应产生以下成果：

- 周转率提高。顾客购物时，他们需要的商品应有尽有。
- 降价金额降低。由于商品采购与计划销售额和库存水平有关，出现超买状态和不得不降价的可能性很小。
- 提高留存加价率。由于减少了不得不采取的降价，可以提高留存加价率。
- 利润最大化。均衡的商品分类会带来更多销售，更高利润，因为商品不会存放过久，不会因过于陈旧而难以销售。买手得到通知，快速追加畅销商品，处理滞销商品，因而可以产生更高的利润。
- 存货投入最小化。六个月商品计划有助于确定应投入多少资金采购商品。最理想的状态是买手尽可能地将最少的资金投入能够满足顾客需求的畅销商品，并且为店铺赢利。

计划的组成部分

零售商制订的六个月商品计划形式不同，但通常都包含以下几个组成部分：

- 本阶段初始加价率。当商品进店时，应设置商品的期望加价率。
- 计划净销售额。计划净销售额是指总销售额减去顾客退货和折扣。今年的计划销售额通常以去年销售额为基础确定，不过，你还应检索前几年的销售数据。通常你能从中发现销售额的上升或下降趋势，但是今年的情况将取决于形势是否与过去相似。

- 计划月初存货。要实现计划销售额必须有充足的库存，计算店内库存与计划销售额之间关系的常用方法是库存计划存销比法。
- 计划月末存货。**计划月末存货**（planned EOM inventory）是指每个阶段的期末存货零售额。在商品计划中，**月初存货**（BOM inventory），即一个阶段（通常指一个月）的期初存货，必定是上一阶段的期末存货额。
- 计划减价。**减价**（reductions）（计划降价、库存短缺及员工折扣的总和）也必须计入商品计划。这些项目的金额可以用计划销售额百分数来计算，这些百分数通常可以在六个月商品计划的季节性数据中找到。
- 计划采购零售额。计划采购零售额是指在给定时间段内所采购的商品零售额。计划采购零售额用以下公式计算：

计划采购零售额 = 计划销售额 + 计划减价 + 计划月末存货 - 计划月初存货

- 计划采购成本额。计划采购成本额是指在给定时间段内买手期望用于商品采购的金额（备注：在公司办公的零售买手可能不会按成本价制订采购计划，所有计算都是按零售价进行的，然而，独立零售店的买手很可能会将计划采购零售额转换为计划采购成本额）。计划采购成本额用以下公式计算：

计划采购成本额 = 计划采购零售额 × （100% - 初始加价 %）

除了计划采购成本额之外，六个月商品计划上的所有数额都按零售金额计算。查看图 8.2，看看以这些组成部分为基础的商品计划。如你所见，这些组成部分进一步细分为以下四个类别：

- 去年（实际）——指去年这个月的实际金额。这一信息可以在以往同期六个月商品计划记录的实际数据一栏中找到。
- 计划（今年）——指今年的计划金额。
- 修订（今年）——指由于意外事件造成的对今年计划所做的任何修订。制订计划后，还要定期检查，看看计划是否如预想的那样进展顺利。有时候一切顺利，但有时你不得不调整计划。当店铺或部门未能达到某个月的计划销售额或超出了计划销售额，未来几个月的计划就需要进行调整。
- 实际（今年）——指这个月的实际销售额。在每个月底，你必须把当月实际销售额记录在六个月商品计划表上。将今年的实际销售额与今年的计划销售额进行对比，可以判断目标是否达成。

六个月商品计划是买手最重要的计划及控制工具之一，因为它显示了为达到计划销售额应该花费多少金额去采购新的商品，它能让你避免超支，避免店铺或部门的计划利润不达标。

对小型店铺来说，这个计划是为整个店铺制订的。对于大型商店来说，这个计划可能是以部门或产品分类为基础制订的；随后，这些独立的计划被合并为部门或整个店铺层面的计划。

图 8.2
六个月商品计划

部门名称：________________ 部门编号：________________

六个月商品计划		计划（今年）	实际（去年）
	修改和加工费用（美元）		
	现金折扣 %		
	当季库存周转率		
	损耗率 %		
	平均库存（美元）		
	降价 %		

20 _ 春夏 20 _ 秋冬		二月 八月	三月 九月	四月 十月	五月 十一月	六月 十二月	七月 一月	**季节总计**
销售额（美元）	去年							
	计划							
	增长率 %							
	修订							
	实际							
月初存货零售额（美元）	去年							
	计划							
	修订							
	实际							
月末存货零售额（美元）	去年							
	计划							
	修订							
	实际							
减价（美元）	去年							
	计划							
	修订							
	实际							
采购零售额（美元）	去年							
	计划							
	修订							
	实际							
采购成本额（美元）	去年							
	计划							
	修订							
	实际							

备注

____

商品经理 ____________________ 买手 ____________________

控制人员 ____

六个月商品计划的制订

这个章节将带领你循序渐进地熟悉商品计划制订过程，并且详细讲解计划各组成部分的计算方法。

计划销售额

六个月商品计划的第一步也是最重要的部分是预测销售额。所有其他商品企划决策都与销售额有关，或是以销售额占比来表示。因此，如果销售额预测不准确，计划的所有其他部分都会出错，可能会给零售商造成不好的结果。

根据前一年的商品计划，可以得到以下销售数据：

		二月	三月	四月	五月	六月	七月	总计
销售额（美元）	去年	10 000	12 000	23 000	18 000	12 000	12 000	87 000
	计划							
	修订							
	实际							

首先，你需要计算去年每个月的销售额占去年总销售额的百分比。计算结果如下：

二月	10 000	/	87 000	=	11.5%
三月	12 000	/	87 000	=	13.8%
四月	23 000	/	87 000	=	26.4%
五月	18 000	/	87 000	=	20.7%
六月	12 000	/	87 000	=	13.8%
七月	12 000	/	87 000	=	13.8%

如果这些百分数近几年来一直保持稳定，你就可以预计今年每个月的销售额占比将与此相似。然而，正如之前解释过的，内部因素和外部因素可能会导致变化。例如，复活节假期可能出现在四月，也可能出现在三月；你们店铺可能计划在去年没有促销活动的某个月改变营销策略；此外，大部分零售商追踪最繁忙的购物日，特别是节假日。如果你认为这些因素将对每个月的销售额产生影响，就必须调整月度计划销售额占比。

假设你发现这一季没有什么重大变化，另外，对前几年的销售进行分析，得知每个月的销售额占比一直保持稳定，根据这些信息，可制订月度销售额占比如下：

二月	11.5%
三月	13.8%
四月	26.4%
五月	20.7%
六月	13.8%
七月	13.8%

接下去，你需要确定这一季的计划销售总额。采用第七章中讲解的预测技巧，得出这一阶段的销售额计划增长率为 10%。在一些公司，最高管理层会确定销售额的计划增幅或降幅，给到你作为你们部门或小组的目标。

参照去年同期销售额数据，你确定总销售额为 87 000 美元。因此，今年同期的计划销售额就是 95 700 美元（计划增长销售额加上去年销售额，即 87 000 × 10% + 87 000 = 95 700）。

现在，你必须制订今年同期每个月的销售计划。用总销售额的计划占比乘以计划总销售额（95 700），计算结果如下：

	计划占比	计划总额（美元）		计划月销售额（美元）	
二月	11.5%	×	95 700	=	11 005
三月	13.8%	×	95 700	=	13 207
四月	26.4%	×	95 700	=	25 265
五月	20.7%	×	95 700	=	19 810
六月	13.8%	×	95 700	=	13 207
七月	13.8%	×	95 700	=	13 207

然后将这些数字填进六个月商品计划的“销售额”一栏 中（填在“计划”这一行）：

		二月	三月	四月	五月	六月	七月	总计
销售额（美元）	去年	10 000	12 000	23 000	18 000	12 000	12 000	87 000
	计划	11 005	13 207	25 265	19 810	13 207	13 207	95 701
	修订							
	实际							

你已看到，对计划的任何修订以及当月的实际销售额都有空格可以记录。保持准确的记录将有助于今后的计划工作。

计划月初存货

要制订六个月商品计划，下一步是确定实现计划销售额所需的库存量，你的手上要有足够的库存来满足顾客需求。开季时必须有数量充足、花色品种齐全的商品来满足预期的顾客需求。

存货计划存销比法需要买手定义指定月份的计划月初存货与当月计划销售额之间的关系。运用存销比法来制订库存水平，计划月初存货可以用以下公式来计算：

计划月初存货 = 计划销售额 × 存销比

参考行业信息来源以及研究过去几年的销售与存货数据，得到下列存销比：

二月	3.1
三月	2.8
四月	2.0
五月	1.8
六月	1.8
七月	1.8

根据以上存销比和之前计算出的今年的计划销售额，每个月的计划月初存货计算如下：

	存销比	每月计划销售（美元）		每月计划月初库存（美元）	
二月	3.1	×	11 005	=	34 116
三月	2.8	×	13 207	=	36 980
四月	2.0	×	25 265	=	50 530
五月	1.8	×	19 810	=	35 658
六月	1.8	×	13 207	=	23 773
七月	1.8	×	13 207	=	23 773

然后将这些数字填入六个月商品计划的“月初存货”一栏中（填在“计划”这一行）：

		二月	三月	四月	五月	六月	七月	总计
月初存货零售额（美元）	去年	31 000	33 600	46 000	32 400	21 600	21 600	186 200
	计划	34 116	36 980	50 530	35 658	23 773	23 773	204 830
	修订							
	实际							

计划月末存货

当月月末库存就是下月月初库存。在六个月商品计划的范例中，计划月末存货水平如下：

二月 月末 = 36 980（三月 月初）
三月 月末 = 50 530（四月 月初）
四月 月末 = 35 658（五月 月初）
五月 月末 = 23 773（六月 月初）
六月 月末 = 23 773（七月 月初）
七月 月末 = —

因为你不知道七月份的月末计划库存，所以八月份月初库存也未知，因此必须

制订七月份的预估月末库存。在六个月商品计划的范例中，七月份的月末库存预估为 21 000 美元。

然后将这些数字填入六个月商品计划的“月末存货”一栏中（填在“计划”这一行）：

		二月	三月	四月	五月	六月	七月	总计
月末存货零售额（美元）	去年	33 600	46 000	32 400	21 600	21 600	20 000	175 200
	计划	36 980	50 530	35 658	23 773	23 773	21 000	191 714
	修订							
	实际							

计划减价

六个月商品计划的下一个组成部分是计划减价。减价有好几种类型：降价、员工折扣以及损耗，损耗通常指由于失窃或员工监守自盗造成的店铺存货短缺。这些减价是根据过去经验估算出来的，在六个月商品计划上以计划销售额占比的形式体现出来。这个范例的计划减价如下：

计划降价率	6.8%
计划损耗率	2.1%
计划员工折扣率	1.1%

因此，计划减价总计达销售额的 10%。计划减价金额可以用计划总销售额乘以减价率计算出来，减价总额等于 9 570 美元（95 700×10%）。

根据以往记录，你可以按下列比例分布每个月发生的减价：

二月	11.5%
三月	7.0%
四月	15.0%
五月	18.5%
六月	22.1%
七月	25.9%

同样，影响当前年份的内部与外部情况可能需要你再次调整比例。每个月的计划减价额计算如下：

	当月计划减价率	计划总额（美元）		当月计划减价额（美元）	
二月	11.5%	×	9 570	=	1 100
三月	7.0%	×	9 570	=	670
四月	15.0%	×	9 570	=	1 436
五月	18.5%	×	9 570	=	1 770
六月	22.1%	×	9 570	=	2 115
七月	25.9%	×	9 570	=	2 479

然后把这些数字填入六个月商品计划的“减价”一栏中（填在“计划”这一行）：

		二月	三月	四月	五月	六月	七月	总计
减价（美元）	去年	1 001	609	1 305	1 609	1 923	2 253	8 700
	计划	1 100	670	1 436	1 770	2 115	2 479	9 570
	修订							
	实际							

计划采购零售额

要实现六个月商品计划，每个月应该有充足的计划采购额。在商品计划中，必须先按零售额计算计划采购额，因为其他所有数字都建立在计划采购零售额的基础上。下列公式用于计算计划采购零售额：

计划采购零售额 = 计划销售额 + 计划月末存货 + 计划减价 – 计划月初存货

运用这个公式和已经填入商品计划中的数据，可以计算出计划采购零售额：

	计划销售额（美元）		计划月末存货（美元）		计划减价（美元）		计划月初存货（美元）		计划采购零售额（美元）
二月	11 005	+	36 980	+	1 100	–	34 116	=	14 969
三月	13 207	+	50 530	+	670	–	36 980	=	27 427
四月	25 265	+	35 658	+	1 436	–	50 530	=	11 829
五月	19 810	+	23 773	+	1 770	–	35 658	=	9 695
六月	13 207	+	23 773	+	2 115	–	23 773	=	15 322
七月	13 207	+	21 000	+	2 479	–	23 773	=	12 913

然后把这些数字填入六个月商品计划的“采购零售额”一栏中（填在“计划”这一行）：

		二月	三月	四月	五月	六月	七月	总计
采购零售额（美元）	去年	13 209	25 705	11 009	9 123	14 253	19 100	92 399
	计划	14 969	27 427	11 829	9 695	15 322	12 913	92 155
	修订							
	实际							

计划采购成本额

从季节性数据来看，本阶段计划初始加价率为46.3%。用以下公式来计算计划采购成本额：

计划采购成本额 =（100% – 初始加价 %）× 计划采购零售额

每个月的计划采购成本额计算如下：

	（100%－初始加价 %）	计划采购零售额（美元）		计划采购成本额额（美元）
二月	(100%−46.3%)	×	14 969	= 8 038
三月	(100%−46.3%)	×	27 427	= 14 728
四月	(100%−46.3%)	×	11 829	= 6 352
五月	(100%−46.3%)	×	9 695	= 5 206
六月	(100%−46.3%)	×	15 322	= 8 228
七月	(100%−46.3%)	×	12 913	= 6 934

然后把这些数字填入六个月商品计划的“采购成本额”一栏中（填在“计划”这一行）：

		二月	三月	四月	五月	六月	七月	总计
采购成本额（美元）	去年	7 093	13 803	5 912	4 899	7 654	10 257	49 618
	计划	8 038	14 728	6 352	5 206	8 228	6 934	49 486
	修订							
	实际							

计划采购成本额让买手知道当季以及每个月的商品采购金额。检查图 8.3，完整地看一下你刚制订好的六个月商品计划。

你还要将每个月的实际数字填入表格，为未来计划做准备。每月实际数字也可以帮助你在必要时对计划进行修正。如果实际销售高于计划，需要在当季剩余时间增大采购量以维持商品计划中的存货水平。如果实际销售低于计划，就必须降低采购量。表 8. 1 为某店铺淑女装连衣裙品类的六个月商品计划，可以看到计划销售额和库存水平与实际数据的比较情况。

图 8.3
一份完整的六个月商品计划

部门名称：________ 部门编号：________

六个月商品计划		计划（今年）	实际（去年）
	修改和加工费用（美元）		
	现金折扣 %		
	当季库存周转率		
	损耗率 %		
	平均库存（美元）		
	降价率 %		

20__ 春 夏 20__ 秋 冬		二月 八月	三月 九月	四月 十月	五月 十一月	六月 十二月	七月 一月	季节总计
销售额（美元）	去年	10 000	12 000	23 000	18 000	12 000	12 000	87 000
	计划	11 005	13 207	25 265	19 810	13 207	13 206	95 700
	增长率 %							
	修订							
	实际							
月初存货销售额（美元）	去年	31 000	33 600	46 000	32 400	21 600	21 600	186 200
	计划	34 116	36 980	50 530	35 658	23 773	23 773	204 830
	修订							
	实际							
月末存货销售额（美元）	去年	33 600	46 000	32 400	21 600	21 600	20 000	175 200
	计划	36 980	50 530	35 658	23 773	23 773	21 000	191 714
	修订							
	实际							
减价（美元）	去年	1 001	609	1 305	1 609	1 923	2 253	8 700
	计划	1 100	670	1 436	1 770	2 115	2 479	9 570
	修订							
	实际							
采购零售额（美元）	去年	13 209	25 705	11 009	9 123	14 253	19 100	92 399
	计划	14 969	27 427	11 829	9 695	15 322	12 912	92 154
	修订							
	实际							
采购成本额（美元）	去年	7 093	13 803	5 912	4 899	7 654	10 257	49 618
	计划	8 038	14 728	6 352	5 206	8 228	6 934	49 486
	修订							
	实际							

备注

____

商品经理 ____________ 买手 ____________

控制人员 ____________

表 8.1　淑女装 2022 春夏商品计划

描述	实际销售（美元）	计划销售（美元）	部门占比	去年同比	2022 春夏计划月初（美元）	每月计划采购（美元）	新货占比	存销比
连衣裙								
二月	56.4	64.0	11.4%	13%	241.5	121.4	42%	3.8
三月	101.9	106.2	18.9%	4%	287.5	117.1	41%	2.7
四月	105.1	120.7	21.4%	15%	287.5	93.8	38%	2.4
五月	82.9	90.0	16.0%	9%	245.0	98.7	41%	2.7
六月	88.7	101.2	18.0%	14%	238.1	97.1	46%	2.4
七月	68.2	80.7	14.3%	18%	209.3	106.5	51%	2.6
春夏	503.2	562.8		12%	1508.9	634.6	43%	2.8

计划周转 = 2.30

描述	2021 春夏实际月末	2022 春夏计划月末	部门占比	去年同比	2021 春夏实际降价（美元）	2022 春夏计划降价（美元）	商店占比	去年同比	降价率
连衣裙									
二月	113.8	287.5	24.4%	153%	11.9	11.4	19.6%	25%	17.7%
三月	173.2	287.5	28.3%	66%	4.4	10.9	23.1%	148%	10.3%
四月	241.9	245.0	27.7%	1%	7.1	15.6	31.3%	120%	13.0%
五月	203.5	238.1	27.8%	17%	11.8	15.6	26.5%	32%	17.3%
六月	151.7	209.3	25.8%	38%	31.6	24.7	22.4%	222%	24.4%
七月	112.0	207.0	22.9%	85%	38.1	28.1	22.5%	226%	34.8%
	996.1	1 474.4		48%	104.9	106.3		1%	18.9%

基本库存计划

有些种类的商品在外观、结构或价格上每季之间变化不大，这些产品称为基本商品。对于基本商品来说，可以不使用六个月商品计划来计算计划采购额。许多零售商将**基本库存计划**（basic stock plan）作为计划采购基本商品的工具，这个计划的目的是确定零售商为了保证这一时期商品充足而必须持有的现货和订单商品数量。要进行计算，你必须收集关于每周平均销售量、追加周期、交货周期以及备用库存水平的信息。

下面公式用于计算每款基本商品在任意指定时间应有现货或订单的最大数量：

最大数量 = 每周销售量 ×（追加周期 + 交货周期）+ 备用库存

让我们来一一查看这一公式的各个元素：

- 每周销售量。根据历史销售记录，确定每款商品的每周销售数量。
- 追加周期。**追加周期**（reorder period）是指下单追加商品所需的时间。追加周期长，就需要订购大量商品，或在仓库里储备一批产品。
- 交货周期。**交货周期**（delivery period）是指从下订单开始到商品进入卖场的这段时间。店里必须有足够商品度过这段时间，因为供应商收到订单后，肯定需要过一段时间才能交货。
- 备用库存。**备用库存**（reserve）是指为了满足意外销售所需的商品数量。脱销情况会导致店铺损失销售和利润；因此，许多买手为了防止顾客流失到竞争对手那儿去，会额外采购商品来应付意料之外的销售。
- 最大数量。**最大数量**（maximum）是指在任意时间点追加时必须有现货或订单的商品数量。最大数量必须在产品交货过程中足以供应商品的销售。现货永远无法达到最大数量，因为在接收新订单所需的时间内销售还在发生。

在采用基本库存计划时，买手会制订基本库存清单。**基本库存清单**（basic stock list）提供了很多信息，比如商品描述、零售价、店铺成本价、最大数量、销售速率以及最小追加数量。

买货余额计划

在六个月商品计划（图 8.3）中，你制订了每个月要完成的采购金额。然而，并不是所有当月所需库存都能在月初完成采购。

买货余额的定义

为了利用新产品线盈利，为了追加畅销商品或组织低价商品用于促销，你每个月都要制订各种采购决策。此外，你可能有未完成订单，换句话说，是供应商已经承诺但尚未交货的订单，这些未完成订单的金额会减少当月计划采购额。因此，你必须在当月某个特定日期计算出这个月剩余时间还有多少数量的商品要采购，这些剩余的采购金额就被定义为买货余额。**买货余额**（open-to-buy）是买手在一段时间内剩余的采购金额，每采购一次，这个金额就相应减少一些。

买货余额的计算

在六个月商品计划中并未列出买货余额，它是用计划采购成本额计算出来的。

例题

根据以下数据计算买货余额：

计划销售（美元）	22 000
计划月初（美元）	33 000
计划减价（美元）	2 000
计划月末（美元）	35 000
已下单商品成本额（美元）	4 000
初始加价率	44.6%

解

第一步是采用之前讲过的公式计算出计划采购零售额：

计划采购 = 计划销售 + 计划月末 + 计划减价 – 计划月初

因此：

22 000 + 35 000 + 2 000 – 33 000 = 26 000

然后将计划采购零售额转化成计划采购成本额：

计划采购成本额 =（100% – 初始加价 %）× 计划采购零售额
计划采购成本额 =（100% – 44.6%）× 26,000
计划采购成本额 = 14,404

下一步，计算买货余额：

买货余额 = 计划采购 – 订单商品
买货余额 = 14 404 – 4 000
买货余额 = 10 404

因此，买手本月还有 10 404 美元可以使用。

买货余额的用途和好处

买货余额概念有两个主要目标。第一，买手可以确保现有库存与计划销售额之间维持的特定关系。第二，买手能确定如何根据销售、减价和采购额的变化情况调整商品的采购。买货余额能让你判断出一段时期内增加的采购量是否与该时段的计划采购相符。

如果运用得当，买货余额让买手得以：

- 限制超买或买货不足的情况。
- 防止由于库存不足而损失销售额。
- 保持商品采购额控制在预算范围内。
- 减少降价。
- 增加销售额。
- 提高库存周转率。

保留一部分采购金额，可以追加畅销商品，利用低价商品，或试销新商品；还可以搞清楚什么地方出了问题。最常见的问题是买手处于超买状态，例如，如果买货余额不足以提供所需商品分类，那么在这一时段你就**超买**（overbought）了。发生超买通常是因为你制订的销售预算不准确，导致计划采购不准确，或是因为你没能看清销售或流行趋势，库存商品不对路。

超买通常会使降价增多，留存加价率、库存周转率和利润降低。如果你发现自己处于超买状态，可能要执行以下策略：

- 分析能够增加销售的方法，比如认真培训销售人员，增加促销力度，或调整卖场中的商品位置。
- 增加当前时段的降价金额，这应该可以提高销售；不过要记住，计划减价的变化也会造成商品计划中其他组成部分发生变化。
- 如有可能，取消未完成订单。不过你要知道，有时候订单不能取消，因为买手已签署销售确认书。取消订单会导致供应商和店铺之间关系紧张。
- 增加采购量，因为事实证明原先的计划不正确。注意，这可能是万不得已的最后手段。可能需要采购新商品促进销售。

第九章

制订分类计划

规划商品分类

买手希望产品丰富，足以满足顾客需求，同时又不能因为存货过量造成降价。维持这样均衡的库存需要技巧和经验，还需要深思熟虑的规划。作为买手，你必须为你采购的每款商品制订详细的分类计划；必须在商品计划的框架内工作，因为所有商品的采购量不能超出计划金额。综合全面而详细的分类计划还将成为商品企划的控制工具，可以和买货计划一起使用，帮助你计算买货余额。

分类计划（assortment planning）是指根据品牌、颜色、尺码和材质等特定因素确定你要采购的每款产品的具体数量和特性。图 9.1 展示了男士 T 恤衫的分类计划。你必须在不给库存带来过量存货的情况下制订最适合顾客需求的分类计划。所有类型的商品都必须制订分类计划。例如，采购男衬衫时可以按颜色、尺寸、袖长、材质和款式划分。

图 9.1
男士 T 恤衫的分类计划

分类计划的目标是保持能满足尽可能多的顾客需求的均衡的产品分类；因此，了解店铺或部门服务的各种类型的顾客对商品规划至关重要。仅仅依靠过往销售记录来制订流行商品的分类计划是不切实际的，因为趋势难以捉摸，瞬息万变。必须利用行业文件、同业公会信息、报告服务，与流行调配师和生产厂家商讨，分析消费者多变的兴趣与购物习惯。

分类规划也迫使你根据商品可分配的销售区域或货架空间来制订计划。在大多数情况下，你没有足够空间容纳每款产品的完整分类。例如，超市过去一向只经营可口可乐、百事可乐和几种其他口味的软饮料；而如今，每个品牌的软饮料都有无糖、添加蔗糖和不含咖啡因口味等许多品种；此外，还有许多不同尺寸与容器的分类。大多数食品店经理无法提供市场上所有软饮料的完整分类。

产品分类的数量不断增长，让零售商头疼不已。当某款产品有新品种上市时，几乎没有可能将更多的销售区域或货架空间分配给这个产品类别，因此，每个品种的采购量会更小，从而增加了脱销断货的可能性。

影响商品分类的因素

制订商品分类时，要提供最适合顾客需求，且与店铺形象相符的各种商品。当你制订分类计划时，必须考虑几个重要因素，其中包括商品类型、店铺方针及可获得的商品种类。

商品类型

店铺或部门经营的商品类型将影响你的分类计划。如你所见，划分商品类型的方法很多，每种方法都需要制订不同的分类计划。

流行商品或基本商品

商品可以分为两大类：流行商品或基本商品。流行商品在相对较短的时间内（通常是一个季节）有很高的需求。流行商品的吸引力有期限，顾客需求会戛然而止。为了最大限度地提高销售额，流行商品买手必须从商品分类中快速识别出畅销款，并立即下单追加。随着销售季节的推进，应减少或不再追加，因为客户需求可能很快停止，给店铺留下一大堆库存，以后即便降价幅度再大，这些商品也卖不掉了。

基本商品是指顾客常年购买，指望店铺随时有库存的产品。例如，钉子、锤子、文具、男士白衬衫、床单、袜子等数以千计的商品都属于基本商品。

采购基本商品相对来说很容易完成，查一下以往销售记录，根据前几年的销售情况确定销售趋势即可。买手知道基本商品卖不掉的风险微乎其微，因此超买的可能性比较小；但是如果这些商品库存时间太长，会因触摸过多或陈列过久而变得残旧。对基本商品来说，分类的规格将受到销售空间与储存空间的限制。

有些基本商品可以归类为**季节性基本商品**（seasonal basic），顾客只在每年特定时间才会需要这些产品，然而每年的顾客需求始终如一。季节性产品主要包括复活节彩蛋染料、圣诞节装饰品、风筝、大衣和游泳衣（图 9.2）。季节性基本商品的规划需要你精确记录这些商品的销售周期，并且清楚地确定销售周期的长度。如果没有规划，很可能会造成库存过量，到季节结束时存货也卖不完。

对流行商品和基本商品来说，计划和控制都非常重要。然而，对流行商品的监测必须比基本商品更频繁。流行商品通常每周检查一次，而基本商品则不需要如此频繁的关注。

方便商品或特色商品

方便商品是指顾客希望店铺能随时提供的商品。这些商品通常不贵，包括糖果、五金器具、健康及美容用品和文具。对方便商品而言，通常不需要许多花色品种，因为不管什么品牌在售，大部分顾客都会购买。

图 9.2 有些产品的销售季节非常短，买手可能无法下单追加

特色商品是指顾客一般只接受知名品牌的商品，例如银器、瓷器、家用电器、设计师品牌服装以及化妆品。你应该了解一下顾客对品牌的忠诚度，确定在顾客的心目中，哪些品牌是大多数顾客的需求，哪些品牌是可以替代的。

店铺方针

店铺管理层负责创建和确立符合目标顾客兴趣偏好的商品企划方针。这些方针将指导你制订和维护商品分类计划，并将影响商品的质量、独有性及品牌。

质量及价格范围

为了创建预期的店铺形象，吸引管理层指定的目标顾客，应该在整个店铺范围实施采购决策。如果品质对于目标顾客有强大的吸引力，店铺应该制订方针，只选择由最佳原料制成的产品进店。如果顾客更关注价格，顶级品质可能就不如提供期望价格范围内的产品重要。

价格范围通常与品质相互关联，然而，很多时候两者之间并没有特定联系。店铺提供的商品不可能覆盖所有价格，你必须确定大多数顾客需要的价格范围。

独有性

许多买手会在商品种类中添加周围商圈其他店铺没有的产品，因为许多顾客喜欢在号称提供独家商品的店铺购物。你可以与供应商协商，某件商品只供你们独家出售，也可以引进自有品牌来确保独有性。很明显，大多数店铺都渴望独有性，因为这会提升店铺形象。

品牌

店铺方针还将决定你可以选择哪些全国性品牌和自有品牌。如今，狄乐百货和梅西百货等很多店铺既有全国性品牌的商品，也销售自有品牌的商品；而 Zara 和 H&M 等其他店铺只提供自有品牌的商品。在大多数产品分类中，全国性品牌的销售独占鳌头，由于全国性的广告支持，这些品牌对于顾客来说耳熟能详。事实上，许多顾客早在商品进入店铺之前就已经被铺天盖地的广告潜移默化。此外，全国性品牌对许多顾客来说就是质量保证的代名词。

另一方面，自有品牌通常对零售商更有利，因为他们对与产品相关的商品企划决策更有支配权。自有品牌没有全国性品牌那么贵，顾客对店铺的忠诚度也有保证，因为竞争对手没有这些产品。不过零售商必须为自有品牌制订自己的促销计划。

有些商店里还可以找到通用品牌，通常是没有商标的简装商品，摆在次要的货架上，没有或几乎没有广告支持。对顾客的好处是其定价远低于其他品牌。对许多顾客来说，这些品牌的质量仍然存疑。然而，大多数零售商已经从通用品牌转向自有品牌，因为自有品牌的顾客忠诚度更高。

可供选择的商品种类

在存货投入的金额受到限制的情况下，为了提供各种商品，你必须推出许多不同的产品线。**产品线**（product line）是一个具有相似特点和用途的产品大类。丽诗加邦（Liz Claiborne）和拉夫·劳伦（Ralph Lauren）都是知名服装品牌，在同一标签下供应许多不同的商品。在过去几年里，产品线的数量和现有产品线里的产品数量快速增长，造成商品选择更加复杂。几乎没有一家店铺能提供某一产品线中所有可供选择的商品，但是在某些情况下，如果生产厂家要在你们店铺销售其商品，可能要求店里供应完整的产品线。

关于你们经营的产品线，还必须制订两个决策：

- 库存的宽度是多少？
- 库存的深度是多少？

宽度

宽度（breadth）与一个产品分类中包含的产品线数量或品牌数量有关。库存宽度通常可以用宽、窄或介于两者之间来描述。例如，一家店铺提供四个品牌的男装衬衫（宽），而另一家店铺可能只提供一个品牌（窄）。库存宽的零售商吸引的市场更大，而库存窄的店铺通常经营的品牌较少，但可供选择的款式、颜色、尺码及材质更多。

深度

每个品牌或产品分类中可供顾客选择的数量称为**深度**（depth）。许多店铺的产品品类或品牌数量很少，而库存量很大。店铺发现这种分类计划更容易备货，而顾客也更有可能从中找到他们想要购买的商品；可是如果没有大量品牌可供选择，可能会促使其中一部分顾客去竞争对手的店铺。这种分类被称为**窄而深**（narrow and deep）的分类计划（图 9.3）。

与之相反，有些店铺提供的库存可能宽度广而深度浅，即**宽而浅**（broad and shallow）的分类计划。某男装店就属于这种情况：这家店供应的男衬衫有好几个品牌，不过颜色只有蓝、白两种。

当宽度和深度都满足顾客需求时就达到了**均衡的分类**（balanced assortment）。通常在季节之初测试顾客对新款的接受度时会提供较宽的分类计划，宽而浅的分类计划让你有机会试销几个品牌而不会造成沉重的财务负担。在销售季节，随着顾客需求更为明朗，分类可能变得窄而深。

图 9.3
窄而深的分类产品品牌很少，颜色和款式很多

顾客在购买前想要查看的商品数量也各有不同。有些顾客确切知道自己想要什么商品，有些顾客可能在购买前想多看看同类商品。有些类型的商品，比如服装，店铺需要提供很多花色品种，因为流行意识较强的顾客需要很大的选择余地。

为了提高店铺或部门的整体表现，必须尽快纠正不均衡的分类计划。你必须保证库存的产品种类充足，存货短缺减至最少。在推进店铺目标的同时，你的分类计划必须让顾客满意。大多数零售商都有可能会库存太多类似品牌和品种，当某样商品是另一款商品的替代物时，两者通常没有必要同时备货。

为了满足顾客需要，始终领先于竞争对手，你们必须在不断增加新产品的同时清除其他产品。如果分类中增加了某些商品，可能不得不从库存中淘汰另一些货品，因为销售空间有限。在产品线落伍过时前也需要加以清理。

你可以通过添加其他产品线或在现有产品线里添加商品来增加库存宽度，不过，新品可能会将销售从现有品种上转移过去。现有产品的潜在销售让位给新产品的情况称为**同类替换**（cannibalization）。如果增加产品种类，需要仔细评估销售情况，以确定总销售额是否增长，利润是否上升。例如，五个品种的产品所产生的销售或利润不一定会比三个品种高。备货的种类过多，很可能会导致每款产品分类较浅从而造成缺货。

商品分类

零售店的商品琳琅满目，种类繁多。为了更好地规划和控制这些存货，需要有一个商品分类系统。

分类和子分类

大多数零售商把他们经营的商品划分成各个**分类**（classification），分类是指商店或部门中特定种类的产品。例如，鞋类部门经营男鞋和女鞋。每个产品大类又可以进一步细分为**子分类**（subclassification）。表 9.1 示范了如何将男鞋分为时装鞋、休闲鞋、运动鞋、工作鞋和靴子；每一个类别还可以再细分为子分类：在男鞋类别中，运动鞋可以分成跑步鞋、球鞋或钉鞋。店铺或部门的类型及规模大小、你们想要展现的形象、你们的目标市场以及可用的财务资源都将影响所需分类及子分类的数量。例如，如果一个部门只为某一特定顾客群体服务，鞋子的品种和类别会多得多；如果一个部门同时经营男鞋、女鞋、童鞋，就不能为每个品类都提供完整的分类。在制订计划时，每个分类必须足够大，可以发展一个单独的分类计划；否则，这个分类应被列为一个更大的商品分类的子分类。

表 9.1　鞋类划分示例

男鞋	女鞋
时装鞋 皮鞋 船鞋 休闲鞋 皮鞋 船鞋 运动鞋 跑步鞋 球鞋 钉鞋 工作鞋 常规鞋头 包钢鞋头 靴子 时装靴 休闲靴 牛仔靴 雨靴 工作靴	晚礼服鞋 高跟鞋 中跟鞋 低跟鞋 时装鞋 高跟鞋 中跟鞋 低跟鞋 定制鞋 高跟鞋 中跟鞋 低跟鞋 坡跟鞋 休闲鞋 中跟鞋 低跟鞋 坡跟鞋 礼服凉鞋 高跟鞋 中跟鞋 休闲凉鞋 中跟鞋 低跟鞋 时装平底鞋 时装靴 雨靴 登山靴 运动鞋 拖鞋

出于商品企划和控制的目的，通常每个分类和子分类都需要一个识别码。美国零售联合会制订了**商品标准分类**（standard classification of merchandise）编码系统，用一个四位数的编码代表一个商品分类。

每个分类编码分为若干个子分类。例如，成人女装的编码是 1000，又分为：

1100	晴雨两用布料外套
1200	天然及合成皮革皮毛外衣
1300	女士、少女及女童连衣裙及套装
1400	晚礼服
1500	婚礼服、孕妇装及制服
1600	运动服

这些子分类可以进一步细分。例如，1600 编码（运动服）可以细分为：

1611	裙子
1612	衬衫
1613	针织衫
1614	毛衣

这一编码系统尚未得到普遍接受，但这个概念已经对零售商存货数据的整理及存货盘点方式产生了很大影响。

与商品分类密切相关的是单元控制，即追踪特定商品单元动态的存货控制系统。单元控制信息对于分类规划十分重要。通过运用详尽的存货信息，你能轻而易举地实现销售和库存之间的平衡。通过分析单元控制记录，你还能决定商品分类中哪些产品应该增加、消除或重新定价。分类商品和维护单元控制系统也让你能与其他店铺进行比较。

作为买手，你应监测店铺的商品分类系统，判别它是否还能继续满足你的需求，满足顾客需求。经常问问你自己：“分类系统是否反映出顾客购买商品的方式？”

选择因素

商品的每个子分类还可以按各种**选择因素**（selection factors）进行划分，选择因素是指当顾客做出购物决定时对他们来说最重要的产品特性。通常，顾客购物是基于各种特性的组合，比如品牌、价格、尺寸、颜色和材质。根据产品类型和目标市场的不同，对购买产品有重要意义的特性也不同。例如，在购买网球拍时，顾客可能只对品牌和价格感兴趣；然而在买西装时，同样是这位顾客，就会关心品牌、价格、尺码、颜色和面料。此外，可能还有其他重要的产品特性要考虑。例如，当购买一套新西装时，款式可能对顾客很重要：“是不是双排扣的？”或“后背开不开衩？”

你必须确定顾客在购买每件商品时最重要的选择因素，还可以根据商品买货计划决定分类计划中选择因素的数量。例如，你能提供的品牌数量以及每个品牌的产品种类可能会受到预算的限制。关键选择因素包括品牌、价格、规格、颜色和材质。

品牌

必须判断顾客在购买特定产品时是否表现出品牌忠诚度。例如，大多数顾客购买割草机时，是否特地要找约翰·迪尔（John Deere）品牌？如果大部分顾客没有品牌忠诚度，你就不必提供许多品牌；可以针对一两个品牌拓宽分类。换句话说，提供许多颜色、规格、型号或款式，但可供选择的品牌不多。如果每个产品分类中的品牌纷杂，店铺可能不得不限制每种产品的选择范围。

价格

如果某个产品分类吸引了几个不同收入的人群，需要分成不同价位提供各色产品。大多数零售商尝试向顾客提供几种不同价格范围的产品。你选择的品牌也将决定可供选择的价格序列。

有些零售商在季节之初提供几组价格序列的产品，随着季节的推进逐渐减少序列数。追求高档商品的顾客倾向于在季初购买，随着季节的推进，顾客不再那么挑剔，等到季末顾客会更注重价格，找寻更便宜的商品。

规格

对大多数产品来说，规格也是一个重要的选择因素，并非只有服装才重视规格尺码；窗帘和床上用品等家用装饰品，冰箱之类的家用电器，甚至是食品包装，都必须制订规格决策。几乎所有产品品类都会面对产品选择。表 9.2 列出某品牌百叶窗的规格价格明细表，注意看，这个分类计划中只包括最常用的规格。

表 9.2　按选择因素制订的百叶窗分类计划

宽度	价格（单位：美元）			
	长 107cm	长 127cm	长 163cm	长 183cm
43cm	9.99			
58cm	14.99		17.49	18.99
61cm	14.99			17.99
64cm			18.49	
66cm	15.49		18.99	
69cm			19.49	19.99
71cm				19.99
74cm	15.99		20.99	21.99
76cm			21.49	22.99
79cm	16.49		21.99	22.99
81cm			21.99	23.99
84cm			22.49	24.99
86cm			22.99	25.49
89cm	17.49	18.49	22.99	25.99
91cm	18.99	19.99	25.49	27.99

产品分类的规格决策几乎完全建立在过往记录的基础上。对顾客来说，每个阶段的规格要求基本保持不变，上一季所售产品的规格分布通常就是未来需求的指导。然而，经过几年以后，规格要求也许会发生变化。例如，在过去十年中，三十岁以上的美国女性平均体重增长了五磅，从而影响了许多顾客对尺码的需求。

颜色

你还必须确定，当顾客购物时，颜色是不是重要的考虑因素。你需要判断新一季中最重要的颜色，因为你无法提供所有颜色。你也不能只采购以前卖得好的颜色，因为每个季节流行色都会有所变化。不过，知道以往的分色销售量有助于你确定以往顾客接受流行色的时尚敏锐度。

在选择颜色之前，应该研究当前流行趋势，联系买货办事处，咨询商品经理和店铺的流行调配师。你选择的颜色必须与店铺的整体外观相辅相成，与店内销售的其它产品相互协调。不能因过量储备流行色而忽视了基本色、常规色。即便是流行商品，销售得最好的通常还是基本色。

材质

了解以往销售情况还有助于确定产品的材质。例如，手提包有皮的，也有 PVC 的；衬衫可以是全棉的，也可以是涤棉混纺的；行李箱也有许多不同的原料。事实上，几乎每件产品都有很多不同的材质。然而，如果品牌、规格和颜色的选择范围很大，你可能无法再为消费者提供很多材质选择了。

让我们来看一看零售商怎样执行商品分类计划。某全国性男装连锁店主要供应三大类商品：西装、运动衫和运动裤，以及少量配饰（内衣、袜子、衬衫和领带）。西装约占其业务量的 55%，有三种款式，尺码从 36S 到 50XL 不等。款式包括：（1）美式经典款型；（2）国际系列（驳领和纽位较低的无衩外套）；（3）英式系列，其特点为造型方正，斜肩设计，后背中间或侧面开衩。这三种款式分别有两档质量 / 价格：顶级精品版和店铺自有品牌。顶级精品版西装是全羊毛的，全衬里，带滚条，有烟袋，护照袋，衬衫袖管上有纽扣和可调节系带，裤子半衬里到膝盖部位。顶级精品版还有一个低配版，款型特点完全相同，不过面料是毛涤混纺的。店铺自有品牌西装基本上都是毛涤混纺的，有滚条，上装全衬里，裤子半衬里到膝盖部位。自有品牌中有一些基本款西装，将店内的西装产品线补充完整。

零售店必须在充分了解顾客需求的基础上提供满足大多数顾客需要的均衡的商品分类。当顾客来到商店或访问网店，却找不到想要的尺码、颜色或材质时，这趟购物就是令人沮丧、毫无成果的，零售商也因为没有均衡的商品分类而损失了一笔本该成竹在胸的销售。

制订分类计划

因为顾客购买的是特定商品，所以必须将以金额为单位的商品计划转化成某种形式的单元分类计划。单元分类计划不是一个随机选择的商品组合。商品分类应根据顾客需要均衡分布，同时也要受到商品买货计划的财务限制。

分类计划的结果是建立**理想库存模型**（model stock），即根据品牌、价格、材质、颜色和规格等一些重要因素，将库存分解为符合目标市场需求的分类计划。在制订理想库存模型时，应该以当前趋势和以往销售情况为指导，采购最适合顾客需求的商品。建立理想库存模型的目标是从存货投入中获取最高的销售和利润。

此外，在销售季节不必一成不变地遵循理想库存模型。这个计划只是作为一个指导，因为不同的选择因素在季节中会有不同的需求。一旦销售季节开始，计划需要经常进行调整；追加单也会改变理想库存模型的性质。流行商品买手在制订理想库存模型时不能像其他买手一样具体。例如，连衣裙买手去市场时知道他们可以采购若干数量、59.99 美元的各种尺码的连衣裙，但在看到供应商的产品之前，他们无法决定其他细节，如颜色和款式等。

确定了商品的采购预算，研究了店铺记录、趋势和影响销售的外部因素，你可以准备制订分类计划了。具体步骤如下：

第一步

确定你们店铺或部门要经营的产品大类。例如，你们决定销售男装、女装和童装。然后将这些分类划分成子分类。例如，男装可以划分为西装、运动外套、便装上衣、领饰等。这些问题的答案将决定产品分类的宽度。查看表 9.3，看一下服装的其他子分类细目。

表 9.3 服装商品分类示例

男装	女装	童装
西装	淑女装	婴幼儿服装
运动外套	少女装	幼童男装
便装上衣	小号女装	幼童女装
正装长裤	休闲装	少女上下装
休闲长裤	衬衫	少女牛仔装
上衣和雨衣	针织上衣	男孩上装
西装衬衫	花式上衣	男孩裤装及牛仔装
夹克衫	毛衣	男孩西装及运动外套
毛衣	裙子	运动服
运动衫	裤子	外套
针织衫	短裤	游泳衣
领饰	便装上衣	睡衣及内衣
内衣，袜子	游泳衣	配饰
皮带	运动服	
游泳裤	套装	
短裤	大衣	
	夹克衫	
	内衣	
	睡衣	
	手袋	

第二步

确定每个子分类的品牌和价格序列。在这一步中，至关重要的是知道目标市场的特点。你必须了解顾客对每个品牌的偏好，还要确定对顾客最有吸引力的价格。

第三步

下一步，确定顾客购买某件商品时可能考虑的所有常规特征。例如，运动衫有不同的颜色、尺码、面料和款式，男士衬衫有不同的颜色、尺码、袖长和领型，还有不同的面料成分。应根据对大多数顾客有重要意义的特征制订分类计划、采购商品。

你不能也不需要为每个潜在顾客制订计划，因此，要选择最重要的特征，制订均衡的分类。你的预算也决定了分类计划的宽度和深度。例如，你可以储备领围 14 码到 27 码的男士衬衫，不过，大量的销售将集中在 $15\frac{1}{2}$ 码。

第四步

现在你要确定每个分类的占比，还必须确定每个选择因素在库存中所占的比例。例如，并不是所有尺码或颜色的销售速率都一样，每个颜色不同尺码受欢迎程度也不尽相同。对于有些选择因素来说，比如尺码，可以根据以往销售数字推算其占比。对于其他因素来说，比如颜色，你需要知道在向顾客介绍新的流行色时，他们乐意接受的程度有多少。

第五步

计算要采购的具体数量。让我们看下述例题来解说分类计划是怎样制订的。

例题

假设你们部门在销售运动衫。从市场调查中你了解到大多数顾客对这一产品没有什么品牌忠诚度，如果某个品牌有合适的尺码、颜色和款式，他们就会选择这个品牌。以往销售记录表明最受顾客欢迎的品牌是 Russell，商品采购计划显示有 3 000 美元可以用于采购下一季的运动衫。如果你决定只储备价格为每件 10 美元的 Russell 运动衫，可以采购 300 件。然后你要计算出这些运动衫具体配比。

Russell 运动衫有 20 种不同的颜色，尺码从 XS 到 XXL 都有，材质有全棉和涤棉混纺可选，款式有连帽和无帽之分。

检查以往销售记录，你确认顾客的尺码配比如下：

S	15%
M	20%
L	45%
XL	20%

以往你们最畅销的基本色是白色和灰色，分别占总销量的 20% 和 35%；黑色也很畅销，占总销量的 15%。你决定在这三种颜色之外再补充另外两种颜色（绿色和暗红色），有预测说这两种颜色将成为秋季流行色，各占分类计划的 15%。

解

此时，你决定计算将采购的每个尺码和颜色的运动衫数量：

尺码	数量	颜色	数量
S	46	白色 灰色 黑色 绿色 暗红色	9 16 7 7 7
M	60	白色 灰色 黑色 绿色 暗红色	12 21 9 9 9
L	134	白色 灰色 黑色 绿色 暗红色	27 47 20 20 20
XL	60	白色 灰色 黑色 绿色 暗红色	12 21 9 9 9

备注：运动衫的采购数量已经取整。如果采购 46 件 S 码，那么 L 码就是 134 件；总之，运动衫订单数量 300 件要保持不变。

检查过这些数字之后，你决定只提供全棉连帽运动衫。如果再把分类划分成连帽和无帽，全棉和涤棉混纺，那么许多尺码和颜色就不能提供充足的数量。例如，如果你决定把每个颜色分为 80% 无帽运动衫和 20% 连帽运动衫，60% 全棉和 40% 混纺，有些分类就只有一两件了。如下表所示：

尺码	颜色	数量	材质	数量 / 件	款式	数量 / 件
S	暗红色	7	全棉	4	无帽	3
					连帽	1
			涤棉混纺	3	无帽	2
					连帽	1

如题所示，你只能采购 1 件 S 码暗红色全棉连帽运动衫和 1 件 S 码暗红色涤棉混纺连帽运动衫。一旦这两件运动衫售出，这几个分类就断货了。可想而知，选择因素太多会令买货更复杂、追加更频繁。

在制订分类计划时，你们选择的品牌一定要有充分的顾客需求，这些品牌的分类一定要完整。如果你的商品分类计划相对于预算来说深度太大，将导致断货，引起顾客不满。要制订能够最大限度满足顾客需求的分类计划并非易事，这需要详尽地研究分析以往记录和目前趋势。

第十章

存货控制

存货控制系统

确定商品分类后，必须建立**存货控制系统**（inventory control system）。存货控制是指根据不断变化的消费者需求来维护库存水平。零售商采用的存货控制系统的类型将随着公司的类型和规模以及所需信息种类和数量而变化。比如，一个拥有数千种不同产品的五金部门可能与服装部门的存货控制有很大不同。

良好的存货控制系统有以下优点：

- 能更有效地维持销售与存货之间的关系。如果没有适当的存货控制系统，店铺或部门可能会出现库存过量或不足。
- 存货控制系统通过辨识滞销商品，可以提供降价所需的信息。在季初发现滞销商品，买手就可以在顾客需求完全消失之前降低售价或及时调整营销策略。
- 存货控制系统让买手能够尽早辨识出当季畅销产品，以便下订单追加，提高店铺或部门的总销售额。
- 可以通过存货控制系统辨识商品短缺或**损耗**（shrinkage）情况。过量减损意味着店铺需要采取更有效的商品管理方法，以减少员工监守自盗或店铺失窃。

买手必须利用存货控制系统，让系统显示当前库存形势，以纠正所有偏差。例如，你可以比较实际存货量与计划存货水平，判断店铺或部门库存是否过量；然后，你必须决定采取哪些矫正措施：也许需要减少未来的商品订单，也许需要降低价格以提高销售，也许需要对销售人员加强培训。作为买手，你的工作是采取最恰当的补救措施。

存货控制系统能发现你犯的错误或需要立刻关注的地方。为了达到最佳效果，存货控制系统还必须及时提供信息，让你亡羊补牢。存货控制系统有两种基本类型：永续盘存制系统和定期盘存制系统。

永续盘存制

零售商采用**永续盘存制**（perpetual control system）连续不断地记录销售、采购、退货和调拨等业务交易，在任何时候都能计算出库存水平。除了定期实地盘存，采用永续盘存制的店铺平时不需要清点实际库存数量。永续盘存制的控制系统包括手工和电脑两种类型。

手工操作

尽管现在很多零售商的存货控制系统已经电脑化，但有些店铺仍然通过在存货控制表上手工记录业务交易来维护永续盘存制。存货记录由指定员工在发生交易时更新，也可以每天或每周更新一次。手工系统较慢，很多时候负责更新存货控制表的员工很晚才完成记录，因此这些信息对买手几乎毫无用处。由于数据靠手工录入，可能会出错，向买手提供的信息不准确，会误导买手。

电脑系统

店铺电脑可以通过编程维护存货信息，与人工系统提供相同的信息类型。电脑系统能自动收集和处理 POS 机（电子收款机）上发生的所有交易信息，为买手或经理提供最新的销售与存货数据。计算机提高了保存记录的速度、准确性和效率，改善了存货控制系统。

电脑系统要求每件商品都有编码，可供识别商品所属的部门、分类、供应商、款式、颜色、尺码或价格等具体信息，根据这些具体特征识别商品称为**单元控制**（unit control）。买手需要知道商品的详细情况，而不仅是它属于哪个大类。维护单元控制系统需要对每件商品逐一进行编码。一个 SKU（库存单位）编号代表商品分类中的一款产品。例如，SKU 编号 95621 代表了供应商（95）、分类（6）、尺码（2）和颜色（1）。今天，有许多店铺采用 UPC 码（通用产品代码），供应商发货时商品已自带 UPC 码，有些零售商在商品到店后马上把自己的条形码打印上去。

收银台通过扫描器读取编码，如图 10.1 所示，读取交易信息的同时系统将更新店铺存货记录。当商品自带编码，可以通过扫描器记录交易时，销售人员出错的风险就会降低。不过，如果输入数据不正确，即使使用电脑也会出问题。例如，如果没有正确记录价格变动的话，就会产生不正确的记录和报表。

图 10.1
扫描商品条形码，记录商品进出店铺的情况

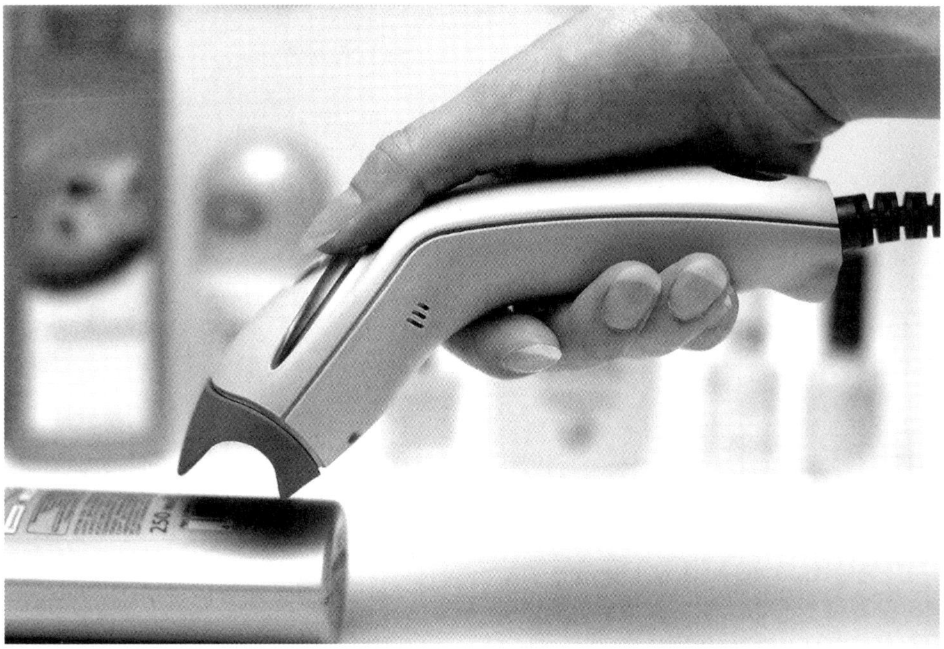

今天，有些电脑系统具备自动追加功能，当现货和订单商品低于所需水平时，电脑会自动发出信号，有些系统甚至可以向供应商发送电子采购订单。

定期盘存制

有些零售商采用**定期盘存制**（periodic control system）定期进行实物盘点，即在指定时间清点和记录库存商品的实际信息。零售商实物盘点的原因是：在制作公司财务报表（如损益表）时需要实际库存金额，零售商还可以通过比对实物盘点数量与店铺记录确定损耗数量。

不同类型的零售商采用的盘点方法也不一样。有些零售商，比如大型百货公司，在进行盘点时会关门歇业。大部分零售商每年盘点库存；有的零售商每半年盘点一次库存，小型店铺甚至每月盘点一次。大部分进行年度盘点的店铺会在一月底主要销售季节结束后进行盘点。

要进行实物盘点，必须认真做好准备工作。必须让盘点工作人员熟知盘点流程以及任务的重要性，要向所有员工强调，重要的是准确、完整地清点和记录信息。有些零售商甚至还雇佣外部公司进行盘点。

在进行实物盘点前，要按照特定品类或分类将商品分组。存货盘点人员必须持有库存清单，以便记录产品描述、数量、价格、款式或供应商等信息。员工通常两人一组，一个人读取信息，另一个人记录数据。一般由主管进行抽样检查以保证盘点的准确性。

建立并运用存货控制系统

买手的基本职责之一是维护存货控制系统，需要选择系统所收集的数据类型（图10.2）。数据类型必须细致到足以判别不同产品线出现的机会与存在的问题；也要便于与行业数据进行比较。许多零售商根据美国零售联合会制订的《标准商品分类》（*Standard Merchandise Classification*）创建控制类型，这个行业组织还提供各种分类在百货公司和专卖店的商品企划和营运方面的数据。

图 10.2
无论是卖场还是仓库，都必须建立存货控制系统

所需信息

维护存货控制系统需要商品的采购、销售、调拨和退货等相关信息，单体独立零售商店不需维护调拨信息。

采购

店铺必须保存每件商品的订购和收货记录。可以手工录入店铺收货单或将收货信息输入电脑，更新永续盘存制控制记录。

销售

如果采用手工存货控制系统，必须收集标有售出商品的销售票据或价格标签票根，并且将信息记录在相应表格上。有电脑化控制系统的店铺则在每笔销售交易完成时由 POS 机自动记录销售额，更新存货记录。

调拨

连锁店经常将商品从一家店调拨到另一家店。采用手工存货控制系统的店铺必须记录这些商品的**调拨**（transfers）情况。发出商品的店铺将从存货记录中删除这些商品，而接收商品的店铺将在存货记录中添加这些商品。

退货

存货控制系统还必须有**退货**（returns）记录，这里既包括店铺退给供应商的商品，也包括顾客退给店铺的商品。退货时，店铺通常要开具退货单给顾客，如图 10.3 所示，当店铺更新存货记录时，要凭退货单的副本将商品重新加入库存。当商品退还给供货商时，也要填写退货单，同样要根据退货单副本上的信息从存货记录中删除商品。采用电脑存货控制系统的店铺必须输入与这些退货有关的数据，以便更新存货记录。

图 10.3
退货单可以帮助零售商了解退货原因

PART B – Return Goods Form

Within 60 days of original purchase: **Our Company** gladly accepts returns of unworn, unwashed, or defective merchandise for full refund. Refunds must be accompanied by the original receipt and will be made in the form of the original payment. If the original receipt is unavailable, we'll make an exchange or issue a merchandise credit based on the current selling price. After 60 days of original purchase: **Our Company** will gladly make an exchange or issue a merchandise credit for the price at the time of sale (with original receipt) or for the current selling price (without original receipt). For your convenience, catalog and internet purchases may be returned to any **Our Company** retail store for immediate credit. For retail store returns, a government issued photo ID will be required for cash and check returns and returns without an original receipt. **Our Company** Factory stores can only accept returns of items that were purchased at a **Our Company** factory location. Retail stores can only accept returns of items that were purchased at a **Our Company** Retail location or through the Catalog or Internet. Monogrammed or personalized items are not returnable or exchangeable. For our full return policy, please visit us at www.ourcompany.com.

To return goods: Please detach Part B and follow instructions on the reverse side of Part A. If an item is damaged in shipment, save item(s) and packaging and phone us at 800 555 0258.

For an exchange, use Part D on the reverse side of Part B, or phone 800 555 0258.

Return reason code: Please fill in appropriate letter in the left-hand column below.

B. changed mind   C. just didn't like   G. too small
M. too large   D. wrong item shipped   V. arrived too late   E. defective, for our benefit please describe

Customer No. 12345678   Date 11/01/15   Order No. 10730405147

Reason Code	Item No.	Color	Size	Description
	86221 pro	9h-m		shoe, printed peep-toe w/heel
	85791 rpe	m		shirt, blue
	86182 rpu	9h-m		shoe, printed ballet flat

0123456789101112131415

使用存货控制系统的信息

为了维护存货控制系统的准确性，需要认真记录每件进入或离开店铺或部门的商品，错误会导致存货记录不准确，降低这些数据对买手的作用。以下是产生不准确记录的原因：

- 期初存货盘点不正确。
- 商品编码不当。
- 没有记录降价。
- 销售、采购、退货或调拨记录不正确。
- 顾客或员工不诚实。

存货控制系统提供商品的销售和库存信息，可以帮助你做好市场访问准备工作。事实，而非猜想，是判断销售趋势和满足顾客需求的重要依据。有了存货控制系统，你可以定期比对实际销售额与计划库存和目标销售额。

当你决定采购商品时，不能只依靠存货记录，因为销售记录显示不出顾客对零库存商品的需求。当顾客进店购物时，如果库存尚未耗尽，可能会产生更高的销售额。

如果店铺使用电脑存货控制系统，每周、每天甚至每小时都可以生成报表，帮助你制订商品企划决策。销售报表显示出存货转化为销售额的速度快慢，标志着是否需要调整库存水平。从报表中还能看到消费者需求的变化。你可以生成本周、过去几周、本月或本季度的单款销售报表，甚至还能收到所有款式按供应商汇总的销售报表。图 10.4 展示了电脑报表实例。

图 10.4
买手通过电脑报表了解存货和销售情况

FORM SI203　1-14　PREPARED 03/17 15:55　PAGE 2

CLASS 00002 DRESSSES

= = = = = = = VENDOR 000020

STYLE DESCRIPTION COLOR	SIZE	ST	UNIT RETAIL	UNIT COST	ON ORDER	ON HAND	SALES UNITS WTD	1-AGO	2-AGO	3-AGO	4-AGO	MTD	STD	LAST RECEIPT	STAT
80415 LIN BF SS JWLNK															
		01	120.00	59.00	0	1	0	2	2	0	0	4			
		TL	120.00	59.00	0	1	0	2	2	0	0	4			
81035 DRESS															
		01	47.00	59.25	0	0	0	0	0	0	0	0			
		TL	47.00	59.25	0	0	0	0	0	0	0	0			
81220 SS CHEX SHAPE DRS															
		01	132.00	65.00	0	1	0	2	1	1	0	3			
		TL	132.00	65.00	0	1	0	2	1	1	0	3			
81235 DRESS															
		01	50.00	63.00	0	0	0	0	0	0	0	0			
		02	50.00	63.00	0	0	0	0	0	0	0	0			
		TL	50.00	63.00	0	0	0	0	0	0	0	0			
81705 RAY/LIN BF COAT															
		01	150.00	74.00	0	4	0	1	0	0	0	1			
		02	150.00	74.00	0	3	0	0	0	0	0	0			
		TL	150.00	74.00	0	7	0	1	0	0	0	1			
82402 SS RAYON SKT BF DOTS															
		01	150.00	74.00	0	2	0	1-	2	0	1	1			
		02	150.00	74.00	0	2	0	1	0	0	0	1			
		TL	150.00	74.00	0	4	0	0	2	0	1	2			
84408 SS BASIC SKT COT/LIN															
		01	112.00	55.00	0	1	0	0	0	1	2	0			
		02	0.00	55.00	4	0	0	0	0	0	0	0			
		TL	112.00	55.00	4	1	0	0	0	1	2	0			
84412 DRESS															
		01	47.00	59.25	0	0	0	0	0	0	0	0			
		02	47.00	59.25	0	0	0	0	0	0	0	0			
		TL	47.00	59.25	0	0	0	0	0	0	0	0			
VENDOR TOTAL		01			0	9	0	4	5	2	3	9			
		02			4	5	0	1	0	0	0	1			
		TL			4	14	0	5	5	2	3	10			
= = = = = = = VENDOR 000038															
2015 REO COATDRESS L/S															
		01	136.00	99.00	0	0	0	0	0	0	0	0			
		02	136.00	99.00	0	2	0	0	0	0	0	0			
		TL	136.00	99.00	0	2	0	0	0	0	0	0			
2023 REO SB CREPE GLD BTN															
		01	111.00	81.00	0	0	0	0	0	0	1	0			
		02	111.00	81.00	0	0	0	0	0	0	0	0			
		TL	111.00	81.00	0	0	0	0	0	0	1	0			
D2015 CREPE DB COATDRESS															
		01	228.00	99.00	0	0	0	0	0	0	0	0			
		TL	228.00	99.00	0	0	0	0	0	0	0	0			
D2023 CREPE GOLD BTN FRT															
		01	111.00	81.00	0	0	0	0	0	0	1	0			
		02	111.00	81.00	0	0	0	0	0	0	0	0			
		TL	111.00	81.00	0	0	0	0	0	0	1	0			

你还能获取**异常报表**（exception report），显示哪些区域的销售额或库存水平未能达到预定目标。应认真研究报表，判断为什么某些区域的销售额高于或低于计划，必须立即采取措施来纠正问题。

为了达到效果，买手需要经常研究存货控制系统中的数据信息，不过，不应该用系统来代替经验。存货控制系统在决策过程中提供数据信息，但买手不能仅仅依靠电脑输出的资料。如果运用得当，存货控制系统会让你的商品企划决策更有效。

计算存货金额

正如你在前几章了解到，大部分买手在销售季节之前制订商品计划，商品计划成为评估实际结果的手段。销售季节启动后，买手可以利用实际库存记录控制现有存货量。零售商常用的两种存货计算方法是金额控制和存货毛利回报率（GMROI）。

金额控制

金额控制（dollar control）是指比较现有库存的计划金额与实际金额。为了进行比较，零售商需要估算存货价值。 存货估价方法一般有两种：进价金额核算法和售价金额核算法。

进价金额核算法

存货评估的**进价金额核算法**（cost method）要求零售商按照商品的成本价维护存货记录。采用这种方法的店铺通常用顾客和大部分员工难以破译的密码将商品成本隐含在价格标签上。如果成本保持不变，进价金额核算法不会出问题；然而，零售商为商品支付的价格经常会有波动。由于这些价格变动，采用进价金额核算法评估存货的店铺在估算存货价值时可以选用 LIFO 或 FIFO 法。

FIFO（先进先出）法假设先收到的商品先售出，不过实际情况可能并非如此。许多零售商采用 **LIFO（后进先出）**法，即假设最先售出的是最后收到的商品。这种情况不太可能发生，但在批发价格处于上升阶段采用这种方法可降低存货价值，因为存货原先的批发价格较低。

例题

为了更好地理解这两种核算法的不同之处，让我们来看一个例子。假设某部门在 1 月 1 日以每条 10 美元的价格采购了 100 条领带，又在 2 月 1 日以每条 11 美元的价格采购了另外 200 条领带。3 月 1 日的存货记录显示，库存中还剩下 50 条领带。金额控制系统要求计算期末库存金额。

解

采用 FIFO 法，期末存货将按最后一批领带的采购成本进行估价。在这个例子中，就是 11 美元。因此，存货价值为 550 美元（11×50）。

采用 LIFO 法，期末存货将按最早一批领带的采购成本进行估价。在这个例子中，就是 10 美元。因此，存货价值为 500 美元（10×50）。

如果买手想让期末存货价值偏低，最好用 LIFO 法。记住，在制订六个月商品计划时，买手要输入期初和期末存货金额。较低的存货金额可以为买手提供机会采购更多商品。由于这个原因，大多数采用进价金额核算法的零售商普遍采用 LIFO 法，因为批发价格会不断攀升。

售价金额核算法

今天，大部分零售店采用售价金额核算法对存货进行估价。批发价格不断变化，也许难以确认和追溯，而采用这种方法的店铺无需为此担忧。**售价金额核算法**（retail method）按照当前零售价对存货进行估价。所有采购、销售、调拨及退货按商品零售金额通过手工记录或输入电脑系统。采用售价金额核算法时，零售价的每次变化都会降低或增加现有库存金额。

降价（markdown），即库存商品零售价的下降，是必须进行记录的主要价格变化，降价降低了存货的价值。当商品只是为了促销而临时降低零售价时，会发生为了抵消先前全部或部分降价而提高零售价的行为，即**取消降价**（markdown cancellation）。记录取消降价增加了存货的价值。在某些情况下，通过**提价**（additional markup）可以增加存货价值，提价是指在商品首次进货时的标价上提高零售价格。无论记录哪种零售价的变动，准确性至关重要，因为错误可能会导致存货过剩或不足。

GMROI——衡量销售的盈利能力

零售买手要检验的另一种存货计算方法是 GMROI（**存货毛利回报率**），它可以用来衡量零售商销售的盈利能力。这是一种快速便捷地衡量企业产生了多少现金以及是否合理运用存货投资的方法。GMROI 为零售商提供了一种方法，将销售额及其产生的资金联系起来。换句话说，GMROI 整合了两种绩效指标，即毛利和周转率，产生了一个单一的绩效指标。

零售商每天根据销售额来计划和衡量业务，但是任何企业成功的最终衡量标准都是可盈利的销售量以及由此产生的现金流。可盈利的销售增长提供了企业生存和发展所需的资金。如果没能产生足够资金，企业将破产倒闭，关门大吉。简而言之，GMROI 尝试回答一个非常基本的商业问题："如果我花一美金买进商品在店里销售，想要保持企业运转的话，需要拿回多少钱？"其目标在于投入的金额最小而使其产生的毛利最大化。

零售商用下列公式计算 GMROI：

GMROI =（毛利率 × 周转率）/（1 — 加价率）

简单来说，零售商在衡量：

（卖了多少钱 × 卖了多长时间）/ 为此花了多少钱

例题

某家企业毛利率为 40%，周转率为 2.5，加价率为 50%。计算 GMROI。

解

$$\text{GMROI} = (\text{毛利率} \times \text{周转率}) / (1 - \text{加价率})$$
$$\text{GMROI} = (0.40 \times 2.5) / (1 - 0.50)$$
$$\text{GMROI} = 1 / 0.50$$
$$\text{GMROI} = 2$$

GMROI 不仅是统计数据，还是日常存货管理的驱动力。在这个公式里，周转率衡量了销售额和库存水平之间的关系，提高销售额和妥善管理存货都能提高周转率，关键在于增加销售额而平均存货没有同步增长。周转率代表最新鲜、最新潮、顾客最想要的品种，要知道这一点非常重要。总而言之，高周转率和高毛利率可以产生很高的 GMROI，而周转率低、毛利率低，产生的 GMROI 也低。高周转率和高毛利率是让人志在必得的经营目标，因此 GMROI 最大化成为买手的重要目标。

存货管理：快速反应

零售商比以往任何时候都想从供应商开始，精简商品流动过程，从而获得竞争优势。许多零售商正在实施存货管理系统，货架上常备畅销商品，同时降低了下订单的成本。下单订货和收到商品之间的时间缩减了，店铺始终存有合适的商品，客户服务得到改善，这个系统被称为**快速反应**（quick response）。

电脑系统能在特定商品售出时自动追加订单，使用这种 POS 电脑系统，零售商可以降低存货水平，供应商能以多批次少量发货增加销量。然而，快速反应不仅仅是使用技术管理存货，它还是零售商与供应商之间的合作努力的目标。

快速反应是种策略，在理想状态下，零售商可以预测明天将销售什么，确保数量、颜色、尺码和款式合适的商品准时进店。这个概念其实很简单：以最小的存货量拿到合适的商品进店。对零售商来说，快速反应意味着对销售监控到商品层面，及时发现趋势，并且快速将这些信息传达给供应商。

在今天竞争激烈的市场环境下，“快速”至关重要。预测周期太长可能导致订购的商品不符合顾客需求。订货周期和交货周期越长，就越难保证店里有顾客想要购买的商品。要获得快速反应所承诺的快速结果，需要供应商和零售商之间精诚合作，实践新的业务措施。

采用快速反应策略，零售商必须与供应商分享销售信息，帮助供应商做好生产计划，而供应商必须愿意满足新的、严格的交货要求。供应商将收到来自零售商的电子采购订单，并马不停蹄地准备出货，每箱都有条形码标签。箱子装上卡车，扫描条形码生成装箱单，发送电子版装箱单给零售商。货物到达后，零售商扫描箱子上的条形码以确保收到的货品正确无误。整个过程在供应商将货物交给零售商的时候完成，通常只需数日；采用传统采购订单及发票完成同样的过程则需要数周时间。

快速反应的要求

快速反应要求零售商和供应商之间在相互信任和团队合作的基础上结成同盟，还需要运用和实施一些技术，特别是建立理想库存模型、条形码扫描以及电子数据交换。

建立理想库存模型

在技术到位后，零售商将实施快速反应，为每个产品分类建立**理想库存模型**（model stock）。理想库存模型是以商品应有的理想库存数量为基础，因为使用快速反应系统，追加单的数量少、频率高，店内所需存货水平将更低。理想库存模型应根据最新销售趋势定期调整。理想库存模型中的每款商品按 SKU 维持特定数量，每件产品还必须有一个标准识别码，这个识别码通常是 POS 机可以扫描的条形码格式。

条形码扫描

实行快速反应还需要使用**条形码**（bar coding）进行扫描。UPC 通用产品代码几乎在零售行业的每个领域都已标准化。当供应商发货时，大部分产品上几乎都有一组代表字母和数字编码的宽度不等的线条和空白相间的图形标示符。不过，有些零售商会在商品从供应商处送到店铺时用条形码打印机生成他们自己的条形码。在 POS 机上扫描条形码，商品即可进入店铺电脑系统进行销售，零售商也就能在 SKU 层面上对商品进行追踪了。

条形码扫描给店铺、顾客和买手带来了不少好处：

- 因为不需要手工录入商品信息，顾客结账速度更快。
- 能追踪商品直至 SKU 层面，从而减少断货情况。
- 不需要再次对商品进行标记。
- 因为取消了手工核查与标记流程，可以提高员工的工作效率。

条形码扫描技术在零售行业大行其道；然而，一些零售商店出现价格错误的例子仍居高不下。

电子数据交换

快速反应的最终要求是**电子数据交换**（electronic data interchange，EDI）。EDI 支持零售商和供应商之间交流销售数据和商业文件，比如发票和采购订单。事实上，当某些特定商品售出时，即可触发电脑系统发送电子采购订单，由于处理纸质文件而造成的延误可降至最低。除了加快订单过程，EDI 的好处主要在于缩减了输入数据和追踪海量商业文件的办事人员及行政管理成本。

实施快速反应

管理层不可能也不宜马上做到快速反应所需的所有改变，零售商通常只针对几个产品类别实施试点项目，这样做能够发现所有可能出错的地方。大部分零售商首先在基本商品范围内实施快速反应，因为基本商品常年有需求，较易预测；然而，快速反应也给流行商品带来极大好处。在时尚领域，大多数零售商采用的方法是在季节开始前下小订单并密切关注产品的初始销售情况，然后快速追加畅销品订单。显然，生产过程需要改变，但快速反应可以提高零售商和供应商的销售额，因为零售商经常备有顾客期待的商品库存。对零售商来说，降价会更少，因为只有那些有大量需求的款式才会追加订单。

快速反应的实施需要以下策略：

- 必须在 SKU 层面上追踪存货和销售。
- 必须采用自动补货系统时刻监测存货水平，从而做到货品交付更少量更频繁。
- 供应商必须提高出货准确性和交货准时性，承诺提供高水平服务。
- 零售商必须与供应商紧密合作，分享销售数据，改善生产计划。

实施快速反应需要零售商重新定义其与供应商的关系，这是概念的核心。没有正确的供应商关系，快速反应将形同虚设。这一新关系要求供应商和零售商双方互谅互让，供应商对零售商的订单不能生产不足或短装，零售商也不能到了最后一刻要求供应商替换商品、要求增加特殊标签或特殊操作。最佳快速反应策略是由零售商和供应商共同形成的。

快速反应需要买手和供应商改变做法和想法，在这一领域进行的所有研究结果都表明营运出现了显著改善。然而，并不是所有零售商都乐意采纳这种商品管理策略。妨碍零售商实施快速反应的两个关键壁垒是：

- 缺乏对如何实施快速反应的了解或出于对科技的本能的恐惧。
- 武断地认为供应商不会履行合作协议中对他们那一方的要求。

衡量快速反应的影响

大量研究结果表明：实施快速反应很有可能在整个企业范围节省开支。快速反应的影响力不仅体现在毛利方面（通过提高销售和减少降价提高毛利），而且还大幅削减了营运费用。实施快速反应的零售商在几个方面获益：

销售额

基本商品、季节性商品和流行商品的销售额上升。通过在商品层面上的追踪，买手可以快速应对顾客的实际需求。行业领先者可将现货位从 70%~80% 提升至 95% 以上。

降价

顾客想要的商品多了，不想要的商品少了，零售商因此减少了降价：基本商品降价平均减少 30%，流行商品降价平均减少 40%。

行政费用

EDI 明显减少了零售商和供应商的数据输入量。与此同时，零售商办事人员成本可以削减约三分之二。

存货收益

也许最容易衡量快速反应实际好处的是削减存货。传统上，零售商在整个运输过程中持有大量在途、现货及在仓库存。现在，由于存货周转加快，库存持有成本可显著降低。

不过这些收益也要付出代价。实施快速反应所需的硬件和软件可能很贵，而且管理层还需教育和培训店铺员工。

改善存货管理

如今，零售商承受着巨大压力，需要快速应对变幻莫测的环境，存货管理在商品企划决策中的战略作用也因此更加显著。以尽可能低的成本将商品尽快从一个地方运到另一个地方，无疑是大部分零售商的目标。存货管理不仅仅是物流问题，更是买手和采购人员关心的问题，因为他们负责在合适的时间将合适的产品送到合适的地点。

零售商想方设法改善存货管理，其中一些零售商正在实施**电子标签**（RFID）技术，以此取代商品上的 UPC 条形码和防盗设备（图 10.5）。很多储藏室和仓库已在使用 RFID 技术。有了 RFID，零售商可以随时随地追踪商品。

当买手采购的商品进入供应链，买手必须从采购流程初始阶段开始跟踪商品，直至商品进店上架。行之有效的存货控制系统赋予企业制订正确决策的竞争优势。买手必须对供应链了如指掌，知道每个节点的库存情况。控制中心可以从来自 RFID 标签的数据知道哪些货物在哪个托盘上，货物应在何时到达指定设施以及何时需要运输。

图 10.5
小巧玲珑的 RFID 标签可以取代这些笨重的防盗设备

RFID 技术在每件产品上分别使用射频识别标签，供应链上任意位置的接收器都可以读取标签。简单来说，这些 RFID 标签就是微芯片和天线，电子接收器可以在大约 10 米范围内读取信息。从货品出运直至出售给顾客为止，零售商可以通过 RFID 随时查找货品所在方位。有些零售商在商品层面实施了 RFID，据报道，其存货准确率得到提高，缺货情况有所减少。供应商和零售商可以在供应链任意位置随时查看库存情况，就能更好地在合适的时间为合适的商店提供合适的产品。

在商店层面，买手和管理人员利用存货控制软件，也必定能够更好地为顾客服务。很多时候，由于没有及时运用收集来的数据，导致零售商错失销售良机。例如，良好的存货数据应该可以为买手提供缺货的具体细节，加快速度下单补货，或是将存货调到有需要的地方。在理想状态下，使用良好的存货控制软件可以提高库存周转率，降低备货量，提高企业利润。零售商能按全价售出更多商品，需要降价的商品就会更少。

梅西百货和布鲁明戴尔百货商店在美国各地使用RFID技术对多尺码商品进行补货，商品定期进货，在发生销售时自动补足所售尺码。这类商品约占公司销售额的30%。有了RFID，梅西百货不仅可以在商店层面频繁盘点库存，而且其准确性更高。

也有一些零售商在店内试行RFID技术，而不仅限于仓库。多年来，广告中一直出现这样的场景：顾客推着购物车通过收银台，电子读取器可以同时扫描购物车中每件商品的价格，购物者不必从车中取出商品逐一扫描。这并不是梦想，实现这一远大目标的技术已经成熟，亚马逊正在一家新开的杂货店进行测试。然而，顾客不可能指望这项技术明天就能推广到商店层面。消费者最初花了好几年时间才接受产品扫描，零售商又花了好几年时间才普及扫描仪，并且制订各项方针政策帮助消费者缓解对价格错误的担忧。RFID技术的实施也不会一蹴而就，不过零售分析家认定它终将普及，只是何时可以得到接受仍存在变数，不得而知。

一些零售分析家预测，RFID在商品层面的价值终将高于其在仓库中发挥的作用，但大部分零售商仍然没有准备好接受这种转变。首要问题是成本，不过，当达到临界数量时，成本将会下降。

改善存货控制系统后，零售商的库存通常会减少；而减少库存是提高周转资金管理效率、建立高效存货控制系统的重要组成部分。最重要的是，妥善管理存货，零售商就可以更准确地预测潜在的存货问题，并且找出可能的解决方案。

零售商不仅要知道如何安装先进技术，还必须思考研究如何以不同方式开展业务。零售商最好通过系统的过程来克服其对改变的抗拒，对许多公司来说，这意味着要改变买手。买手必须认识到，这套系统解放了他们，让他们有时间从事自己最擅长的工作：决定未来数月的销售情况。买手的主要使命并未改变，他们仍需负责了解顾客需求、分析销售趋势、推销产品，精心维护商店在市场上的形象。买手还身负重任，要管好利润底线，这就意味着要对库存周转及其相关费用承担责任。

第四部分

商品的采购与定价

第十一章
选择供应商并建立合作关系

供应商的类型

制订商品计划后，需要寻找货源，或者说找**供应商**（vendor）提供商品来满足顾客的欲望和需求。某些产品类别不仅必须在许多不同供应商中进行选择，而且必须决定是向制造者直接采购，还是通过**中间人**（middleman），即买卖双方之间的**中介** (intermediary）采购。同样，经过仔细分析后应该可以选出最符合需要的供应商。供应商通常分为：（1）生产厂家；（2）批发商；（3）生产厂家代理人 / 经纪人；（4）托售批发商。

生产厂家

你们可能不会选择生产厂家作为货源。许多生产厂家的最小起订量非常大，你们店铺也许无法直接进行采购。如果是这样，你将不得不通过某些中介机构进行采购。

流行商品买手一般直接向生产厂家采购商品，或通过生产厂家在市场上的代理人进行采购。因为流行商品变化速度快，如果商品由其他中间人经手，款式可能会发生变化。另外，大多数流行商品在销售季节前才刚刚生产出来，需要尽快进入市场，中间环节越少越好。

有些零售商想要建立自有品牌，他们会将订单直接下给生产厂家，这些生产厂家愿意对产品稍加改动，只要订单量足够大。这样，直接从生产厂家采购自有品牌的零售商就能确保其他零售店里不会有这些商品。除了定量采购外，一些直接向零售商供货的生产厂家还会对货品提出促销和定价要求，在签订采购协议之前，你必须分析这些条款。直接采购的好处主要是成本较低，因为从流通过程中取消了中介机构。

批发商

有些商品无法直接向生产厂家采购，你可以选择批发商作为货源。**批发商**（wholesaler）向生产厂家采购大量商品，再将其转售给各零售商。批发商又称**中间商**（merchant middleman），他们拥有从生产厂家购买来的商品。

如果本地批发商的商品品种丰富，且随时可以快速出货，它可能就是你采购商品的理想选择。而且，大多数批发商会接受小订单，这样你试售新商品的风险会降到最低，因为存货占用的店铺资金很少。由于附近的批发商可以迅速为店铺补货，店铺只需储备少量商品，从而提高了库存周转率。

虽然大多数大型零售商直接向生产厂家采购商品，但他们有时候仍需要向批发商采购一些商品。例如，顾客需求有限的产品不能直接向生产厂家订购，因为订单量不够大；紧急补充库存的快单也需要就近向批发商采购。

近年来，批发商不仅向零售商出售商品，而且还逐渐在经营上施以援手。这种做法改善了零售商与供应商之间的工作关系，进一步加强了双方的合作关系。向批发商采购而不是直接向生产厂家采购的主要缺点在于商品成本高，因为在买货过程中牵涉到中间人。

生产厂家代理人 / 经纪人

你也可以通过担当生产厂家代表的**生产厂家代理人**（manufacturer's representative）或**经纪人**（broker）下订单。经纪人又被称为**代理中间商**（nonmerchant middleman），他们在把商品出售给零售商之前并没有商品所有权。代理人或经纪人介绍生产者和买手见面，生产厂家为此支付费用；通常按净销售额的一定百分比收费，具体比例因产品类别、销量以及提供的服务数量而异。

你可以在地区性市场的展厅或贸易展会上拜访这些供应商，其中大多数人会亲自登门拜访客户店铺。他们通常代理全国各地生产厂家几条非竞争性产品线，你可以在附近展厅或你们自己店里查看样品，省下时间和差旅费。

托售批发商

托售批发商（rack jobber）是一种特殊类型的供应商，他们为客户店铺提供服务，主要常见于食品行业，不过有些百货商店在需要特殊销售技巧的领域也会使用他们的服务。随着经营范围延伸到美容品、化妆品和家用品等非食品领域，超市在采购及其他商品企划决策中需要特殊帮助，会求助于托售批发商。

零售店铺将货架或卖场空间分派给托售批发商，由他们负责保持货架上备有快速周转的商品。托售批发商每周一次或多次到店铺为货架补货，并对提供的商品进行必要的调整。托售批发商对空间的利用通常比店铺经理更充分，因为他们在预见消费者需求、给商品定价以及陈列方面更有经验。

尽管采用托售批发商的采购成本可能高于批发商，但零售商往往可以从托售批发商的服务中获益从而节省费用。大多数情况下，这些成本只是稍高一些，因为托售批发商批量采购商品，享有数量折扣。

联系潜在供应商

新买手要回答的首要问题是：“我在哪里可以找到供应商？”有时候你可能需要主动与潜在供应商联系；有时候他们可能会主动跟你接触。

买手主动联系

找到供应商的主要来源是访问市场和参观贸易展会，如图 11.1 所示。不过，并不是所有供应商在地区性市场都有展厅，也不是所有供应商都会参加贸易展会，你可能需要安排时间亲自拜访某些供应商。

如果你们是买货办事处的客户，那么代理人会为你们寻找货源。事实上，买货办事处经常在市场上物色新供应商，他们的客户店铺对这些新供应商特别感兴趣。

要了解市场上的潜在新供应商或更多地了解现有供应商，还有其他途径：你可以阅读流行杂志和行业期刊，订购零售报告服务。许多商务目录上也有供应商名单和资料。

给其他买手打电话或写电子邮件、在市场访问期间与他们交谈可以为你提供其

图 11.1 买手可以通过访问市场和参观贸易展会找到新的供应商

他人觉得有益的信息。在竞争对手的店铺购物也能帮你发现潜在的新供应商。

供应商主动联系

有些供应商经常派销售代理人去拜访零售商，有些供应商则依靠目录或简报与零售商联系。许多小型独立店铺的买手倾向于向愿意承担联系费用的供应商采购商品，因为市场访问要花时间也要花钱。这些买手也更喜欢定期打电话、按照要求行事，并帮助店铺维护店内库存品种的代理人。

大部分生产厂家代理人定期与零售客户联系，以确保店里有充足的商品供应。然而，如果完全依靠代理人拜访你们店铺，你无法比较代理人与其他供应商提供的商品、价格和服务。

与潜在供应商进行尽可能广泛的市场接触对你和你们店铺极为有利。市场在不断发生变化，因此即使你不向别的供应商采购商品，也必须与他们保持联系，这样才能确定你采购的商品品质和价格是否相当于或优于其他竞争对手。

虽然广泛的市场覆盖率很重要，大多数店铺还是选择将他们采购的大部分商品交给少数几家供应商，这些经过挑选的供应商被称为**关键资源**（key resource）。集中采购确保你们店铺对于这些供应商的重要性，因为订单规模大，而且订单越大越容易得到数量折扣。由于反复向同一家供应商采购商品，相互间的合作关系得到发展，供应商通常会为你们店铺提供更好的服务。你当然也欢迎新供应商拿来新颖别致的产品，所以不要拘泥于关键资源。

选择关键资源之后，大多数买手会把一定数量的商品采购分派给其他供应商，其目的在于扩大市场联系以及测试新商品或新供应商。如果关键资源无法满足订单，这种做法就能为买手提供替代货源。有了更广阔的市场覆盖率，买手也可以密切关注其他供应商推出的产品。

供应商的选择标准

找到可以进行采购的潜在供应商后，需要进行筛选。在选择适合你们顾客和店铺的供应商时，应考虑以下标准：（1）商品与价格；（2）供应商的分销策略；（3）供应商的声誉和可靠性；（4）条款；（5）服务。

商品与价格

首先应该考虑供应商经营的商品是否符合顾客的欲望和需求，如果商品不适合你们的顾客，该供应商应不予考虑。其次要确保供应商提供的商品符合你和顾客期望的质量标准。例如，在采购服装时，你将负责检验供应商交付给店铺的商品质量，确保它达到你下单时看过的样品质量。

对许多零售商来说，供应商能否提供花色品种丰富的商品是一个重要的考虑因素。买手很可能还要寻找独特的或与众不同的商品。如果你们店铺的形象是流行引领者，那么为顾客提供与众不同的商品是必需的。既然如此，店里必须有尚未获得大众认可的新商品。你也可以寻找与众不同的供应商，也许其产品结构或造型有差异，也许只是供应商提供的包装很特别。

你需要做的另一个决策是采购全国性品牌还是开发店铺自有品牌。如果你在寻找某个特定品牌的商品，相当于自动选择了供应商。全国性品牌一眼就能认出来，通常可以保证有一大群已经很熟悉产品并且有购买意愿的顾客。自有品牌提供的是顾客在别的店买不到的商品，但是没有全国性的广告活动引发顾客的购买欲；由于这个原因，你们的成本更低，利润更高。

供应商的分销策略

挑选供应商也会受到供应商的分销策略的影响。**独家分销**（exclusive distribution）是指有些供应商在一个商业区域中将产品只出售给一家零售商的做法，供应商因产品创造出来的独家形象而获益。由于独家分销，供应商对于产品在店里如何经营和促销通常保持着一定的控制力。

设计师系列产品往往采用独家分销的经营模式，如图 11.2 所示。小型社区的服装店店主也往往要求供应商独家分销，他们希望为顾客提供独一无二的商品，这些商品在本地竞争对手的店里是找不到的。获得独家分销权可能是选择供应商的决定因素。

有些供应商采用一种称为**选择性分销**（selective distribution）的做法，即在同一商业区域中将产品出售给一家或几家经过挑选的零售商，要挑选几家店铺通常取决于产品在该地区的潜在销售量。同样，因为店铺数量受到控制，供应商通常会对零售商销售产品的方式施加一定的限制。例如，拉夫・劳伦对经营 Polo 系列产品的店铺制订了具体的营销计划和陈列标准。

图 11.2 许多供应商已经为他们的产品制订了具体的营销计划和陈列标准

在选择供应商时，还必须考虑供应商提供的商品价格。你们的店铺形象和目标顾客决定了商品价格带的考虑范围。

供应商的声誉和可靠性

供应商各有各的经营方式，可信度也各不相同，完整、快速交付订单是判断供应商的基本标准。此外，还要从质量控制、处理投诉和进行调整的速度等方面来判断供应商的声誉。你可以与其他买手交谈或咨询你们在当地的买货办事处，以此确定有合作意向的供应商是否有重大问题。

条款

也许有些零售商想从供应商那儿得到大量现金折扣，有些店铺财力有限，可能想要延长付款时间。你们有意合作的供应商提出的折扣至少应该符合行规。有些零售商选择店铺附近或交通方便的供应商以求快速交货。除了信用条款，零售商还对由供应商承担运输费用感兴趣，第十四章将详细讲述信用条款与运输条款。

服务

供应商提供的服务可能是确定供应商的决定性因素。受到店铺重视的供应商提供的服务可能包括以下某项或所有内容：

- 安排合作广告。如果有产品出现在本地广告中，许多供应商会与零售商分担广告费用，如图 11.3 所示。

- 广告宣传物料。供应商为店铺提供产品的文稿提案、宣传物料以及广播脚本。小型店铺也许更愿意供应商提供标识、柜台和橱窗陈列用品、道具以及其他销售点辅助设备，大型商店喜欢统一使用他们自己的道具。
- 退换货特权。在挑选供应商时，许多买手寻求宽松的退货政策。
- 参与店铺促销。零售商需要供应商参与店铺促销活动。例如，可能会要求供应商赞助竞赛奖品或为时装表演提供服装。
- 销售培训。有些供应商会对店铺销售人员提供商品知识培训，甚至可能为销售产品超过指定额度的销售人员设立奖励制度。
- 协助控制库存。随着商品条形码和计算机技术的提高，许多供应商可以帮助零售商进行库存盘点以及建立理想库存模型。
- 预贴商品标签。有些供应商在货到店铺之前为零售商订购的商品贴好标签，这种服务不仅可以为店铺节省开支，还能让货品快速进入销售区域。

图 11.3
Saks Fifth Avenue 与 Vera Wang 的合作广告

分析供应商的表现

新买手常犯的错误是清理老供应商，除旧迎新。不要随意遣散老供应商，不过物色新供应商也情有可原。例如，原有的供应商可能已经降低了服务标准，或涨价速度太快。另外，你们店铺可能要调整目标顾客，需要新供应商，也可能是有新的、更好的资源进入这个领域。

不要随意中断与供应商的关系。作为买手，在决定放弃老供应商另选新供应商之前，你需要谨慎地审时度势。此外，在做出这类决定前可能还需要跟商品经理核实一下。在中断店铺与供应商的合作关系前，需要进行系统的分析，这种做法将巩固店铺买手与供应商之间的关系。

如果几家供应商为你提供类似的商品，必须判断谁的报价最有优势。如果之前没有与这家供应商合作过，你可能要听取其他人的意见，了解这家供应商的声誉。作为买手，你要根据供应商提供的商品及其盈利潜力来评估供应商。

如果是从之前有过合作经验的供应商那儿订货，可以根据你或店铺积累的信息建立供应商档案。你要建立一套系统的方法评估供应商，其中一种办法是保存**供应商日志**（vendor diary），记录你与每家供应商之间交易情况的简要总结。尽管每个买手收集的信息数量与类型不尽相同，但某些基本数据必不可少，你可能希望记录下列信息：

- 当年或当季所有商品的采购成本额与初始零售价。
- 给供应商的退货（如果有）。
- 初始加价率。
- 供应商承诺的广告补贴（如果有）。
- 降价金额及其销售额占比。
- 现金折扣占比。
- 运费占采购额的百分比。

这些信息提供了良好的参考指标，说明供应商为你们店铺或部门的销售额和利润作出了多大贡献。此外，可能还要考虑其他主观因素，比如：

- 顾客如何看待供应商提供的产品。
- 供应商交付订单（包括追加单）的可靠性。
- 商品质量是否可靠。
- 供应商应对投诉的速度。
- 为你们店铺或部门提供的服务，比如进行库存盘点、商品预贴标签和销售培训等。

你可以根据收集到的信息，从以下几个方面评估供应商：

- 可以将每家供应商在你们店铺的销售业绩与前几年或前几季进行比较。
- 可以将供应商的业绩与其他供应商进行比较。因此，将大部分数据按百分比记录下来显得尤为重要。

- 可以比较各家供应商占店铺或部门总订单额的百分比。例如，如果某供应商的商品占店铺采购总额的 25%，所获利润是否也占 25%？

记住，当你们评估供应商时，他们也在分析跟你们店铺做生意的盈利情况，供应商评价的是你们店铺或部门如何经营和销售他们的产品以及他们是否受到公正对待。

发展买手与供应商之间的合作关系

相互尊重与合作是保证买卖双方长期利益的必要条件。一旦零售商决定与供应商签署订单，双方需要努力建立牢固的合作关系。

供应商希望买手及时付款，按照订单接收货品，未经许可不会随便退货；买手希望供应商在指定时间按订单数量准确出货。为了实现目标，买手和供应商需要成为合作伙伴，而不是对手。

与供应商建立牢固的合作关系

你可以与供应商建立起牢固的合作关系，要做到言行举止有礼有节，比如：

- 遵守与供应商的约定。
- 与前来拜访店铺的生产厂家代理人聊聊，你总能了解到市场上的一些新鲜事。
- 全神贯注地观看他们的演示内容。
- 尽快确认或取消临时订单。与供应商之间的所有协议都应以书面方式予以确认，以免产生误解。
- 信守承诺。在订单撤销日期之前不得随意取消订单。
- 向供应商反馈商品在店铺或部门的销售情况。
- 决定取消或改变供应商时切勿仓促行事，只有经过认真分析后才能做出改变。最重要的考虑因素应该是供应商的长期表现，而不是暂时的挫折。

作为买手，你的成功在某种程度上取决于你是否有能力与供应商建立良好的工作关系。

买手对供应商的期望

经验丰富的买手对供应商有什么期望？零售商与供应商之间的理想关系是什么？大多数买手可能想要：

科技手段协助商品企划

大部分买手在为每家店铺分别制订分类计划时需要帮助。电子数据交换（EDI）确实彻底改变了零售行业。生产厂家包装上的 UPC（通用产品代码）至关重要。自动追加使店铺受益，因为采用这一系统的零售商比手工盘点的零售商存货量更少，追加速度更快；零售商还可以通过自动追加系统迅速掌握销售上升或下跌趋势。

许多买手还希望在存货管理及创建理想库存模型上获得帮助。供应商协助店铺的最佳途径是帮零售商清除滞销商品，并保持畅销产品货源充足；供应商可以通过定期分析销售报表及理想库存模型来帮助买手。零售商需要的是不断为店铺服务、根据销售情况补充库存的供应商。

销售培训

许多买手希望供应商为销售人员提供店内培训和再培训，有些买手却认为供应商提供的培训帮助不大，因为销售人员流动性很大。

道具和视觉效果

有些买手认为供应商提供的道具做得更好，成本合理、费用低廉。然而，店铺档次越高，买手就越不愿意采用供应商提供的道具；许多买手不希望道具上有供应商的标记，有的买手则向供应商收取费用，用于改进道具，陈列供应商提供的商品。

包装

大部分买手希望商品外包装看上去一目了然。外包装要容易辨识，这样顾客就可以说："我知道我要找什么了——就是蓝色包装的那个。"有些买手感到供应商需要重新审视货品的包装方式。例如，有些产品只能以打为单位出货，如果改为小包装，可能会为顾客提供更好的选择。

及时交货

所有买手都希望供应商更快交货，订单及时发货和准时交货极其重要。买手期望所有供应商能保证及时交货、商品质量保持稳定。

未来趋势

过去几年中零售业的种种变化促成了零售商和供应商之间关系的改变。商业困境迫使数百家专卖店关门，许多百货公司纷纷合并。西尔斯和其他零售商向全国性品牌偏移的举动也对供应商产生了影响。

买手和供应商的关系更紧密

大部分供应商和零售商正在建立更紧密的关系。随着零售商的联合与合并，出现了一种零售商与大型供应商建立更牢固关系的倾向，因为大型供应商提供的产品数量与服务水平是大部分小型供应商无法相比的。然而有些供应商抱怨说零售业的合并可能令少数几家特大型企业大权在握，这些大型零售商向供应商提出的要求令他们感到难以拒绝，因为他们害怕失去大客户。

零售商与供应商之间的密切关系是良好沟通的结果，供应商与零售商必须知己知彼，了解对方的问题。供应商必须与买手讨论目标加价率、降价幅度以及存货周转速度。科技进步也有助于加强沟通，条形编码和电脑系统现在能让供应商准确及时地向零售商提供订单状态的最新信息。

供应商全力以赴

许多中小型供应商可能会陷入困境；就像零售商一样，这些供应商夹在中间，缺乏特色，很难吸引特定缝隙市场，面临着来自其他供应商的激烈竞争。小供应商需要全力以赴，与大供应商竞争；他们不得不学会如何通过更加灵活和个性化方式抵消商店规模带来的科技优势。小供应商必须想方设法为零售商做一些大型供应商囿于自身规模无法做到的事。

供应商自营店铺

有些供应商另辟蹊径，采用**供应商自营店铺**（vendor-owned store）的形式从事零售业务。开设供应商自营店铺的生产厂家认为，他们可以比传统零售商更好地销售自己的产品。许多时装设计师感到百货商店没有公平对待他们的产品。例如一组设计师系列产品可能有 50 个款，但买手可能只挑了其中 11 个款；设计师感到正因为店铺没有正确陈列他们的产品，销售才会不如预期。

供应商自营店铺有三大好处：（1）能陈列整个系列的产品；（2）能按照设计师的理念营造产品氛围；（3）能获得顾客对整个系列的反馈，而不是断章取义。有些供应商要求零售商在店铺里设置专门区域陈列他们的商品，而他们自己则不愿开设自营店铺；不要把设计师的商品跟店里其他商品放在一起，这样可以提高顾客辩识度。对于零售商来说，只有在单位面积销售额能保证有合理回报的情况下才会接受这样的概念；他们不会对供应商有求必应。

零售商对供应商自营店铺的看法可谓百感交集。零售商需要密切关注这些店铺的销售情况，判断来自这些店铺的竞争造成的长期影响；零售店铺的销售额可能会因此下跌。如果供应商自营店铺大获成功，那么有许多产品传统零售商可能再也拿不到了；这些店铺对零售商来说意味着竞争对手更多了。反之亦然，零售商在供应商自营店铺旁边开设门店也是种竞争。

供应商自营店铺也面临问题，有些传统零售商放弃了在供应商自营店铺销售的产品。依赖单一生产厂家供货的供应商自营店铺面临产品组合贫乏的状况，买手则因为选择有限而懒得挖掘新创意，寻找新款式。许多生产厂家已经认识到零售业与制造业是两个完全不同的行业——有些厂家失败了，也有些厂家成功了。

今天，买手有意识地将供应商视为公司的宝贵财产，努力缓解双方过去的敌对关系，代之以建立在信任基础上的合作伙伴关系。供应商继续提供新产品，积极进行销售宣传以扩大品牌影响力；买手继续争取更优惠的条款和更好的待遇，双方关系也在不断变化。

第十二章

访问市场并与供应商谈判

准备市场访问

大多数买手先在国内市场寻找商品是因为距离近，很方便。如今买手物色海外市场的主要原因是成本较低。当买手准备去国外或国内市场出差时，通常会找到中心市场、小商品 / 服装集市以及博览会 / 贸易展会。在决定了要访问哪种类型的市场以后，买手必须明确目的，认真仔细地计划出差行程。

市场的类别

中心市场（central market）是指大量主要供应商云集的城市，纽约和香港是许多商品的主要供货地，特别是服装。纽约市服装区有成千上万个样品间，展示服装、纺织品、面料和许多其他服装配饰，如图 12.1 所示。纽约这个城市至今仍是大家公认的美国国内主要服装市场。其他产品也有中心市场，例如，美国主要家具市场位于北卡罗莱纳州海因波特市和内华达州拉斯维加斯市，在德国和中国也有一些家具市场。

图 12.1
纽约服装区有许多商品展示厅，尤其是服装展示厅

在一些城市中，买手可以找到综合型**小商品 / 服装集市**（merchandise / apparel mart），如图 12.2 所示。这种市场方便买手同时看到所有商品，买手还能货比三家。因为生产厂家或其代理人租用了样品间，集市可以发挥一站式商店的作用，买手不用在城市中来回奔波，去不同地方找寻供应商。离集市近也让买手有机会更快更频繁地出差买货。一年当中，集市会推出几次市场周，向注册买手发送导购资料，详细介绍供应商、经营范围以及集市布局，在亚特兰大、芝加哥、达拉斯、洛杉矶和迈阿密都有大型集市。

图 12.2
各地的商业集市中供应商济济一堂

对于其他品类的产品，买手可以查找**贸易展会 / 博览会**（trade show / exposition）。这些会展一般在大城市的会议中心或展厅里举行，展示特定产品类别的最新商品。例如，玩具、电子产品、食品杂货、汽车和计算机等领域每年都会举办展会。在出席这些展会时买手能很方便地比较供应商的报价，有机会在市场里了解新趋势，结识新货源。会展和展览一般每年只举办几天时间，所以你一定要在日程表上留出空档。

出差买货的目的

买手进行市场访问的原因有很多：

- 为即将到来的季节获取商品。
- 了解流行趋势和新商品。
- 评估供应商提供的新资源和商品。
- 为即将到来的促销活动寻找超值特惠商品，在新的促销活动或特卖中作为主打商品。
- 为畅销商品补充库存。
- 参加供应商的新产品预展。时装设计师和汽车、电子产品和电脑等生产厂家通常会举办特展，买手可以抢先观看新产品在款式及造型上的变化。

到市场出差的频率

市场访问的频率取决于你出差买货的目的。大多数买手一般每年到海外或中心市场出差仅一到两次，而去其他区域性市场出差是为了补充商品的花色品种。如果市场离得不远，买手出差买货可能会更频繁。什么时候进行市场访问以及多久去一次还取决于其他一些因素，如下所示。

季节

大多数买手按季节进行市场访问。以亚特兰大美国商品批发中心（AmericasMart）为例，其市场周是围绕着特定季节策划的，如秋冬或春夏（图 12.3）。每个产品类别都有其特定的主要销售季节，这取决于款式和型号的变化情况。如果每个季节都开发新款式，买手可能需要经常出差。

图 12.3 亚特兰大美国商品批发中心秋季市场周广告

商品类别

所有买手都会去市场，流行商品买手需要更频繁地访问市场，因为流行的变化令人目不暇接，但即便是流行商品，时装表演的场次也会有多有少。例如，女装可能每年有五场时装表演，而男装只有两场。

商店或部门的规模

大公司的买手比小店铺买手去市场访问的次数更多，以此保持商品种类丰富，库存充足。通常大型商店的商品周转率较高，买手需要经常去市场访问。

店铺的商品政策

如果店铺想要保持流行引领者地位，买手当然需要经常去市场访问。

距离市场远近

如果店铺离市场所在的城市较远，考虑到时间与费用，可能需要减少买手的出差次数。为了满足需求，有些买手会去地区性小商品 / 服装集市，而不是去国外或中心市场出差。

经营情况

行业不景气可能会对销售产生极深的负面影响，以至于买手可能会取消市场访问。另一方面，不景气也许是个好时机，买手可以趁机去市场寻找令人兴奋的、可能会刺激销售的新商品。

规划出差行程

跟任何商业活动一样，买手应该认真仔细地规划出差买货行程。出发之前，行程安排得越细越好，这样你在市场里的时间就可以用于与商品有关的决策。规划行程应遵循以下步骤：

第一步

应该准备一份商品买货计划。如果你去市场时很了解店内存货、销售的实际状况，清楚顾客偏好，就可以在事实基础上制订决策，而不是跟着感觉走；另外，如果你们的供应商得到这些信息，就可以为你提供更切合实际的帮助。针对你打算访问的公司，如果之前曾经采购过他们的产品，要先做好供应商分析表。即使有了买货计划，你仍然会有特定选择需要决断，尤其是采购流行商品的时候。大型商店的时尚协调员可以为你提供款式、颜色或廓形趋势方面的建议；如果你们店铺没有时尚协调员，你需要自己研究这些趋势。

第二步

要确定买货计划已经通过所有必要的审批。许多店铺在买手进行市场访问之前，需要商品经理和财务人员批准买货计划。

第三步

如果你们店铺有买货办事处，通知他们你即将到访的消息，并知会办事处人员你对商品的具体需求以及你想要拜访的供应商。没有买货办事处的话，你需要自行安排拜访供应商的日程。确保提前通知关键资源，这样你可以根据日程安排合适的会晤时间。你还可以查看市场报告、行业期刊和其他出版物，了解你希望拜访的新的生产厂家或设计师。打电话预约时，询问销售代表查看商品需要多长时间。

第四步

确定出差买货需要几天时间，然后安排酒店和预订行程。如果你们店铺是买货办事处的客户，这些事可能会有人为你安排。

第五步

外出时，为你的员工制定工作计划。准备一份市场访问日程表，这样员工或管理层能随时联系到你。市场访问时，你对计划有任何改动都要告诉他们，设置固定通话时间是个好办法，这样有什么消息都能很方便地传达给你。

有了计划，你的买货旅行将会更愉快、更有成效。在市场中，你会有时间拜访供应商和评估商品。

访问市场

现在行程已经全都计划好了，你需要考虑你将参加哪些市场活动。大多数市场旅行计划一般为期一周或一周以内，但有时你可能需要更长时间。在市场上，你应该与买货办事处代理人交谈，访问供应商及参观样品间。你可以到工厂去看看，参加研讨会或时装表演，与其他买手聊聊，再去逛逛市场上有名的零售店铺。要合理利用时间，市场周期间可能十分紧张忙乱。图 12.4 列举了丹佛市场周活动，现场气氛令人兴奋十分刺激，因为供应商是去推销的，他们会使出浑身解数。

图 12.4
丹佛市场周活动示例

星期四

会展时间：上午 9:00 ~ 下午 5:00 仅限市场大楼

星期五

会展时间：上午 9:00 ~ 下午 6:30 仅限市场大楼

买手信息交流会

上午 8:30 ~ 上午 9:00 2# 论坛会议室

《将你的企业转移到网上》

下午 3:30 ~ 下午 4:30

答谢买手招待会

下午 6:30 ~ 晚上 8:00

在这个特殊的夜晚要向参加丹佛会展的买手说声“谢谢你”。

免费餐前小吃加鸡尾酒，现场背景音乐，环境舒适，轻松之夜。

星期六

会展时间：上午 9:00 ~ 下午 6:00 所有大楼开放

《50 分钟里 50 个视觉营销金点子》

上午 8:30 ~ 上午 9:30

买手信息交流会

上午 10:30 ~ 上午 11:00

《向不可能的人推销》

下午 2:30 ~ 下午 3:30

星期天

会展时间：上午 9:00 ~ 下午 6:00 所有大楼开放

《不仅仅是价格》

上午 8:30 ~ 上午 9:30

《让顾客惊叹和流连忘返的方法》

下午 3:30 ~ 下午 4:30

星期天之夜盛大表演

下午 6:00 ~ 晚上 8:00 市场内广场

音乐与舞蹈之夜，免费酒吧与自助晚餐供买手与参展商享用！

星期一

会展时间：上午 9:00 ~ 下午 6:00 所有大楼开放

《你的员工：招聘、解聘、挽留、培训》

上午 9:00 ~ 上午 10:30

《供应商合作关系》

下午 3:30 ~ 下午 4:30

星期一之夜派对

下午 6:00 ~ 晚上 8:00 市场内广场

享受音乐之夜，免费自助晚餐、啤酒和现金支付酒吧。

星期二

会展时间：上午 9:00 ~ 下午 4:00 所有大楼开放

星期三

市场上很多常设样品间开放，仍有机会买货。参与活动的样品间清单可在秀场拿到。

与买货办事处一起工作

正如你在前面几章中了解到的，买货办事处为客户店铺提供很多咨询和顾问服务。出差前，买货办事处的人可以帮你安排行程预订酒店，如果你把商品需求告诉他们，他们会在市场中为你找寻和预看商品，有些供应商的商品不适合你们的需求，你就不必去拜访了，这样可以节省时间。

在拜访供应商或参加其他市场活动之前，你应该与买货办事处代理人交谈，努力与这些人建立牢固的关系。你对他们的了解越多，他们对你的帮助就越大；深入了解你的需要，买货办事处就能提供更有价值的帮助。你应该跟他们一起回顾商品买货计划，讨论大致的市场前景。此外，他们可能会告诉你市场上有哪些新货源。有些买货办事处会提供一间房间，店铺买手可以在这里查看供应商送来的样品。同样，有些供应商的商品不适合你们的需求，你就不必去了，也可以节省时间。

买货办事处代理人也会提出一些对货源、款式、颜色或面料的看法，如表 12.1 所示，许多买货办事处还会为同类店铺的买手举办时装发布会和研讨会。花点时间去参加这些活动，可以有机会与其他有类似买货情况的买手交换看法与观点；买货办事处不代理你们的竞争对手，因此不会泄露你们的商业机密。

表 12.1　买手可以从市场上了解到的家居用品方面的时尚信息

理念	颜色	面料及肌理	主要产品
高科技	孔雀蓝	不锈钢	磨砂玻璃
和谐均衡	水仙黄	白金 / 铬	压花木制品和皮革制品
与时俱进	哈密瓜绿	聚丙烯	蚀刻金属
干净简洁	南瓜黄	皮革	另类金属
有光泽	珊瑚红	剪羊毛	皮革家具
线条笔直	水绿色	擦痕	塑料餐具、酒具及家具
双罗纹针织品	黑色	覆盖涂层	
模块化	灰色	压花	
管状	灰白色	冲压	
曲线		透明蜡	

拜访供应商

无论你要去拜访的供应商是在中心市场、地区性商品集市还是贸易展会上，为了保证拜访一切顺利，都应遵循一定步骤：

1. 每天拟一个暂定行程。别太死板，因为计划可能会发生变化。

2. 按计划顺序走访货源地。确定市场旅行中要查看的商品类别，然后分类列出你要拜访的供应商清单。许多买手按照分类进行考察，这样有助于在一天结束之际理清思路。如果采用这种方法，你将看完一个商品类别后再看下一个；不过，中心市场的货源分布情况也许不适用这种方法。例如，你想要拜访的几家供应商可能在同一幢大楼里，然而他们的商品可能分属不同类别。在造访这幢大楼时，不去拜访那儿所有供应商就太不明智了。在小商品 / 服装集市上，一次看一个商品类别效果很好，因为同类供应商互相靠得很近，往往就在同一层楼面上。为了更好地了解优质产品的组成，许多买手还喜欢先看价格最高的产品再看价格较低的产品。

3. 准时赴约。如果你必须取消会晤，请尽早打电话通知对方。市场访问不要草率从事，在样品间匆忙而过通常会让买手错过重要商品，或忽视值得注意的产品特性。在经过精挑细选的少量供应商这儿仔细查看商品要好过到二三十家供应商那儿走个过场。

4. 下订单之前要查看所有商品。第一次查看商品时，要做好详细记录并进行初步筛选，如图 12.5 所示。有些产品可能需要再次查看，但在初选时，你可以排除掉许多产品。

5. 边看边给商品定价。在仔细检查商品之前不要开口询问价格。查看商品时，在心里给它定个价。如果供应商报价低于你的估价，那么这可能是笔好买卖，也可能是你忽略了这件商品的缺陷。如果报价高于你的估价，那么可能是你忽略了某些特点，也可能是商品标价过高。

6. 做好详细记录。你的笔记应包括商品的具体细节，如价格和尺码范围、承诺的补贴与折扣以及供应商名称、地址和电话号码。在下任何订单之前要根据买货计划权衡所有采购意向。需要根据计划分析采购订单，以确保商品类别、价格带、颜色、尺码等各项要求的合理分布。在安静的酒店房间或店铺办公室里做出选择。用你自己的表格下订单，因为表格中含有你需要知道的信息。

图 12.5 买手必须详细记录每家供应商的商品信息

访问工厂

你可能想去市场中拜访为你们店供货的生产厂家，这些工厂往往位于中心市场附近，通过访问，你可以更详细地了解店铺销售的产品；还可以更好地了解生产厂家是如何运作的。如果你打算对商品作一些小的改动，这样的访问特别有用。

你还可以去拜访有采购意向的工厂。通过访问你可以确定生产厂家是否有能力生产所需产品，还可以证实生产厂家采取的质量控制手段。也要去访问小的生产厂家，也许你可以在那里找到非常规的独特商品。

其他市场活动

与市场上其他买手交谈，了解他们对目前市场状况的看法，甚至是他们为自己的店铺选择了什么商品。很多宝贵信息来自于买手与伙伴间的非正式谈话。

也要给非市场活动留点时间。观察街道上的行人或成群结队的人们，你可以发现新的流行趋势。在出差过程中逛逛零售店铺，看看商店橱窗，也许还应该探访一下这座城市中有名的店铺。

访问网上展厅

今天，买手足不出户就能访问某些市场。这些日子以来，互联网上涌现出来的零售业 B2B 网上展厅简直令人目不暇接。这些市场把许多买手和卖方聚集在一个中央枢纽，双方在此合作与谈判所需的费用与时间仅占以前那些交易花掉的一小部分。此外，网上展厅为那些无法轻易接触到传统市场的国家和地区提供了便捷渠道。

如今，可供时尚买手挑选的在线样品间很多。例如，Showroom New York（fashionsourceny.com）为新兴设计师留下一席之地，设计师每月支付 250 美元费用和总销售额 5% 的佣金即可。另一家在线样品间 Bel Esprit（belesprit.net）也在推荐新兴设计师，并且在市场营销和分销等领域为设计师提供帮助。LA showroom（lashowroom.com）拥有顶级制造商提供的款式，以在线时尚批发市场自居。

总而言之，网上展厅向通过中央枢纽进行的交易按交易额的一定比例收费。这笔交易费通常由卖方承担，根据所售产品不同，其收费从商品价格的 1% 到 15% 不等。

对零售商而言，在线市场打开了一扇门，可以找到更多品种、更多合作伙伴而不影响效率。不过，大多数专家预测，网上展厅可能对中小型零售企业与供应商更具吸引力。他们要做的只是用电脑在互联网的动态环境中展开实时互动。今天，大多数零售分析家认为互联网 B2B 业务毫无疑问将继续快速发展。

准备商务谈判

在到达市场之前，除了商品买货计划之外，你应该制订一个商务谈判计划。谈判实际开始的时间总是比面对面会见早几周甚至几个月，**商务谈判**（negotiation）不仅仅是一个事件，它还是你们为了获得优势而收集和利用信息的过程。

提到“谈判”这个词时出现在你脑海中的印象是什么？许多人会想到“阴谋诡

计”以及无休止的讨价还价、只有一方能以赢家姿态胜出的会议。而你将看到，谈判涉及到的远不止这些。大多数美国人似乎都不喜欢谈判，但是在其他许多国家中，谈判是家常便饭。如果你曾经出国旅行，参观过任何一家市场的话，你就会知道，每个人都在讨价还价；然而在美国，许多人常常认为讨价还价是那些小气的、斤斤计较的、拒绝合作的人在耍手段。其实有许多场合你不得不进行谈判。

你是否曾经说服过父母给你买辆车？你引用的论据是什么？你有没有向他们强调给你买了车以后他们能得到什么？如果他们决定买车，是谁和汽车经销商谈判的？你们是按照标签上的价格付款的吗？很可能不是，如果你们谈判过的话。

事实上，几乎所有涉及他人的活动都包含有某种形式的谈判，难得有两个人事事保持意见一致。如果你已婚，很有可能必须就这样的事进行谈判：早上谁先洗澡，要买什么样的新车，周末去哪里吃饭，什么时候买新的家用电器，或是去哪里避暑。我们每天都在谈判。

像大多数人一样，从孩提时代起，当你第一次不得不与兄弟姐妹或邻家小孩分享玩具时，就在学习谈判，你们不得不商量谁先玩，可以玩多长时间。业务谈判也是一样，两个人之间要互谅互让。换句话说，谈判是双方满意达成一致的过程；谈判也是基于这样一个前提：人们愿意为了得到一些东西而放弃另一些东西。

作为买手，每次与供应商打交道都将涉及商务谈判。你的目标是降低成本、改善条款及提高补贴，供应商的目的是以你可以接受的最高价格得到这单生意。如果要在谈判中达成一致，你们双方都要放弃一些东西。

在谈判开始前，你需要彻底了解市场，即将进行的采购量越大，越有必要进行调查。你需要了解顾客需求，竞争形势和经济状况，以及计划采购的产品的技术指标。你应该经常拜访不同类型的供应商并进行比较，还应该阅读报刊杂志和行业期刊以了解目前最新的趋势。除此之外，了解制造成本将提高你谈判价格的能力。磨刀不误砍柴工，调查研究并不是浪费时间。

分析你的立场

准备好与商务谈判相关的实际情况，了解你所采购产品的存货状态、期望利润率以及目前市场趋势。开始谈判之前，对每一家有合作意向的供应商进行供应商品分析。确保你能向供应商证明你的提议是合理的，准备好给出理由解释你为何要求对方让步。

确定供应商的立场

你还需要研究供应商的立场。你们的买货办事处可以帮助你，为你提供目标交易对象的相关信息。了解供应商的另一种方法是与来自非竞争对手店铺的买手交谈，要尽可能多地从那些与供应商谈判过的买手那儿获取信息。

了解供应商的公司情况对你制订商务谈判计划也很有帮助。例如，如果生产厂家生意很好，供应商在与买手的谈判中就可能会更大方；或者，如果该公司正面临困境，供应商可能需要特价处理存货。

提高谈判技巧

谈判需要你提高各种技能，成功的谈判技巧归根结底就是一件事：善解人意。优秀的谈判者既考虑己方的需求，也考虑对方的需求。优秀谈判者的特点包括创造性、良好的倾听技巧、良好的组织能力以及自信心等。优秀的谈判者能灵活运用外交手腕。出色的谈判者善于倾听，他们提问题是为了收集信息，或者刺激和引导他人的思路。

了解人类行为对谈判参与者很重要。你必须研究别人，因为谈判的关键是人而不是条件或条款。成功的谈判者对他人的需求十分敏感。你需要研究心理学，但更重要的是倾听与观察，判断人们以前在类似情况下作何反应。人类的行为模式是可以预测的，但理解这些模式需要研究和分析。

你还要见机行事，保持开放的心态，随时准备因势利导。最重要的是必须与供应商保持友好关系。由于商务谈判造成供应商与你关系疏远，只会在将来的业务往来中节外生枝。

确定谈判的目标

开始谈判之前应该认真制订目标，确切知道在谈判的每个节点上你想要得到什么。在准备过程中，应该回答以下问题：

- “我能接受什么条件？”
- “我能提出多高要求？”
- “我能做出多大让步？”
- “我能给出什么条件？”

提前设定你的底线与上限，在与供应商的最初谈判中不要透露这些信息，要坚持到底。一旦确定你能接受的底线与你能放弃的上限，你就需要评估供应商的上限和底线。永远不要假定谈判对手是公正合理的，他们的目标可能只对他们自己是合理的；况且，对你很重要的东西对供应商来说可能无足轻重。

为谈判打好基础

善于谈判的人知道对方并不是敌人；相反，任何阻碍双方达成积极成果的事物才是敌人。要知道环境和人是会变化的，你必须随机应变。作为买手，你将参与数以千计的商务谈判，很难相信其中会有任何两次相互雷同。

建立友好关系

与朋友交流远比与陌生人相处更自在，所以在开始谈判前，试着与供应商建立融洽的关系。即使你以前见过这个人，还是需要重新建立关系。当你们遇到棘手的问题时，创建一种开放、温和的氛围会起到意想不到的效果。

先将谈判重心放在一些小问题上，那些看起来最容易解决的问题。流露出信心在谈判中也起到很大作用，要有信心和热情。在谈判的整个过程中获得并保持信心的方法是确保你的立场是建立在充分调查的基础上的，不要打无准备之仗。

提出问题

在谈判过程中，你还要判断供应商的需求。提出问题，仔细倾听，给供应商开口的机会。具体来说，你应该找出供应商对这两个问题的答案：

- 供应商能接受的底线是什么？
- 供应商能提供的上限是什么？

提出探索型、开放型问题，不断提问，直到了解到所有你想知道的事情，要坚持不懈。认真聆听回答，你可能会发现其中隐含的信息。你的问题应该中肯，不会冒犯对方，应该让供应商知道你为什么想要了解这些信息。

通过提问澄清供应商所说的话。你可以这样说："让我确认一下我是否理解你的意思。"然后用自己的话复述供应商说过的话。

倾听并留意非语言线索

有效的谈判取决于有效的倾听，供应商可能会在交谈中透露他们的底线与上限（图 12.6）。在谈判中做到多听少说，你就有机会获得更多关于供应商立场的信息；有了足够信息，就更有可能得到你想要的结果而不用放弃太多。倾听和说话一样具有说服力。

图 12.6
非语言线索可以揭示很多与谈判有关的信息

有经验的谈判者还会观察对方的姿势，寻找某些身体信号，例如，供应商靠在椅背上，双臂交叉，可能意味着他们反对你说的话。也要当心你给供应商的非语言线索，谈判过程中保持平静，放平肩膀端坐不动，并直视供应商。你也许还需要练习这些技巧，但它们真的很管用。

制订谈判策略

达成共识是谈判的本质和目的。在一场成功的谈判中，人人都是赢家。除非协议双方离开时都感到他们尽其所能达成了最佳协议，否则算不上真正的谈判。当谈判顺利结束时，没有输家。

谈判是一项竞争性活动，应该当机立断而又有专业精神。制订谈判策略时，你应分析自己的个性特点以及谈判对手的特点，然后再制订战术或技巧以实现目标。不过要谨记，供应商也会制订策略与战术。

谈判风格

问问唐纳德·特朗普或比尔·盖茨，他们是什么谈判风格，他们也许会自诩“坚韧不拔”。不过要记住，如果你采用“硬汉”战术来威逼供应商，那么他们有可能不想再跟你做生意了；而其他任何听说过你的战术的人，也不想跟你做生意了。在谈判之前，分析你的个性特点；在谈判过程中，分析供应商的特点。要想谈判顺利进行，你和供应商双方都必须有合作的意向。

你在谈判时是否如临大敌？如果只关心输赢，那么从长远来看，你可能不是一个成功的谈判者。有些谈判者并不关心双方能否合作以及关系是否长久，他们的目标是通过权力、威胁甚至是欺骗来取得胜利。

你在谈判时是否会轻易让步？有些人遇事太容易退让了；他们尽量保持低调，避免对抗。表现出这种个性特点的买手或供应商，他们的工作都干不长。

这两种特点是谈判风格的极端例子。你应该培养一些特质，让自己成为**合作者**（collaborator）。就是说，你应该将焦点视为双方共同关心的问题，而且设法找到能让供应商和你双赢的解决方案。

谈判战术

在选择谈判**战术**（tactics）时，每个人都应该清楚自己的目标。谈判战术的基础应该是熟悉谈判者及其组织。你选择的策略和战术在某种程度上取决于你或供应商的权力。你们双方都拥有一定权力；然而，双方的权力都不完整。你们店铺需要采购产品，可是供应商不止一家；供应商需要出售产品，但需要采购的零售商也很多。有时，经济形势和市场状况给予供应商或你们的权力可能会更多。例如，在经济衰退时，供应商可能有大量商品滞销，在谈判过程中你的权力会更大；相反，当经济好转，供应商出售的产品存在大量需求时，供应商的权力更大，就不太愿意做出让步了。你需要了解自己权力的极限，并且认识到供应商权力的极限。永远不要利用店铺的影响力去威胁供应商，你们也可能会面临窘境，会有需要他们支持的时候。

学会识别和应对谈判战术。常用谈判战术如下：

- 要么接受，要么放弃。这种战术用于谈判陷入僵局或没时间再进一步谈判的时候。显然，双方有可能无法达成一致，有一方可能会离开谈判桌。如果处理得不好，这种战术会引起不满。

- 职权所限。这一战术要求买手表现出自己被授权以最高 20 美元买下特定商品，更高的价格需要获得商品经理或财务总管的批准。
- 但是你能做得更好。这一战术是激励供应商再努力一些来完成这笔交易。
- 但是我下不了决心。这一战术将说服买手的重担压在供应商肩上。供应商将承担买手的角色，总结问题，指出相关优缺点。最终，供应商可能会改善报价，设身处地地帮助买手下定决心。
- 事实与数据。这一战术可能会决定谈判结果。数据最多的人形成的局面最有利。
- 要是……又怎样？这一战术用于下列问题：

  “要是我增加采购数量又怎样？”

  “要是我们合并同类项又怎样？”

  “要是我收到发票 10 天内而不是 30 天内付款又怎样？”

  “要是我们提供的质量保证期再延长六个月又怎样？”

  “要是我们提出以八折再买一套又怎样？”
- 让我们折中一下。这一战术需要买手和供应商双方放弃同等数量的争议差额。通常这一战术用在差额很小且谈判即将结束的时候。
- 时间压力。这也是供应商和买手双方常用的战术，其目的是让对方放弃些什么。供应商会用下面这些说法迫使你马上作出决定：

  “下个月会涨价。”

  “这个报价的有效期只有十天。”

  “订单收到后四周交货。”

  “现有库存不多了。”

  作为买手，你也可以采用时间压力战术。例如，你可以说：“我明天就要回去了，在今天结束之前我需要你的最终报价。”时间压力战术对于有时间的人来说有用，但真的缺少时间则会在谈判中对你不利。

谈判包括讨价还价与相互妥协。谈判者应该专注于战术，只有在谈判结束时才能妥协。准备充分，争取主动对于在谈判过程中占据优势极为重要。此外，谈判技巧是可以学习的，而实践才是提高谈判水平最有效的方法。

讨价还价

商务谈判过程包括供应商和你之间对交易的讨价还价和达成一致。试着从供应商的角度理解对方的提议，这样你就会知道对他们来说什么最重要。

在谈判中，沉默是最厉害的工具之一。人们不喜欢沉默，通常会试图用信息来填补空白。例如，假定供应商对你说：“我不能保证到月底还是不是这个价格。”如果你保持沉默，让供应商说话，对方可能会暴露出实际情况并非如此。

妥协（compromise）通常是在正常谈判过程中达成的，然而妥协并不是谈判的唯一目的。真正的谈判技巧是找出解决方案，刚好让对方同意，但不能再多了。

在商务谈判中接受第一个报价是不明智的，因为这种做法会让你摸不清对方底细。要避免让步太快，如果你急于加速完成谈判，可能会毫无必要地放弃一些东西。商务谈判需要充分讨论，而不是快刀斩乱麻。

大多数让步是在谈判进行到最后 20% 的时间做出的。在谈判中得失取舍在所难免，如果形势所迫不得不如此，那你要确保放弃的东西不会偏离你的长期战略。

谈判者经常在能谈到更好条件时太快做出肯定答复。要学会以“望而却步”作为标准反应来对付任何提议，然后扮演一个心不甘情不愿的买手。

如果你认为商务谈判已接近尾声却没有得出结论，就向供应商寻求解决方案，要以合作关系为基础。事实上，供应商可能会给出一个你从未考虑过的可以接受的方案。在商务谈判的这个阶段，要避免发出**最后通牒**（ultimatum），这是最常见但效果最差的谈判策略。即使供应商屈服了，对方也会对你心怀不满。你很有可能打算再跟这家供应商做生意，在这种情况下，如果对方输了，你也赢不了。你赢了而供应商却输了，这对将来做生意没有好处；在离开谈判桌时，如果是双赢，那么你不仅谈成了一笔生意，还获得了一种建立在相互尊重的基础上的合作关系。谈判结果不应该是“成王败寇”，当你认识到这一点时，你已经踏上了商务谈判成功之路。

谈判备忘录

在开始商务谈判前，列出清单引导谈判。要坚定而自信，直截了当地提出要求。谈判可能涉及以下这些重要议题：

- 价格
- 折扣
- 运输条款
- 补贴
- 退货权
- 独家专卖
- 低价优惠
- 特定买货
- 自有品牌
- 供应商支持的促销活动
- 货品交付

这些议题将在第十四章进行更全面的探讨。作为买手，你的责任是努力争取让店铺获得所有补贴或服务，因此你必须知道供应商能提供什么。

谈判结果

商务谈判是一种实际的商业关系，而不仅仅是为了赢得对方让步。争强好胜的态度在个别交易中也许有用，但在持续的业务关系中，谈判成果必须符合各方利益。此外，对双方有利的解决方案应该传达双方对利益的看法。伟大的谈判家是化解难题的高手。

谈判是一项基本商业技能，其中包括你传递的态度，运用的战术和你表露出来的对他人情感及需求的关心，谈判的目标是双赢，发展长期伙伴关系。理解、接受、尊重、信任和持久的业务关系是成功谈判的结果。

第十三章

在国外市场上找寻货源

采购来自全球化商业市场的进口产品

决定从国外进口商品，你需要为进入全球化商业市场做好准备，要尽可能详细了解你考虑作为商品进口国的人民、文化和零售企业，甚至可以学习一门新的语言，至少是学几个关键词语。

决定从国外采购商品

考虑海外采购的买手可以在全球商业市场上找到令人兴奋的商品；然而，在做出从国外货源地进口商品的决定之前，应该考虑以下指导原则：

- 确认来自国外渠道的产品是店内现有产品种类的合理延伸。
- 只有在国内产品成本缺乏竞争力的情况下才考虑从国外采购商品。
- 要认识到与国外供应商的沟通可能更为困难。
- 分析从国外采购商品的运输成本和交货时间。
- 除了运费，还要了解与国外采购相关的其他所有成本。
- 从少量采购做起，循序渐进。在进行大宗商品采购前，先尝试采购少量国外产品。
- 最开始的时候，要保留备用货源。

从国外采购商品的原因

许多产品已经可以在美国制造，然而美国国内买手还是从国外物色货源，采购商品。这些买手从国外市场大量进口各种商品，其中包括汽车、家具和服装。为什么买手要从国外采购商品？主要原因有：

买不到

有些产品唯一的货源是国外市场。例如，在美国国内如今几乎不再生产照相机或激光唱机了，一些食品也必须靠进口，包括葡萄酒和烈酒。此外，无法在国内复制的手工制品也靠进口。当顾客想要的产品在国内买不到时，买手必须到国外市场采购这些商品。

低成本

从美国国外市场进口的商品往往比从美国国内采购的同类商品成本低。之所以成本低，通常是因为许多发展中国家的工厂付给工人的工资非常低；不过，有些国家的工资正在逐步上升。

质量

美国生产的商品质量是不错，然而有些国家生产的是优质产品。世界上最好的亚麻布来自比利时和爱尔兰，意大利有用于制作服装、手提包、鞋子和皮带等的精制皮革（图 13.1），中国丝绸和印度棉织物世界闻名。许多美国消费者也意识到国外产品质量技高一筹，如果让消费者说出性能最好的汽车品牌，他们很可能会提到德国宝马和奔驰以及瑞典沃尔沃。

图 13.1
意大利有用于制作服装、手提包、鞋子和皮带等的精制皮革

独特性

顾客想找到与众不同的东西，而国外市场是独具特色的商品来源之一。款式别致的特殊手工制品可不是国内渠道能轻易找得到的。美国顾客好像总是在找寻新的、不同的、独特的产品。

流行趋势

从全球来看，欧洲时装依然颇具影响力，世界各地的买手奔赴巴黎和米兰参加时装发布会，发现新的流行时装。海外采购让买手有机会为顾客提供令人兴奋的新产品，让店铺保持流行引领者的地位。

从国外采购商品会遇到的障碍

如果选择从国外渠道采购商品，必须意识到可能会存在一些障碍。你不该因此对国外货源望而却步，但是要小心从事。以下是一些典型障碍：

需要提前进行采购

由于进口产品交货所需的时间比较长，国外采购比国内采购要早得多，销售预测更加困难。时间越长，趋势越难预测；不过，行业期刊、流行预测机构、买货办事处和报告服务机构能帮助买手进行长期趋势预测。

交货问题

从国外采购的商品，常常由于码头罢工和天气问题等意外事件造成交货延误。因为海外采购涉及的交货距离太远，在运输过程中可能无法核查货物所在的方位。此外，流行商品几乎不可能追加，在追加单到货前季节可能已经临近尾声。买手签订的所有合同都应包括商品交付日期，如果货品晚到，双方应协商处理。

规格不符

全球商业市场的产品标准各不相同，许多从国外市场上采购的商品可能与本国

产品的规格尺码不相符。S-M-L 在不同国家代表不同尺码。克服这一障碍最有效的方法是给生产厂家提供具体的尺寸规格表。

额外的费用与时间

当你需要亲自出差买货时，国外市场不如国内市场方便，因为走访几家供应商很困难，访问几个国外市场需要的时间更长。你可能要奔波于同一城市的不同区域，甚至前往不同城市查看和比较产品。

长期占用资金

进行国外采购时，占用零售商资金的时间要比国内采购长。国外工厂通常要求零售商在货物出口前付款，而大多数国内生产厂家则会放宽信用证条款，允许零售商在货品交付之后的一段时间再支付款项。

寻找国外货源

买手先要对商业市场进行分析，确定本公司的最佳选择是海外采购，然后再寻找国外货源或供应商。零售买手可以：（1）亲自去国外市场买货；（2）通过中介机构采购。

亲自去国外市场买货

许多买手自行制订采购方案，从国外市场进口商品，为商店提供独具特色的国外品牌。制订方案的方法之一是亲自接触国外市场，比如采购流行商品需要直接谈判。然而，派买手去国外市场的费用不低，只有大型零售机构才能承担得起。

除了参观国外工厂外，买手去国外市场出差时还应该参观相关博览会和贸易展会，这些展会可持续几天或一周，吸引了世界各地的买手和零售商。

如果考虑亲自去国外买货，买手应该意识到自己需要克服一系列问题，其中包括语言、社交和文化差异。

买手必须了解商品采购地所在国家的语言。在谈判时，如果能在不用翻译的情况下进行沟通，不仅意义重大，而且可以减少误解的发生。尽管英语逐渐成为国际化贸易语言，但在许多小国家，会讲英语的代理人仍寥寥无几。

买手必须意识到世界各地间的文化存在差异，买手正在谈判的生意有可能在你的举手投足之间功亏一篑。在日本，脱鞋进入别人家里属于举止得当，但在美国可能会令人不快。表 13.1 列出的资料介绍了各国礼仪要点。

表 13.1 各国礼仪要点

柬埔寨	不要触碰柬埔寨人的头或从他们头上传递物品，因为他们认为头是神圣不可侵犯的
中国	不要挥舞筷子或用筷子指指点点，不要把筷子直直插在米饭碗里，也不要用筷子敲碗，这些举动都被认为是极其无礼的
印度	不要赠送用皮革制成的礼物，因为许多印度人是素食者，而且认为牛是圣物。在餐馆中招待印度客户时也要牢记这一点。不要挤眉弄眼，因为这被视为挑逗
日本	当着给你名片的人别在名片上写字或把名片胡乱塞到后面的口袋里，这是失礼的。要双手接过名片并仔细拜读
马来西亚	如果你收到商务伙伴的邀请，要以书面回复。别用左手，因为左手被视为不洁
新加坡	如果你打算送礼的话，要送给公司。给个人送礼被视为行贿
越南	只与向你伸手示意的同性握手。男性或女性在公开场合中有身体上的接触会遭人非议
法国	在商务会见时保持平静，彬彬有礼。不要表现出过分亲密，因为这会引起猜疑。不要询问私人问题
希腊	如果你需要做手势叫出租车，将你的掌心向内，并合拢手指。掌心向外举起五根手指的姿势被视为冒犯
墨西哥	如果到业务伙伴家中拜访，除非业务伙伴谈起，否则不要提及生意的事
西班牙	外出就餐时要自己结账。等着服务员先给你拿账单过来被视为无礼

通过中介机构采购

也许大多数买手无法亲自去海外市场出差买货，对他们店铺来说，出差的费用太高，时间太长。另外，有些出差去国外市场的买手也许无法适应别国语言与风俗习惯。在这种情况下，买手可以使用**中介机构**（intermediaries）或中间人，中介机构也有好几种。

- **国外买货办事处**。在国外市场运营的**代理商**（commissionaire）或国外买货办事处与国内买货办事处的职能类似。办事处成员在当地生活，他们能帮助零售买手更好地理解国外市场的语言与风俗习惯，他们也比只在那儿待一两个星期的买手更熟悉市场。此外，买货办事处代理人还能为买手追加商品以及安排商品仓储。最重要的是，他们常常在国外市场物色合适的商品，熟悉双方的情况。他们一般按照采购总额的一定比例收取费用。
- **进口商**。买手也许会发现，美国国内**进口商**（importers）的商品价格比自己到国外市场去采购的成本只高出一点点。进口商能拿到数量折扣，并把节省下来的费用转让给买手。许多进口批发商会冒险先行在国外市场采购商品，并将商品进口到美国，储存在仓库里。买手可以比较一下国外商品与国内商品的成本。

选择合适的国外货源

当买手确定有意采购国外产品后，下一步将是找到最佳货源供应商。首选的国外供应商应该与国内供应商有旗鼓相当的优点：诚实可靠、价格优惠、讲信用、质量保证、交货及时等。买手采购的商品来自于距离商店千里之遥的其他国度，可能很容易出问题。

在与国外供应商签订合同之前，一定要检查该供应商的信用状况。应定期要求对方提供参考资料，这是清理出不可靠供应商的重要步骤。如有可能，参观一下制造产品的工厂，判断供应商是否符合你方质量标准，是否符合政府法规条文，还可以观察员工的工作条件和其他安全问题。

对于服装等产品，需先下订单才开始生产。因此，要尽快对样品进行分析。不过要记住，即使供应商提供的样品质量上乘，发出的大货也有可能质量堪忧。

详细了解和评估国外货源意义重大，这并不是杞人忧天，如果买手选择错误，可能会给当季销售带来难以估量的重大损失。

分析影响采购决策的其他因素

在找到符合买手标准和规范的合适国外货源后，下一步是了解可能会影响商品采购的政府法规或限制。进口到美国的商品大多需交税，即**关税**（duty 或 tariff）（图 13.2）。征收关税的主要目的是造成进口商品的成本高于国内生产的货品，从而降低进口商品的数量。税金是按照产品价值的一定比例收取的，商品的种类和原产地不同，这个比例也不一样。

图 13.2
进口到美国的商品大多需缴纳关税

由于进口管理条例繁多，许多零售商支付了不必要的高额关税。零售买手可以在采购订单和发票上详细描述产品，从而省下一笔可观的税金。例如，某家居建材零售商通过精确描述其采购的进口砖瓦商品可以节省 33% 的指定关税：砖瓦的税率从釉面马赛克地砖的 20% 到屋面瓦的 13.5% 不等，非马赛克地砖的税率为 19%，在发票上简单写上“砖瓦”一词将导致高额关税。采购服装同样需要精确描述产品，衬衫和上衣的关税是不同的。

与关税有关的两大协定极大地影响了美国与国外市场的贸易往来。关贸总协定（GATT）和北美自由贸易协定（NAFTA）对于美国买手如何从国外采购以及采购哪些商品具有极其深远的影响。

关贸总协定（1994）降低了大量产品的关税达 40% 左右，涉及美国和其他 123 个国家之间的新贸易规则。北美自由贸易协定还逐步消除了美国、墨西哥和加拿大之间的贸易壁垒，墨西哥也已成为美国买手采购产品（尤其是服装和纺织品）的主要国家。墨西哥离美国很近，买手可以快速拿到订单。

适当标注产品的原产国也可以降低关税，税率根据采购地点的不同而异。曾经有段时间，同样是瓷砖，如果从意大利进口，要交 13.5% 的关税，如果从以色列进口要交 4.3% 的关税，从巴西进口免税，而从捷克进口的话，要交 55% 的关税。在日益全球化的市场中，零售商展开竞争，监控关税作为一种提高利润的手段显得更加重要。

此外，买手还需确认已获得正常贸易关系地位的国家。至今仍广泛使用的**最惠国待遇**（most-favored-nation status）同样属于一种正常的贸易关系。这种待遇使得从这些国家进口的商品税率较低。

配额对进口商品数量和消费者支付的价格也有影响。**配额**（quota）是一国政府预先决定的允许某些特定种类的产品进口的数量。配额是保护本国制造商的另一种手段。

进口商品还必须符合政府对产品安全的有关规定。例如，美国零售商从国外采购的儿童睡衣必须是阻燃的，买手必须确保纤维成分阻燃以及织物后整理经过阻燃处理。有些零售商甚至自行对有特殊规定的产品进行测试。

国外商品的定价

采购进行到这个阶段，买手已经对国外货源做出了很多决定。然而，在合同签订之前，需要仔细检查所有与采购国外货品相关的费用，需要持续监控本国贸易法规、保险、运输成本、中介费和仓储成本等诸多因素。只有了解这些信息，才能充分比较本国或其他国家生产的同类产品的总费用。

买手必须了解所有可能与采购国外商品有关的费用，能够计算出进口商品的到岸价。**到岸价**（landed cost）是指从国外采购商品的最终成本，其中包括商品成本、关税、佣金、保险金、仓储费和运输费。

国外商品的付款方式

国外商品的采购合同签订后，下一步是决定付款方式。在制订海外买货计划时有一点很特别，那就是买手可能必须向国外供应商出示信用证。**信用证**（letter of credit）是买方银行对卖方的一种承诺，保证买方有足够资金可以购买所订购的货物。零售买手必须认识到，信用证只能保证支付货款，它既不能保证产品质量，也不能保证及时交货。一张信用证只适用于一批特定货品。

了解全球市场

既然已经开始从国外采购商品，就必须了解世界各地的零售行业如何受到全球化影响。零售业的全球化进程体现在许多方面，其中包括零售技术、理念和实践的转变，越来越多的零售商逐渐成为真正的全球化企业。

零售业的全球化

如今，来自世界各地的供应商可以任由买手挑选商品。国与国之间的贸易壁垒正在减少，几乎所有美国零售商都会采购一部分国外生产的商品，大多数美国零售商还面临着总部设在其他国家的企业的竞争。今天，零售商必须意识到全球化市场的存在。不仅美国零售商会不断进行全球化扩张，美国本土市场也将对海外竞争更加开放。

美国国内汽车工业和服装行业已经受到市场全球化扩张的冲击。对这两个行业来说，来自远东的竞争对手已成为美国市场的主导力量，由于海外竞争者蜂拥而至，许多国内工厂已经倒闭。不过，海外制造商还不能将自己的市场份额视为理所应当，他们必须持续关注商业市场的动向，并且留心来自美国和其他国家的竞争。

进一步调查揭示，服装行业正在发生某些变化。远东及东南亚地区已经成为美国和欧洲服装和纺织品的主要进口来源地，中国和韩国服装厂生意兴隆，然而这种繁荣景象可能会受到威胁。这些国家的工资水平已经大幅度上升，来自孟加拉国、菲律宾、斯里兰卡、越南和土耳其等国的服装正在进入世界商业市场，这些国家的工资水平仍然很低。此外，美国许多服装进口商将加勒比海地区作为备用供货源，这里靠近美国本土，因此更容易掌控。虽然此地劳动力充足，但目前还没有能力达到远东地区的生产能力，无法满足高端产品的质量和数量要求。

北美自由贸易协定是美国与墨西哥和加拿大签署的一项贸易协定，计划取消三个国家之间的所有关税。关于初始阶段是否取得成功，大家的意见不一，这取决于不同的消息来源。贸易协定既造就了赢家，也产生了失败者，许多企业可能会发现自己介乎于两者之间。美国消费者从较低的零售价中获得实惠，而美国却失去了许多工作机会。

买手需要时刻关注全球商业市场，找准时机采购价廉物美的商品，因为市场瞬息万变。国外客商如果想向消费者提供符合他们心意的商品，也必须关注美国市场。买手和零售商必须警惕不同国家在全球市场上所扮演角色的逐渐变化。一个国家的经济增长或衰退会对买手的采购地点产生很大影响。

全球商业市场的未来趋势

全球商业市场的未来将会怎样？以下发展趋势可能会对买货产生影响：

- 四大贸易板块已初露端倪，其中包括西半球、欧盟、俄罗斯和若干前卫星国以及中国、日本和西太平洋沿岸地区。这些板块的内部贸易可能会蓬勃发展，板块之间的贸易可能会更加困难。
- 包括美国在内的许多国家对**自由贸易协定**（free trade agreement）的监管更为严格。这类协定可能导致许多产品的消费价格下降，所有产品的市场更加广阔。然而，随着其他国家生产效率的提高，美国国内企业将受到影响，而且这些行业的亏损将导致失业率上升。

第十四章

进行采购

销售条款

销售谈判中最重要的条款包括：（1）价格；（2）折扣；（3）运输；（4）补贴；（5）退货权益。

价格

在你去市场之前，价格谈判已经开始。你应该尽可能多地了解市场和谈判对手的情况。例如，经济衰退或生产厂家内部出现问题意味着供应商也许愿意在价格上做点让步。如果你知道商品已经生产好了，而且会过时，就有大把机会谈个折扣价。另外，如果你了解生产成本，那么对供应商可能愿意减价多少就会心中有数。

当你在市场中查看商品时，要在询价前先估算一下零售价。如果供应商的报价低于你的判断，有可能这是笔好买卖。如果报价比你的判断高，那你是否忽略了某些重要功能？要重新检查商品，然后确定对方是否报价过高。在你去商店购物时，可以猜一猜商品零售价，顺便练习这一技巧。

在市场中，要比较不同供应商的报价。把市场走个遍，有些供应商可能愿意降价竞争。然而，大多数买手不会仅仅因为价格低就选择某一家供应商，你还应该检验其他条件，比如供应商的可靠性、交货时间、折扣或补贴。

供应商会随着采购数量的增加而降低商品价格。也许你无法增加采购总量，但却可以将订单合并给同一家供应商，从而争取更大的数量折扣。有些减价也可能以免费赠送的形式提供，例如，当你购买 100 箱产品时，也许有 2 箱是免费的。

在价格谈判中，供应商必须注意不得违反美国 1936 年出台的罗宾逊帕特曼法。该法案禁止州际贸易的价格歧视，所有减价必须在平等的基础上提供给所有买手。生产厂家必须提供证明，给买手的所有减价都来自于卖家生产成本、销售成本或交付成本差异。例如，如果卖家交付给零售商甲的大批商品成本实际上低于为零售商乙生产的一小批货，那么供应商可以将此差异以减价形式转给零售商甲。

在价格方面，如果市场价格在规定时间内下降了，你还可以协商**跌价保证**（price decline guarantee），对店铺起到保护作用。例如，3 月 1 日买手采购了一批电脑，每台 1 000 美元，生产厂家在 3 月 15 日把价格降到了 950 美元。有了跌价保证，买手将在订单签订后一段时间内，受到价格下跌保护。在这种情况下，供应商将按每台电脑 50 美元退钱给买手。

折扣

折扣很可能是谈判中最重要的条款，它可以降低商品价格。必须确定每家供应商提供的折扣类型，如果可能，尽力争取。你可能会遇到以下几种类型的折扣。

数量折扣

供应商经常会提出**数量折扣**（quantity discount）来吸引买手订购更多商品。有些买手根据整个季节所需商品的预估数量下订单，并与供应商约定订单取消日期，为了获得折扣，买手会增加订单商品数量。

供应商给买手数量折扣是因为他们处理数量大的订单时可以省钱。提供数量折扣可以降低生产厂家的生产成本：他们可以大量订购原材料，还可以更有效地计划生产进度。而且，无论订单数量大小，填写订单需要的时间是一样的。数量折扣举例如下：供应商对数量超过 125 打的订单给予 2% 的折扣。折扣额度可以用计量单位或计价金额来表示。

季节折扣

有些买手提前采购商品，可能会得到**季节折扣**（seasonal discount）。滑雪板、空调或割草机等产品可能会有季节折扣。生产厂家从季节折扣中获益，因为他们能更高效地安排生产进度，并保持熟练工一年到头都有活干。季节折扣举例如下：供应商向在 10 月份订购明年交货的割草机的买手提供 2% 的折扣。季节折扣的确很有吸引力，不过你必须确定你订购的是最新款式或型号。

商业折扣

很多时候买手可以根据制造商标价获得**商业折扣**（trade discount），生产厂家可能会报出一系列折扣作为商业折扣。例如，某商品标价 1 000 美元，商业折扣为 40% 和 10%，但并不等于 50% 的折扣。每个折扣的计算基数是从标价中扣除之前折扣金额的余额。根据上面的例子，首先计算出 40% 的折扣额，即 400 美元；从标价中扣除这笔金额，得到余额 600 美元；然后再从 600 美元中扣除 10% 的折扣，即 60 美元，给买手的成本就是 540 美元。

现金折扣

生产厂家也会向见票提前付款的零售商提供**现金折扣**（cash discount）。生产厂家希望零售商越早付款越好，而零售经理则希望买手通过谈判获得现金折扣，因为这样可以为店铺在市场中提供价格优势。折扣可以扭亏为盈，因此没有店铺能够视而不见。现金折扣条款的表达方式通常是“2/10 net 30”，意思是如果买手在开票之日起 10 天内付款可以享有 2% 的折扣；如果在此期间内没有付清货款，则应在 30 天内全额付款。

零售商享有现金折扣的时间取决于各种日期条款。常用日期条款如下：

- **以开票日期为准**（ordinary dating terms）是最常见的现金折扣，享有折扣的时间从开票日期开始计算。之前那个例子表述的就是以开票日期为准的付款条件。

例题

11 月 12 日收到一批货物，开票日期为 11 月 10 日。根据 5/10 net 30 的付款条件，这批商品的折扣日期是哪天？全额付款何时到期？

解

根据以开票日期为准的付款条件，付款日期要从开票日期开始计算，即 11 月 10 日。付款条件表明，零售商在 10 天内付款即可享有折扣，折扣日期就是 11 月 20 日，即从开票日期开始的 10 天。全额付款是从开票日期开始的 30 天到期，即 12 月 10 日。

- **以收货日期为准**（ROG dating terms）是指允许买手从店铺收到货物之日起开始计算折扣时间，而不是从开票日期开始算。日期条款可以表述为“2/10 net 30 ROG”，在这种情况下，从收货日期开始，有 10 天时间可以享有 2% 的折扣。

例题

11 月 12 日收到一批货物，开票日期为 11 月 10 日。根据 5/10 net 30 ROG 的付款条件，这批商品的折扣日期是哪天？全额付款何时到期？

解

根据以收货日期为准的付款条件，付款日期要从收货日期开始计算，即 11 月 12 日。付款条件表明，零售商在 10 天内付款即可享有折扣，折扣日期就是 11 月 22 日，即从收货日期开始的 10 天。全额付款是从收货日期开始的 30 天到期，即 12 月 12 日。

- **以当月月底为准**（EOM dating terms）是指允许买手从月底开始计算折扣时间。日期条款可以表述为“2/10 net 30 EOM”，在这种情况下，从发票开出的当月月底开始，有 10 天时间买手可以享有 2% 折扣。有一个例外，如果开票日期落在当月 25 日或之后，享有折扣的最后一天就要从下一个月的月底，而不是从开票日期所在月月底开始计算。

例题

11 月 12 日收到一批货物，开票日期为 11 月 10 日。根据 5/10 net 30 EOM 的付款条件，这批商品的折扣日期是哪天？全额付款何时到期？

解

根据以当月月底为准的付款条件，付款日期要从开票当月月底开始计算，即 11 月底。付款条件表明，零售商在 10 天内付款即可享有折扣，折扣日期就是 12 月 10 日，即从 11 月底开始的 10 天。全额付款也是从月底开始的 30 天到期，即 12 月 30 日。

- **以附加日期为准**（extra dating terms）是指买手在指定的附加时间内付款可获得现金折扣。日期条款通常表述为“2/10 net 30 60X”，在这种情况下，买手从开票日期外加 60 天开始，有 10 天时间享有 2% 折扣。

例题

11 月 12 日收到一批货物，开票日期为 11 月 10 日。根据 5/10 net 30 30X 的付款条件，这批商品的折扣日期是哪天？全额付款何时到期？

解

根据以附加日期为准的付款条件，所有计算要从开票日（即 11 月 10 日）开始，外加供应商同意给买手的附加时间。付款条件表明，零售商的付款时间为 10 天，另外再附加 30 天可享有折扣，总共 40 天，即从开票日期开始 40 天，折扣日期是 12 月 20 日。全额付款是从开票日期开始 60 天到期（净付款日期 30 天外加附加的 30 天），即次年 1 月 10 日。

- **以预定日期为准**（advance dating terms）是指发票在将来某个特定时间到期。例如，一批割草机 1 月 14 日交货，发票上的付款条件是“2/10 net 30 as of May 1”。在这种情况下，买手从指定日期（5 月 1 日）开始可以有 10 天享有现金折扣。

例题

11 月 12 日收到一批货物，开票日期为 11 月 10 日，根据 5/10 net 30 as of December 1 的付款条件，这批商品的折扣日期是哪天？全额付款何时到期？

解

根据以预定日期为准的付款条件，付款日期要从付款条件中给定的日期开始计算，即 12 月 1 日。付款条件表明，零售商 10 天内付款即可享有折扣，折扣日期是 12 月 11 日，即从付款条件中给定的日期开始 10 天。全额付款是从给定日期开始 30 天到期，即 12 月 31 日。

回扣（anticipation）是一些供应商为在现金折扣日期前付款的买手提供的额外折扣，通常只有在店铺备有足够现金的情况下才能拿到回扣。

买手并不一定能拿到折扣条款。如果供应商不太确定买手的信用，会要求商品**货到收款**（COD，collect on delivery），这就意味着当货物交付时，运输公司会按发票金额收款。

运输

运输条款可能也需要协商。如果货运费用由店铺承担，你们需要指定货品运输方式。在选择货运方式时，时间和费用是重要的考虑因素（图 14.1）。如果商品要得很急，就要选择最快的货运方式；不过，速度快往往意味着费用高。

图 14.1
在买手与供应商谈判运输方式时，交货时间和费用是重要的考虑因素

就像折扣一样，运输条款也有很多种。每种运输条款都要指明由谁来承担货运费以及买手何时取得货物的所有权。货物所有权非常重要，因为它表明在运输途中由谁对货物负责。术语**离岸价**（FOB, free on board）与运输费用有关。常用运输条款有以下几种：

- **产地（工厂）离岸价** [FOB origin (factory)] 是最常用的货运方式。当卖方将货

物交给运输公司时，货物所有就转交给买手，运费以及其他费用与风险由买手承担。

- **目的地（商店）离岸价** [FOB destination (store)] 是指由生产厂家承担运费的货运方式，当商品送到零售商店时，货物所有权才转交给买手。对买手来说，目的地离岸价是最理想的运输条款。
- **目的地离岸价，运费到付**（FOB destination，charges reversed) 是指货运费用由买手承担，但在货物运输途中，责任由卖方承担。
- **目的地离岸价，运费预付**（FOB destination，freight prepaid) 表示由卖方承担运费，但买手在货物装运后立即取得货物的所有权。
- **指定地点离岸价**（FOB shipping point) 是指生产厂家拥有货物所有权，并承担货运费，直到商品抵达配送地点；买手则从抵达地开始取得货物所有权，并承担运费，直到货物到店。

补贴

许多供应商可能还会给买手特殊补贴。最常见的一种补贴是**合作广告**（cooperative advertising）。如果买方发行的广告中有生产厂家的产品，生产厂家会同意按一定比例支付广告费用，通常在付款之前供应商会要求买方提供发行广告的证明。有了合作广告，供应商对店铺广告类型有一定的控制权。合作广告是店铺减少促销预算的一种途径，不过这种做法也存在一些问题；这类广告可能会打乱店铺原有的广告计划，而零售商有可能受到合作广告的影响，只推广广告指定产品。有些供应商愿意为首选销售位置付费，研究表明店内特定位置具有相应价值，因此供应商情愿花钱去买可以增加销量的首选位置。由供应商支持的促销活动常用于食品、汽车和化妆品，供应商可能还愿意提供广告宣传、店内活动、免费产品或与店内促销有关的公关活动。

今天，许多买手还会与生产厂家协商 floor-ready 商品，即包含价格标签（图 14.2）和 RFID 标签在内的商品，这样可以更有效地进行存货控制，防止商品失窃。

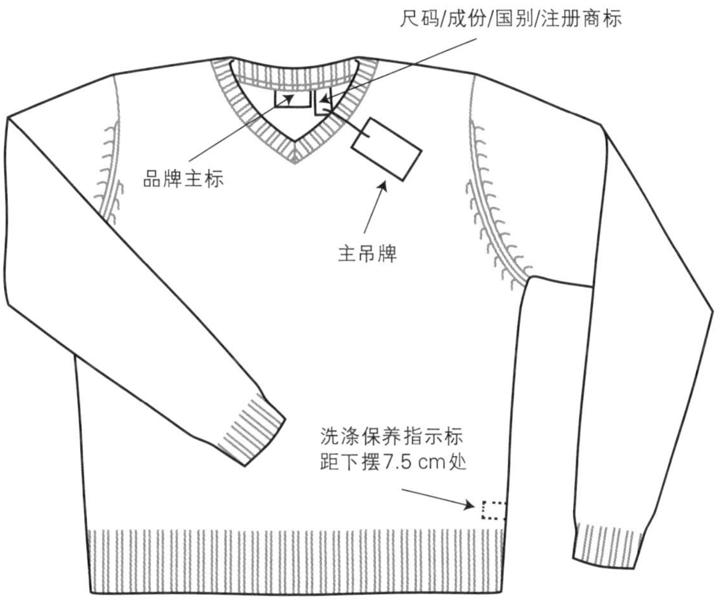

图 14.2
在商品到店前，买手要向制造商说明标签缝入或吊牌挂放位置

退货权益

有些供应商可能会同意接受零售商退回来的滞销商品。在出售新商品时，供应商经常使用退货权。因为新产品没有历史销售数据，零售商认为其风险很大，如果商品在一定时间内卖不掉，供应商同意接受退货。接受退货的供应商必须认识到这种做法可能会导致未售出商品在季末产生大量退货。常用退货条款有以下两种：

- **经销**（on memorandum）是指进店商品有退货权。店铺付款购买商品，但有机会在指定时间结束时退回未售出商品。
- **寄售**（on consignment）是指买手把商品放在店里销售，在商品售出后付款，随后买手可以将未售完商品退回去。寄售方式可以增加店铺存货而不必占用资金，但滞销商品可能会占用宝贵的销售位置。

特殊买货情况

与供应商的谈判可能还会涉及一些特殊情况，本章节中将详细讲述，其中包括自有品牌、特约买货、促销买货、打包买货、折扣商品买货以及非正品和次品。

自有品牌

多年来，零售商提供的产品分类仅限于全国性品牌。对店铺来说，全国性品牌早已获得顾客的广泛认可，与全国性品牌相提并论可以提高店铺声誉。此外，大多数生产厂家推出大量促销活动支持全国性品牌。然而，对零售商来说会产生一个问题：产品缺乏独特性，整个市场大同小异，因为竞争对手经营的品牌与自己相同。

零售商开始想方设法让自己脱颖而出，其中有一些转去开发**自有品牌**（private brand）（又被称为自有标签），这样可以避免直接竞争。自有品牌是由零售商开发的，目的是为顾客提供独特的商品。

不过在决定推出自有品牌之前，必须进行调查研究，判断它在市场上的可行性。你需要了解顾客购物时选择某个品牌的动机。了解顾客需求，你提供的产品组合才能充分满足这些要求。

品牌必须让顾客感到物有所值。换句话说，品牌必须提升产品价值。如果你们店铺决定用自有品牌的产品来替代全国性品牌的同类产品，必须控制好产品质量。质量过硬的自有品牌才能与全国性品牌相媲美。今天的消费者更精明了，在购买产品时不仅关心价格，更看重做工与质量。

如果你们店铺决定推出自有品牌，必须回答几个问题。你们必须确定自有品牌在总的商品分类中占多少比例，还要决定商标上采用店铺名字还是其他署名。如今，大多数店铺已不再使用店名作为自有品牌。

建立自有品牌项目还需要资金。生产厂家要求的采购数量可能很大，因为在使用你们的商标之前他们可能需要对产品进行一些改动。另外，店铺必须进行推广活动，让顾客了解你们的新品牌。

为了让顾客认识和了解自有品牌的意义，广告和视觉营销必不可少。大部分零售商在宣传自有品牌的同时，也会宣传全国性品牌。培养顾客偏好也需要进行促销，这就需要给予自有品牌与全国性品牌相同的待遇。杰西潘尼将自有品牌和全国性品牌同样陈列在显著位置，强调其质量与特色；梅西百货以 Morgan Taylor 为名创建的自有品牌给人留下深刻印象，以至于许多人都以为她是个真实人物。

自有品牌的质量也很关键。在增加自有品牌之前，买手必须采取措施保证顾客满意，产品需经过测试以保证颜色不失真、剪裁合身，而且面料耐穿。如图 14.3 所示。买手会在市场上进行产品测试。

图 14.3
买手必须测试市场上的产品质量

许多自有品牌的表现优于全国性品牌，但它们必须与众不同才能成功。自有品牌不能只是抄袭仿制全国性品牌。当你们店铺决定开发自有品牌的时候，可以把自己的设计拿给生产厂家，也可以依靠生产厂家进行产品开发，有些商品企划顾问和买货办事处也会为自有品牌的开发计划提供帮助。

你们店铺也许会因为有可能获取高额利润而开发自有品牌，但这种做法目光短浅，除非自有品牌能满足顾客需求。店铺能效控制自有品牌的价格和促销等营销策略。

要想成功，自有品牌必须以特殊价格提供做工精良、独一无二的商品，与全国性品牌一争高下。以前，许多零售商认为自有品牌应该是廉价、低价产品；今天，品质及其稳定性才是关键；甚至还有种趋势，要提高自有品牌档次，包装自有品牌，吸引特殊缝隙市场。消费者市场越来越细碎，这为一些新品牌提供了机会，其中包括针对特定消费群体的自有品牌。

在今天的市场上，自有品牌的发展趋势是什么？在许多店铺，关于自有品牌与全国性品牌的争论声不绝于耳。有些零售商强烈支持自有品牌，有些则激烈反对。老海军 (Old Navy）、艾迪堡（Eddie Bauer）、贝纳通（Benetton）和盖璞等零售商百分之百经营自有品牌，而有些零售商几乎没有自有品牌。

大多数零售决策者感到，全国性品牌从长远来看是有利可图的。如果 Claiborne 品牌衬衫卖不动，可能只需减价 15%，而自有品牌的衬衫可能需要降价 30%~40% 才能卖掉。

凯马特等商店大力推广自有品牌，宣传活动声势浩大，凯马特还一直努力建立个性化自有品牌。凯马特的 Jaclyn Smith 品牌服装系列大获成功，以美国电视剧《摩登家庭》（*Modern Family*）的明星命名的 Sofia by Sofia Vergar 品牌时装饰品系列也毫不逊色。通过这种方式，凯马特利用自有品牌为店铺树立了时尚形象。

自有品牌的减少也同样引人注目，最值得注意的是西尔斯百货公司转型为西尔斯品牌中心。在过去数十年中，西尔斯的声誉来自于许多自有品牌，如 Kenmore（家用电器），Craftsman（工具及绿化园艺），Diehard（汽车电池），Road Handler（轮胎）和 Toughskins（男童牛仔）。如今，西尔斯除了自有品牌之外还经营着 1 000 多个全国性品牌。

在经历了一段衰退期后，自有品牌在超级市场再展雄风。现在，大多数超级市场的经营者表示，店内自有品牌的数量有所增加。多年来，食品类自有品牌的产品质量一直饱受消费者诟病，会发生这种情况主要是因为过去超市一直把重点放在低价上。店主们现在认识到销售产品不能仅靠价格，还必须品质稳定，物有所值。

改进包装也推动了超市自有品牌的经营状况。对店铺来说，包装升级促进了销售额增长，在广告与促销上投入更多力量也改善了自有品牌的形象。现在许多食品杂货店的广告上将近 30% 是自有品牌。

零售商也意识到自有品牌与全国性品牌之间的价格差异不能太大也不能太小。他们知道价格过低可能弊大于利，因为消费者会因此质疑产品质量。尽管消费者觉得全国性品牌会更贵些，但一般来说，自有品牌标价至少应该比全国性品牌的价格低 20%；如果差价低于 20%，消费者会被全国性品牌所吸引；另一方面，如果差价超过 30%，消费者将不愿购买自有品牌。

零售商不可能完全放弃全国性品牌，他们认为，全国性品牌蓄势待发，可以推动市场趋势。不过，自有品牌仍会继续为商品组合锦上添花。

特约买货

与开发自有品牌相比，有些买手可能更愿意参与**特约买货**（specification buying）。在某些情况下，买手可能会指示产品的具体规格（图 14.4）或对质量、工艺或款式提出改进意见。有些特约买货并不涉及提升品质，只要令商品不同于竞争对手的同类商品即可。

如果你们店铺要做特约买货，可能需要产品开发人员。而且，特约买货需要产品销量足够大，以保证生产厂家愿意根据建议改进产品。在特约买货时，你还必须关心质量控制问题。

促销买货

促销买货（promotional buying）是指为店铺促销活动采购商品，这通常是买手整个商品计划的一部分。因为零售商在一年中频繁搞促销，买手必须在市场上寻找特别的促销品参加这些促销活动。一般来说，你会有兴趣寻找一些价格低于常规售价的商品，你必须仔细计算所需数量，确保在促销完成后不会剩下太多库存。在为店铺找到新商品之前，应该分析现有库存，看看是否有商品可以减价作为促销品，如果促销品之前曾在店内销售过，顾客会更容易识别出商品的价值。

图 14.4
特约买货规格指示图

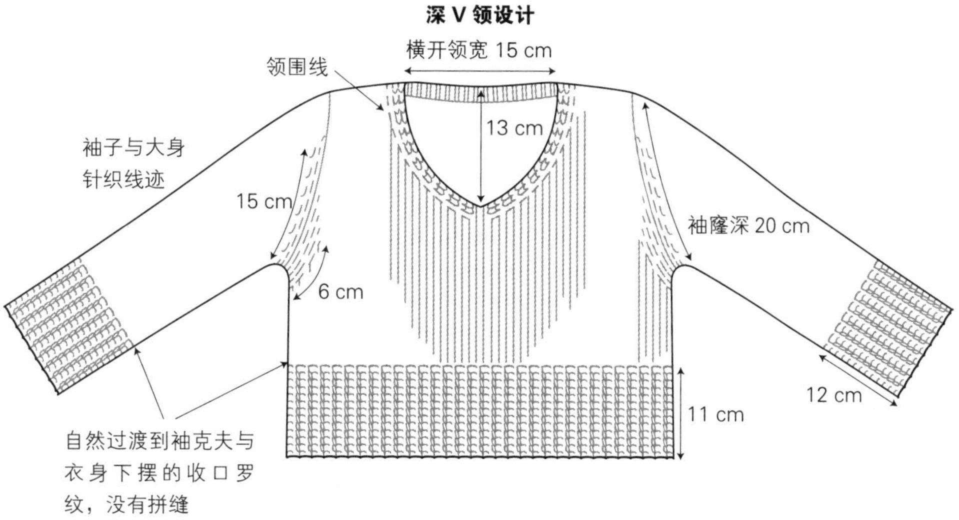

打包货

市场上的供应商也许还会向你提供**打包货**（job lot）。打包货是指供应商无法按正常价格销售出去的各类商品，因此只能减价出售。打包货包含的商品往往价值各异，所以你制订的零售价应有利于快速销售货品。如果估计打包货的利润无法达到你们部门的计划毛利率，就应该考虑采购其他商品。

采购打包货还存在其他风险，尺码、颜色和款式可能杂乱无章。打包商品的质量也许非常好，但顾客可能无意购买。如果店里本来就在销售打包商品，那风险可能会小一些，因为这些商品可以加到现有商品系列中。在销售季节即将结束之际得到打包货，买手又会有另一种风险。尽管商品价格非常便宜，但因为店铺在季末才收到，要是打折幅度不大，商品可能会滞销。

你还必须判断采购打包货对现有商品系列会产生什么影响，会不会出现同类替换的情况。换句话说，打包商品产生的销售可能会取代店内原有商品的销量，结果无法维持计划毛利率，因为你可能被迫对店内商品进行大减价。

折扣商品

有些店铺买手可能会专门采购**折扣商品**（off-price），即零售商为了给顾客提供低价名牌商品，以超低折扣采购生产厂家过剩商品。Burlington Coat Factory，Marshalls 和 T.J. Maxx 等零售商提供的就是折扣商品，有些供应商甚至还建立了直销型折扣工厂店来销售自己的过剩商品。折扣商品商店的价格大约比百货商店出售的相同商品低 20%~30%。

折扣商品买货需要你在进行采购前耐心等待销售季节的来临。折扣商店的顾客更关心价格，而不是抢先拥有新潮时装。等到进入销售季节再开始采购，买手通常可以在市场上找到生产过剩的商品，也有可能供应商此时愿意以超低价格出售产品。

非正品和次品

在市场上，你也可能会遇到略有瑕疵或稍有损伤的商品。例如，衣服上可能出现抽丝或破洞。由于生产制造的工艺流程的原因，服装会产生一定数量的次品。生产厂家可能会发送商业文件公告或通过市场代理人来通知买手这些产品的供货情况。

有瑕疵或有损伤的商品一般被归类为**非正品**（irregulars）或**次品**（seconds）。非正品有肉眼微不可辨的小瑕疵，次品有更为明显的瑕疵或损伤。由于这些货品价格低廉，买手为顾客采购这些商品就能省下一大笔钱，有些直销型折扣店专门出售非正品和次品。

采购非正品和次品是有风险的。顾客必须有这方面的产品需求，这些产品应与其他产品相协调，并且符合店铺的经营方针。有些买手从不采购次品或非正品，因为这会损害店铺努力打造的追求品质的形象。

店铺通常把非正品和次品与一等品分开，单独放在其他区域中进行销售。商品上往往附有特殊标签，告知顾客这是次品或非正品。大型百货公司通常把这些商品放在低价商品区域。

下订单

在做出采购商品的决定，并且商定各项条款之后，你可以准备填写采购订单。采购订单是买手与供应商之间的合同，必须仔细填写，以免出现差错，付出高昂代价。生产厂家的代表也会提供订单，但大多数买手更愿意使用自己的订单，因为每家企业的订单格式不一样，遗漏了什么重要信息就危险了。

订单的类型

买手下的订单有各种类型：

- 由买手直接给供应商下的常规订单。
- 追加单是追加之前采购过的商品。有些流行商品零售商会限制追加单，不断下单生产新的商品，保持进店商品新颖鲜活，令人兴奋。
- 为满足个别顾客需要而下的特殊订单。
- 预约订单是商定在未来某个时间交付货品的常规订单。如果买手愿意提前下订单，可以享有特殊折扣。
- 买手常常会给买货办事处下未结订单，买手将选择能满足店铺指定要求的供应商。
- 欠交订单是买手对供应商过去没能完成的货物或部分订单所下的订单。

采购订单的组成部分

通常每张采购订单都标有序列号，且包含以下信息：

- 店名和地址。
- 下单日期。
- 供应商名称和地址。

- 送货地址。
- 销售条款（日期条款和 FOB 条款）。
- 订单的取消日期。
- 部门编号。
- 商品分类编号。
- 商品描述，包括单位数量、库存总数、单价和总价。
- 买手或其他授权人签名。
- 特殊说明。

一般来说，买手的采购订单有好几张副本，原件交给供应商，买手保留副本。在大型商店里，副本还要送到收货处（在商品到店时要核对送来的商品）和财务部（要为订购的商品付款）。

有时候，你最好等出差回来以后再填写采购订单，这时有机会三思而行，可以在没有供应商的压力或其他市场活动干扰的情况下检查订单。

订单的跟进

订单完成以后，你仍然有一定责任要确保商品到店。例如，当商品没有按时到店时，可能需要跟生产厂家或运输公司核实情况；在特别促销活动开始前，应该联系生产厂家以保证所需数量的商品会准时送到；你可能还要追踪延误或遗失的货物。

买手可能还要参与**质量检验**（quality check），以确保运来的商品与你在市场上所见商品的质量完全一致。店里其他员工可以负责对收到的商品进行**数量检验**（quantity checks），包括清点数量以及核对尺码、颜色和型号等是否正确，核对采购订单和发票上的数字，以确认实际收到的是订购的商品，确保开给店铺的账单正确无误。如果有货物要退还给供应商，必须填写相应表格。如果发现其他类型的差异，可能需要采取不同措施。

如果供应商发出的是替代品，应通知买手。有时供应商可能无法严格按照要求完成订单，但可以发出几乎完全相同的商品。在替代品装运前，买手应该有机会拒绝接受。如果接受了没有订购的商品，你将会为店铺树立一个非常危险的榜样。

在商务谈判和订货过程中，你与供应商应该在相互尊重、公平对待以及诚信的基础上建立起合作关系。你的成功将有一部分取决于你与供应商的合作与理解。

第十五章

商品定价

确定零售价

零售价包括商品成本和附加金额，即所谓的加价。加价必须足够大，不仅可以支付零售机构的营业费用，同时还能产生利润。

构成零售价的要素

售出商品成本（cost of goods sold）包括商品实际成本加上商品从供应商到商店的运输费用。商品零售价取决于商品成本和**加价**（markup）。

要制订合适的加价，需要估算费用与利润；要进行估算，需要提前制订销售预测。在估算费用时，必须要知道有些费用是不会变的，另一些费用则会随着销售而增加或减少。一般来说，费用可以分为固定费用与可变费用。不管店铺售出多少商品，**固定费用**（fixed expenses）都不会发生变化，比如房屋抵押贷款和保险费。**可变费用**（variable expenses）的变化与销售直接相关，这类费用一般会随着销售的增加或减少而递增或递减，比如佣金、运输费用、物料和广告宣传费用。你可以根据以往记录与行业平均水平估算达到预估销售水平所需的费用。

在商品定价前还必须制订利润目标。零售商获得的利润因业务类型不同而各不相同。食品杂货店的商品周转非常快，可以获得不到销售额 2% 的利润；而专卖店的商品周转慢多了，利润可能会超过 5%。美国零售联合会报道了各类零售企业的平均利润，这些数字可以作为衡量零售业绩的标准之一。

如果不仔细计划加价幅度，也许会导致零售价过高，商品可能卖不动。如果加价额太低，无法产生足够的收入支付费用和为店铺带来利润。

加价率

根据这些要素，零售价的构成公式如下所示：

零售价 = 成本 + 加价额

为了计算成本或加价额，这个公式也可以重新排列如下：

成本 = 零售价 - 加价额

加价额 = 零售价 - 成本

公式中所有组成部分都可以用金额或百分比来表示。在大多数情况下，令人感兴趣的可能是加价率，而不是加价金额。当你将计算结果与店铺以往记录、目标或行业平均水平相比较时，用百分比可以更好地衡量店铺的业绩表现。

一般来说，加价率是以零售价的百分比来表示的。公式如下：

加价率 = 加价额 / 零售价

让我们通过计算验证。假定商品的单位成本是 40 美元，加价额是 35 美元，以零售价为基数，加价率为 46.7%（35 美元 / 零售价 75 美元）。

初始加价率

作为买手，怎样才能制订出最适合的加价呢？你必须估算零售价的影响因素，包括销售额、费用、利润、减价和现金折扣，然后用下列公式来确定初始加价率：

初始加价率 =（费用 + 利润 + 减价 - 现金折扣）/（销售额 + 减价）

让我们仔细研究这个公式。必须认识到所有这些数字都是“计划的”，或者是在预期销售水平的基础上预测的。预测不准确将导致定价决策的失误。

销售额

应当先制订销售额。正如你已了解的，销售预测建立在以往销售记录以及内部和外部条件变化的基础上。例如，随着产品销售季节临近尾声，顾客需求减少，零售商必须降低零售价以便出清剩余库存（图 15.1）。这个算式的其他组成部分都会受到计划销售额的影响。

图 15.1
顾客需求减少，销售额会降低，零售商必须降低零售价以便出清剩余库存

费用

必须根据计划销售额制订固定费用和可变费用，必须估算销售额对可变费用的影响。

利润

还必须预估店铺期望从销售额中获取的利润。同样，也可以根据店铺以往记录或行业平均水平来进行预测。

减价

在确定初始加价率时，还必须考虑你们店铺或部门将要经历的计划**减价**（reduction）。减价包括降价、员工折扣和特殊顾客折扣、损耗。

- **降价**（markdown）是指初始零售价的减少。几乎各行各业都必须计划减价，因为顾客可能不会在商品原价时购物，商品会因为陈列过久或触摸过多而残旧，或者是在季末时需要降低价格来清理库存商品。本章关于零售价调整的章节中将更

全面地解释降价这个问题。初始零售价足够高，在采取降价时仍能产生计划销售额与利润。

- 折扣也会降低售出商品的初始零售价。员工或老年人等特殊顾客群体可享受折扣。你必须对计划时间段内将发生多少折扣有一定预估。
- **损耗**（shrinkage）是指并非由于销售引起的存货减少，损耗的主要原因是员工监守自盗和店铺失窃。在进行预估时，要认识到损耗必将发生而且无法完全控制。预估损耗应计入初始加价中，并将因此提高计划零售价。

现金折扣

有些供应商可能会给提前付款的零售商现金折扣。有了现金折扣，零售价可以降低，因为这些折扣减少了营运费用。在初始加价公式中，要减去现金折扣。

初始加价公式的组成部分可以以金额为计算单位，也可以按销售额的百分比进行计算。让我们用这两种方法分别计算例题。

例题

某店铺计划销售额 50 000 美元，其中利润 2 500 美元，计划降价 5 000 美元，计划损耗 500 美元，没有发生员工或顾客折扣，计划费用 15 000 美元。用初始加价公式计算加价率。

解

初始加价率 =（ 15 000 + 2 500 + 5 500 ）/（ 50 000 + 5 500 ）

初始加价率 = 23 000 / 55 500

初始加价率 = 0.414

初始加价率 = 41.4%

在计划加价时，许多店铺根据预估零售额百分比进行预测。这种假设认为，尽管各项要素的金额会由于不同销售预测产生变化，但它们占销售额的百分比仍将保持不变。

例题

计划费用为销售额的 30%，店铺期望利润为 5%，降价预计为销售额的 10%，损耗预估为 1%。用同样的公式根据这些百分比计算初始加价率。

解

初始加价率 =（ 0.30 + 0.05 + 0.11 ）/（ 1.00 + 0.11 ）

初始加价率 = 0.46 / 1.11

初始加价率 = 0.414

初始加价率 = 41.4%

（注意：当用百分比来计算时，总是以 100% 作为销售额占比）

店里所有产品的加价率不太可能完全相同。某些商品的加价率可能低于计划初始加价率，另一些商品的加价率可能相当高。另外，成本相同的产品对于顾客的吸引力可能完全不同，因而需要不同的加价率。有些流行服装和容易腐坏的食品需要很高的加价以抵消大幅度降价或极高的损坏率。尽管商品的加价率各不相同，但总体目标是要达到店铺或部门的计划加价。

初始加价率一经设定，即可计算单项商品的零售价。如你所知，零售价就是商品的成本加上期望加价额。店铺管理层往往已经为店铺设定了加价率，你的任务是在已知成本与加价额的情况下确定商品零售价。

因为我们以零售价为基础处理加价率，故零售价总是等于100%。让我们用这些数据来确定零售价。在前面例子中，计划加价率是41.4%。假定商品成本为50美元，零售价是多少？填上已知数据，如下所示：

	美元	%
成本	50	
+ 加价额		41.4%
= 零售价		100%

我们知道成本占比为58.6%（100% – 41.4%）。记住，重新排列这个公式即可计算成本：成本 = 零售价 – 加价额，这个公式对百分比和金额同样有效。现在，通过简单的代数计算就可以确定零售价。已知零售价的58.6%等于50美元（即成本），可以这样表示：

0.586 x 零售价 = 50.00
零售价 = 50.00 / 0.586
零售价 = 85.32

有些行业采用**加倍定价**（keystoning）来确定零售价，就是将成本翻倍作为零售价，由此产生的加价率将始终是零售价的50%。在竞争激烈的市场环境下，采用加倍定价的商品零售价将远远高于竞争对手，从而导致销量低于对方。在某些情况下，加倍定价可能不足以支付营运费用，或无法带来利润。

零售价的影响因素

前面解释的是成本导向定价法，即商品成本加上经过计算的加价得出零售价。显然，在确定零售价时必须考虑成本和营运费用。如果售价不足以支付这些成本与费用并产生利润，零售商就无法生存。

在大多数情况下，这些考虑因素被看成最低限价或**价格下限**（price floor），低于这个价格下限，产品无法定价。然而，这种计算方法在确定零售价之前并没有考虑其他重要因素，包括目标市场、经营方针、竞争对手、经济形势。

目标市场

店铺的目标市场取决于管理层确立的总体目标。作为买手，你必须了解店铺的市场定位，还必须了解顾客如何看待你们的店铺形象和产品价格（图 15.2）。有些顾客认为产品的价格高低与品质优劣成正比，比如服装和电子产品。了解目标市场还可以确定店铺或部门的价格范围。追求时尚的顾客渴望买到最新款式并愿意为此支付高价，而精打细算的顾客则会在市场上寻找最低价。总之，你必须确定你们的顾客是否认同商品的性价比。

图 15.2 这家商店的市场形象如何？会吸引哪些类型的顾客？

经营方针

管理层还将确定店铺形象以及为了打造这个理想形象应该贯彻的经营方针。价格决策必须以经营方针为指导，买手应该制订策略，实施经营方针，打造理想的店铺形象。

有些店铺想要创造颇具声望的形象，也许会采用撇脂定价作为基本策略。采用**撇脂定价**（skimming）的店铺对顾客需求最高的产品收取顾客愿意支付的最高价格。许多店铺在新产品投放市场时采用这种策略，当产品供应不足时，也可以使用这种策略限制需求。

另一方面，折扣店采用**渗透定价**（penetration）策略。他们关心的是以低价迅速渗透市场，在短期内产生很高的销售量。尽管每件商品产生的利润微不足道，但售出的商品数量越多，为店铺产生的总体利润就越高。当店铺想要快速赢得市场份额时会采用这种策略。另外，低价往往可以阻碍竞争对手进入市场。

有些零售商甚至采用**招徕定价**（loss leaders），即给特定产品指定一个不会产生任何利润的价格。招徕定价的目的是建立店铺客流量，零售商希望顾客进店后会购买其他商品。还有些零售商认为，招徕定价给顾客的印象是店里所有商品的价格都很低。不过，采用招徕定价要有娴熟的技巧，管理层必须确定顾客真的会购买其他商品。许多顾客买了特定商品后扬长而去，并未购买其他商品。另外，减价幅度太大的话，有些顾客可能会质疑商品是否有损伤或质量低劣。

零售商还根据顾客预期的情绪反应确定定价策略。他们通常采用非整数或整数定价。**非整数定价**（odd-cent pricing）是以指定数字作为尾数，试图以此影响顾客对零售价的感知。采用这一技巧的人假定顾客更愿意购买标价 9.99 美元而不是 10.00 美元的产品，认为顾客会把这个价格看成比 9 美元多几美分，因为他们更关注整数标价而不是小数点后的数字。然而，调查研究表明，非整数定价对销售几乎没有影响。折扣店通常采用非整数定价，而享有声望的店铺则采用整数定价。

有些店铺试图树立高档形象，经常采用**整数定价**（even pricing）。例如，采用 32.00 美元作为零售价，而不是标价 31.95 美元。整数定价往往可以提升产品档次，比如珠宝和香水。

店铺可能还会实行**价格序列**（price lining）定价决策。价格序列是指选择几个指定价格，且经营的各类商品仅限于指定价格。例如，男士白衬衫的定价分别为 29.95 美元，39.95 美元和 49.95 美元。

建立价格序列是因为顾客购买商品时总是希望有选择余地；不过，买手必须保证顾客能辨别出商品之间的不同之处。价格线少一些可以减少顾客的困惑，销售人员也可以对商品更加熟悉，更清楚其中存在的差别。买手选择商品会更容易，因为商品的价格水平已经预先定好了。

认真分析以往销售情况，选择销量高、具有代表性的价格建立价格序列。许多零售商设定三个**价格点**（price point），可以大致将商品分为上、中、下三档；然而，这种相关术语仅对特殊种类的商品有特定含义。

让我们举例说明如何制定价格点。假定买手分别向四家供应商采购丝巾，单位成本如下所示：

供应商甲：每条丝巾成本 5.25 美元
供应商乙：每条丝巾成本 5.33 美元
供应商丙：每条丝巾成本 5.00 美元
供应商丁：每条丝巾成本 5.13 美元

如果根据事先确定的加价率，可以计算出这批丝巾有四个不同但很接近的零售价，令顾客和销售人员感到困惑。买手会设定一个价格点，比如 10.99 美元，从而减少顾客因试图找出丝巾之间可能存在的细微差别而造成的困惑。

价格序列的主要局限在于统一商品价格的要求有时候会阻碍买手获得充足的产品分类，相同价格的商品要维持统一的品质也有难度。

价格序列的一个极端例子是整个店铺采用均一价。根据这项政策，店里所有商品都按相同的价格出售。那些专营廉价商品的商店往往会采用这种方法。

竞争对手

在设定零售价时，零售商还必须研究竞争对手的价格。你必须决定你们的定价是要与竞争对手持平还是低于或高于竞争对手。要根据竞争对手的价格确定定价策略，你需要密切关注市场上的价格变动。

定价与竞争对手持平

采用这种策略的店铺并不认为价格是一种重要的营销手段，他们会向顾客强调服务或地理位置等重要因素。

定价低于竞争对手

有些零售商试图把零售价定得比竞争对手低。然而，这样做需要以较低成本采购商品，或者营运费用低于竞争对手。有些零售商可能会储备自有品牌的商品，这些商品不那么容易与竞争对手经营的同类商品相比较。自有品牌的商品通常成本比较低，店铺的利润率较高。

如果店铺卷入价格战，试图以低价与对手竞争将带来灾难性的后果。当几家竞争店铺试图以低价相互竞争时，就会发生**价格战**（price war）。在价格战中，店铺争相降低价格来吸引对方的顾客。靠降价来击败竞争对手，店铺将无利可图，如果店铺唯一的竞争手段是价格，可能无法吸引那些渴望服务更周到或产品种类更丰富的顾客。

定价高于竞争对手

有些零售商试图通过同类商品定价高于竞争对手的方法来树立高档形象；不过，必须让顾客感到价格高得物有所值。通常定价高的店铺会提供免费服务（比如送货上门、安装产品和修改服装）、独家经营的商品、品质更好的商品，或是更个性化的销售服务。

经济形势

定价决策还必须顺应经济形势。例如，在经济衰退时期要降低价格以产生更多销售。供求关系对零售价也有影响。当产品供不应求时，零售商要价可以高一些；反之亦然，当供过于求时必须降低价格。例如，在冬季，当滑雪场积雪充足时，滑雪服及滑雪装备的价格会很高；但在少雪或没有雪的季节，同样这些产品，价格会暴跌。

调整零售价

为了适应不断变化的情况，必须经常对零售价进行调整。典型的三种价格调整分别是降价、取消降价、提价。

降价

不是每件商品都能按初始零售价销售，因而降价成为商品决策的关键要素。降价对店铺或部门收入的影响举足轻重，必须认真计划与控制。

降价的原因

采购差错、定价失误以及销售不当都会导致降价。此外，有些降价是为了吸引顾客，促进销售。商品降价的原因有以下这些：

- 当买手高估顾客需求时发生超买，为了清除过量存货而采用降价。小心保存销售记录、认真分析当前趋势，将帮助你避免这个问题。
- 有时候商品定价高于顾客预期。当采购以前从未经营过的新商品时，常常会出现定价过高的情况。

- 销售行为不当是降价的另一个原因。有时候销售人员对于产品的销售并未全力以赴。当新产品到店时，他们可能没有及时向顾客介绍，结果商品束之高阁，乏人问津，无法按原价出售。
- 到了季末，当某一特别系列的产品只剩下零星库存时也会发生降价。例如，运动衫也许只剩几件小号和特大号，需要折价处理以清空库存，这样才能增加新的商品。
- 另外，有些商品库存时间很长，可能已经弄脏或破损，这些货物需要降价处理。

降价的时机

零售商对采取降价的最佳时间存在分歧。有些零售商希望以初始零售价销售商品，因此尽可能地延迟降价的时间。这些零售商等到季末才会降价，让顾客确信每年同一时间会有特价销售，其中一些零售商以季末**自动降价**（automatic markdown）而闻名。例如，商品在 6 天后还未售出，将按原价的 75% 重新定价；6 天之后，50%；再过 6 天，25%；在最后 6 天之后，如果仍未售出，就将商品捐给慈善机构。尽管顾客知道数日之后降价幅度更大，许多人还是尽早购买以免商品售罄。

然而，大多数零售商认为，为了保持新鲜商品源源不断地补充进店，整个季节都应采取降价。另外，早期降价往往比季末降价幅度小。对于流行商品而言，一旦销售开始下跌就应该立即降价，基本款或主打商品的降价应该在商品库存时间过久开始变旧之前进行。

为了达到效果，降价幅度必须足以吸引顾客购买商品。例如，一件商品从 15 美元减到 14 美元很可能不足以使顾客对这一产品产生新的兴趣。

记录降价

作为买手，你需要保存降价的数量与金额方面的信息。以往降价情况对于计划初始加价至关重要。另外，还需要通过降价信息检验损耗情况。此外，了解具体的降价信息可以让你知道哪些产品将来可能不需要再追加了。

买手感兴趣的还有销售季节之中的**降价率**（markdown percentage）。要计算这个数字，必须知道降价总额和销售总额。降价率可以用以下公式进行计算：

降价率 = 降价金额 / 总销售额

例题

假定最初以每条 10 美元的价格采购了 100 条领带，标价为每条 20 美元出售。在季末，除了 10 条之外所有领带都按定价售出，这 10 条降价到 12 美元最终也售出。总的降价为 80 美元（10 条领带 × 8 美元）。总销售额为 1 920 美元（90 条每条 20 美元的领带为 1 800 美元，加上 10 条单价 12 美元的领带为 120 美元）。代入公式中，计算出总降价率如下：

降价率 = 降价总额 / 总销售额
降价率 = 80 / 1 920
降价率 = 0.04166
降价率 = 4.2%

按照零售会计规程，你可以这样计算降价率，但是为了广告宣传的目的，则要计算**零售价折扣率**（off-retail percentage），因为顾客认为减价是在原价基础上进行扣减（图 15.3）。可以用以下公式来计算零售价折扣率：

零售价折扣率 = 降价后的零售价 / 初始零售价

上例中，最后 10 条领带从初始零售价每条 20 美元降价至 12 美元，广告中的零售价折扣率应为六折（12 美元 /20 美元）。

图 15.3 通过广告、店内展示或其他促销活动与顾客沟通，传达讯息，宣传零售价折扣率

取消降价

在销售季节之初有许多降价促销活动，当时降价的库存商品在促销时可能并未售完。例如，情人节促销活动可能只持续几天，促销结束后，商品往往又重新定价，恢复原价，即出现**取消降价**（markdown cancellation）。

你需要记录取消降价情况。假设有 100 件初始零售价为 12 美元的商品，因特价促销，每件商品降价 2 美元。在促销结束时，有 90 件商品以促销价格售出，而其他则重新定价为 12 美元。对这一商品的取消降价应记录为 20 美元（2 美元价格提升 ×10 件剩余库存）。

提价

在价格上升阶段，许多零售商可能会发现有必要提高初始零售价。随着批发价格的上涨，基本商品最有可能出现**提价**（additional markup），也就是零售价格上涨，已经在销售区域的商品可以重新标价，从而反映商品采购价格上涨的情况。流行商品在销售季节不太可能提价，因为销售周期太短。

评估定价决策

定价决策一经制订，零售商必须对其有效性进行评估，零售组织通常依据计划定价目标的达成情况对定价决策进行评估。定价决策是否成功有三个衡量标准：市场份额、利润、加价达成。

市场份额

市场份额是指店铺销售额在整个行业或某一特定商业领域的总销售额中所占的比率。店铺的目标可能是保持或增加市场份额，不过，占有最大市场份额的公司不一定赚钱最多。为了占有市场份额，店铺可能不得不降低价格，而降低价格可能会造成利润下降。

利润

所有店铺都想确定合适的零售价来实现利润最大化。管理层通常将销售额的某个百分比作为利润目标。可以将实际利润与行业平均水平或以往记录相比较，也可以将不同阶段的利润增长率作为目标。

加价达成

可以根据加价目标在特定销售水平下的达成情况评估买手的表现。加价公式中含有预估利润，因此，如果在预期销售水平下达到加价目标，就会产生利润。

附 录

零售业基本数学公式

价格基本计算方法

加价额 = 零售价 – 成本

零售价 = 成本 + 加价额

成本 = 零售价 – 加价额

加价率 = 加价额 / 零售价 或者 （零售价 – 成本）/ 零售价

初始加价率 =（费用 + 利润 + 减价 – 现金折扣）/（销售额 + 减价）

零售价 = 成本 /（100% – 零售价基础上的加价率）

降价额 = 初始零售价 – 最终零售价

取消降价额 = （新的零售价 – 销售价格）× 重新定价的商品数量

降价率 = 降价额 / 销售额

零售价折扣率 = 降价后的零售价 / 初始零售价

计算计划存货水平

存销比 = 存货金额 / 实际销售额

月初存货 = 存销比 × 计划销售额

最大数量 = 每周销售量 ×（追加周期 + 交货周期）+ 备用库存

库存周转率 = 销售额 / 平均库存

商品计划计算方法

计划采购零售额 = 计划销售额 + 计划减价 + 计划月末存货 – 计划月初存货

计划采购成本额 = 计划采购零售额 ×（100% – 加价率）

买货余额 = 计划采购额 – 订单商品额

买货余量 = 计划采购量 – 订单商品量

利润计算方法

净销售额 = 总销售额 – 顾客退货及补贴

利润（亏损）= 净销售额 – 售出商品成本 – 费用

利润率 = 利润额 / 净销售额